Erhard Holze / Stefanie Pfister

100 Rechtsfragen zu Religionsunterricht und Schule

Konkret, juristisch, kompetent

Vandenhoeck & Ruprecht

Bibliografische Information der Deutschen Nationalbibliothek:
Die Deutsche Nationalbibliothek verzeichnet diese Publikation in der
Deutschen Nationalbibliografie; detaillierte bibliografische Daten sind
im Internet über http://dnb.de abrufbar.

© 2019, Vandenhoeck & Ruprecht GmbH & Co. KG,
Theaterstraße 13, D-37073 Göttingen
Alle Rechte vorbehalten. Das Werk und seine Teile sind urheberrechtlich
geschützt. Jede Verwertung in anderen als den gesetzlich zugelassenen Fällen
bedarf der vorherigen schriftlichen Einwilligung des Verlages.

Umschlagabbildung: © ImageFlow/shutterstock

Abbildung Einleitung: © fotomek/Adobe Stock | Icon Paragraph:
© IO-Images/pixabay | Icon Taubenhand: © bayu/Adobe Stock

Satz: SchwabScantechnik, Göttingen
Druck und Bindung: ⊕ Hubert & Co. BuchPartner, Göttingen

Vandenhoeck & Ruprecht Verlage | www.vandenhoeck-ruprecht-verlage.com

ISBN 978-3-525-70252-9

Inhalt

Kapitel 1	**Einleitung**	10

Kapitel 2	**100 Rechtsbeispiele**	14
Kapitel 2.1	**17 Rechtsbeispiele zu grundsätzlichen Fragen des Religionsunterrichts**	14
Rechtsfall 1	Kürzung des Religionsunterrichts	14
Rechtsfall 2	Abmeldung vom Religionsunterricht	16
Rechtsfall 3	Benotung im Religionsunterricht	17
Rechtsfall 4	Positionierung im Stundenplan	18
Rechtsfall 5	Die Bremer Klausel	19
Rechtsfall 6	Das Hamburger Modell: Religionsunterricht für alle	21
Rechtsfall 7	Religionsunterricht und Ersatzfächer	23
Rechtsfall 8	Ökumenischer Religionsunterricht	24
Rechtsfall 9	Konfessionell-kooperativer Religionsunterricht	26
Rechtsfall 10	Das Abmelderecht	27
Rechtsfall 11	Schriftlichkeit der Abmeldung	29
Rechtsfall 12	Konfessionsübergreifender Religionsunterricht	30
Rechtsfall 13	Der Beutelsbacher Konsens	31
Rechtsfall 14	Unterrichtserteilung durch Geistliche	33
Rechtsfall 15	Religionsmündigkeit und Elternrecht	35
Rechtsfall 16	Die Konfession der Schülerinnen und Schüler	37
Rechtsfall 17	Die christliche Gemeinschaftsschule	40

Kapitel 2.2	**10 Rechtsbeispiele zu Religionslehrerinnen und -lehrern**	42
Rechtsfall 18	Fachfremde Erteilung des Religionsunterrichts	42
Rechtsfall 19	Missio canonica und Vokation	44
Rechtsfall 20	Modalitäten der Vokation	47
Rechtsfall 21	Religionslehrkräfte und Kirchenbindung	49
Rechtsfall 22	Religionslehrkräfte und Schulgottesdienste	52
Rechtsfall 23	Religionslehrkräfte und ihre Glaubensüberzeugungen	54
Rechtsfall 24	Homosexuelle Religionslehrkräfte	56
Rechtsfall 25	Religionslehrkräfte und Kirchenaustritt	59
Rechtsfall 26	Religionslehrkräfte und Elternarbeit	61
Rechtsfall 27	Religionslehrkräfte der Freikirchen	65

Kapitel 2.3 **11 Rechtsbeispiele zum Fach Ethik/ Praktische Philosophie** 67

Rechtsfall 28	Erteilung des Ethikunterrichts durch Religionslehrkräfte	67
Rechtsfall 29	Notengebung im Ethikunterricht	69
Rechtsfall 30	Versetzungsrelevanz des Ethikunterrichts	72
Rechtsfall 31	Wissenschaftlichkeit im Religions- und Ethikunterricht ...	74
Rechtsfall 32	Der Wechsel zum Ethikunterricht	75
Rechtsfall 33	Abmeldung vom und Rückkehr zum Religionsunterricht	77
Rechtsfall 34	Beurlaubung vom Ethikunterricht an religiösen Feiertagen	78
Rechtsfall 35	Das Verhältnis von Religions- und Ethikunterricht	79
Rechtsfall 36	Keine Beeinflussung zur Abmeldung	80
Rechtsfall 37	Die Regelungen in Berlin	81
Rechtsfall 38	Das Fach L-E-R in Brandenburg	82

Kapitel 2.4 **11 Rechtsbeispiele zum islamischen Religionsunterricht** 85

Rechtsfall 39	Die Einführung des islamischen Religionsunterrichts	85
Rechtsfall 40	Fachfremde Erteilung des islamischen Religionsunterrichts	87
Rechtsfall 41	Verfassungskonformität des islamischen Religionsunterrichts	90
Rechtsfall 42	Der Wechsel zwischen den Religionslehren	93
Rechtsfall 43	Das sogenannte islamische Kopftuch	95
Rechtsfall 44	Abwehr salafistischer Gefahren	98
Rechtsfall 45	Kopftuchtragende Lehrerinnen	99
Rechtsfall 46	Fastende Schülerinnen und Schüler	102
Rechtsfall 47	Islamischer Religionsunterricht in Berlin	104
Rechtsfall 48	Konversion zum Islam	107
Rechtsfall 49	Alevitischer Religionsunterricht	108

Kapitel 2.5 **10 Rechtsbeispiele zu Religionsunterricht und Inklusion** 110

Rechtsfall 50	Inklusion und Konfessionalität	110
Rechtsfall 51	Diakonisches Lernen	112
Rechtsfall 52	Förderschwerpunkt Lernen	113
Rechtsfall 53	Gebete und Handyklingeln	116
Rechtsfall 54	Gewalt in der Schule	119
Rechtsfall 55	Handeln in pädagogischen Grenzsituationen	121
Rechtsfall 56	Zielgleiches und zieldifferentes Unterrichten	124
Rechtsfall 57	Förderbedarf Sehen	126
Rechtsfall 58	Unterricht mit Hochbegabten	128
Rechtsfall 59	Inklusion und Schulgottesdienste	130

Kapitel 2.6	**8 Rechtsbeispiele zu riskanten Fällen in Religionsunterricht und Schule**. 132
Rechtsfall 60	Suizid und Suizidgefahr 132
Rechtsfall 61	Tod eines Schülers 134
Rechtsfall 62	Konfrontation mit familiärer Gewalt 137
Rechtsfall 63	Verarbeitung von Todesnachrichten 140
Rechtsfall 64	Gesundheitliche Gefährdung 142
Rechtsfall 65	Cyber-Mobbing 145
Rechtsfall 66	Selbstverletzungen 148
Rechtsfall 67	Gewaltandrohungen 150

Kapitel 2.7	**17 Rechtsbeispiele zu weiteren relevanten Aspekten des Religionsunterrichts** 152
Rechtsfall 68	Gideon-Bibeln in der Schule 152
Rechtsfall 69	Kirchenaustritt und Wiedereintritt 155
Rechtsfall 70	Religionslehrkräfte und die Leitung von Schulgottesdiensten 156
Rechtsfall 71	Das Kruzifix im Klassenzimmer 158
Rechtsfall 72	Schulgebete 160
Rechtsfall 73	Religionsunterricht und Evolutionstheorie 161
Rechtsfall 74	Evangelikale Schülerinnen und Schüler 162
Rechtsfall 75	Hinduistische Schülerinnen und Schüler 165
Rechtsfall 76	Besuch einer Moschee 167
Rechtsfall 77	Besuch eines Hindutempels 169
Rechtsfall 78	Kopftuchverbot in der Schule 171
Rechtsfall 79	Katholische Bekenntnisschulen 172
Rechtsfall 80	Konfessionell-kooperativer Religionsunterricht 173
Rechtsfall 81	Evangelische Kontaktstunde 175
Rechtsfall 82	Orthodoxer Religionsunterricht 176
Rechtsfall 83	Jüdischer Religionsunterricht 180
Rechtsfall 84	Weltanschauliche Feiertage 182

Kapitel 2.8	**16 Rechtsbeispiele zu Schulgottesdiensten und anderen religiösen Veranstaltungen in der Schule** 184
Rechtsfall 85	Schulgottesdienst als Schulveranstaltung 184
Rechtsfall 86	Schulkonferenz und Schulgottesdienst 186
Rechtsfall 87	Schulgottesdienst und Unterrichtserteilung 188
Rechtsfall 88	Anzahl der Schulgottesdienste 189
Rechtsfall 89	Die Stellung der Schulgottesdienste 190
Rechtsfall 90	Staat und Kirche 192
Rechtsfall 91	Aufsichtspflicht bei Schulgottesdiensten 193
Rechtsfall 92	Unfallschutz bei Schulgottesdiensten 194
Rechtsfall 93	Multireligiöse Schulfeiern 195

Rechtsfall 94 Schulgebet zu Unterrichtsbeginn 197
Rechtsfall 95 Freiwilligkeit der Gottesdienstteilnahme 198
Rechtsfall 96 Schulgottesdienste und Notengebung 200
Rechtsfall 97 Schulgottesdienste mit und ohne Abendmahl 201
Rechtsfall 98 Religiöse Schulwochen 203
Rechtsfall 99 Tage Persönlicher Orientierung 204
Rechtsfall 100 Unterschiedliche Schulgottesdienstformen 205

Kapitel 3	**Abkürzungen** 207
Kapitel 4	**Ausgewählte Literatur** 209
Kapitel 5	**Sachregister** 210

Religionsunterricht
Evangelisch
Abmeldung
Jüdisch
Schulgottesdienst
Religionsgemeinschaften
Grundgesetz
Runderlass
Glaube **Paragraph** Schule
Gewissensfreiheit
Glaubensfreiheit
Schulministerium
Schulgesetz
Missio Orthodox
Vokation Kirchen
Islamisch
Ersatzfach
Religionsfreiheit
Katholisch

Kapitel 1   Einleitung

Rechtsfragen und Religionsunterricht sind zwei Größen, die auf den ersten Blick eher weit auseinander liegen. Bei Rechtsfragen geht es um Gesetze, Paragrafen und Vorschriften, beim Religionsunterricht geht es um Gott, die Welt, den Menschen.

Im Unterschied zum Schulrecht mit seinen vielen Regelungen zur Schulpflicht, zur Leistungsbewertung, zu Disziplinarmaßnahmen und vielem anderem mehr kann der Religionsunterricht als ein Bereich von Schule erscheinen, der eher abseits von Rechtsfragen existiert.

Gleichwohl gibt es im Zusammengang mit dem Religionsunterricht eine Fülle an rechtlichen Fragen und Vorgaben: Bereits die Tatsache, dass der Religionsunterricht das einzige Unterrichtsfach ist, das im Grundgesetz der Bundesrepublik Deutschland genannt und garantiert wird (Artikel 7), stellt ihn als einziges Schulfach auf höchste verfassungsrechtliche Ebene.

Sodann entfalten die drei Absätze dieses Artikels 7 des Grundgesetzes bereits ein ganzes Spektrum an rechtlichen Aspekten: die Aufsichtsfrage, die Teilnahmebestimmung, der Status als ordentliches Lehrfach, die Rolle der Religionsgemeinschaften, die Freiwilligkeit der Lehrerinnen und Lehrer usw.

Über diese grundgesetzliche und somit bundesweite rechtliche Verankerung hinaus ist der Religionsunterricht auch in den Landesverfassungen und Schulgesetzen der einzelnen Bundesländer verankert: Da das Schulwesen in der Bundesrepublik in der Hoheit der Bundesländer steht, ist die rechtliche Ausgestaltung des Schulwesens Sache der Länder. Mithin gibt es auch zum Religionsunterricht ein großes föderales Spektrum an länderspezifischen Gestaltungen und Rechtsvorschriften. Insbesondere seit der deutschen Wiedervereinigung im Jahr 1989 ist die föderale Gestaltung der rechtlichen Vorgaben zum Religionsunterricht noch pluraler geworden.

Zugleich sind die Religionsgemeinschaften in Deutschland noch weit differenzierter organisiert als der föderale Staat mit seinen 16 Bundesländern: Allein die beiden großen christlichen Konfessionen Evangelisch und Römisch-Katholisch sind in 20 evangelische Landeskirchen und 27 katholische Bistümer gegliedert. Hinzu kommen die orthodoxen und die freikirchlichen Denominationen, die jüdischen Kultusgemeinden usw.

Nicht zuletzt auch die Notwendigkeit eines islamischen Religionsunterrichts und die sukzessive Einführung entsprechender unterrichtlicher Angebote für die muslimischen SuS[1] hat das Feld an Rechtsfragen zum Religionsunterricht nochmals erheblich erweitert.

Neben dem eigentlichen Religionsunterricht in seinen vielen Varianten (evangelisch, katholisch, konfessionell-kooperativ, orthodox, jüdisch, islamisch usw.) wirft auch der außerunterrichtliche Bereich »Religion im Schulleben« (Schulgottesdienste, multireligiöse Schulfeiern zur Einschulung oder zum Schulabschluss, Gebete im Unterricht usw.) eine Fülle an rechtlichen Fragen auf.

Auch seit der Einführung der Fächer Ethik bzw. Praktische Philosophie sowie des schulpädagogischen Konzeptes der Inklusion stellen sich abermals neue rechtliche Fragen: Dürfen am konfessionell-kooperativen Religionsunterricht auch konfessionslose SuS teilnehmen? Kann eine Lehrerkonferenz über die Abschaffung eines Schulgottesdienstes diskutieren? Welche Bedeutung hat die kirchliche oder islamische Lehrerlaubnis für den schulischen Unterricht?

Insgesamt kann festgestellt werden: Kein anderes Schulfach hat mit so vielen Rechtsfragen zu tun wie der Religionsunterricht!

Das Autorenteam stellt in den religionspädagogischen Seminaren der Universitäten Münster, Dortmund und Essen sowie in verschiedenen schulischen Kontexten und auf Lehrerfortbildungen immer wieder fest, dass eine große Unsicherheit bei Studierenden, Lehrkräften und Schulleitungen hinsichtlich rechtlicher Fragen zu beobachten ist.

---

1 Im Folgenden »SuS« für »Schülerinnen und Schüler«.

Die mangelnde Sicherheit in der Kenntnis der vielen rechtlichen Fragen ist verständlich, denn es ist oftmals schwierig, in der Fülle der rechtlichen Bestimmungen die passenden Paragrafen zu finden oder den juristischen Wortlaut angemessen auszulegen.

Seit dem Jahr 2007/2008 wurden daher in den religionspädagogischen Lehrveranstaltungen an der Westfälischen Wilhelms-Universität Münster Rechtsbeispiele eingesetzt und in lebhaften Diskussionen mit den Studierenden erörtert. Diese Sammlung von Rechtsfragen wurde in den religionspädagogischen Seminaren an den Universitäten Münster, Dortmund (seit 2010/11), Duisburg-Essen (seit 2011/2012) und Göttingen (2017) stetig weiterentwickelt.

Die vorliegende Sammlung von 100 Rechtsbeispielen, die unmittelbar der Schulwirklichkeit und Lehrpraxis entnommen sind, soll Studierende und Lehrende des Faches Religionslehre und Schulleitungen ermutigen, sich im Dschungel der Paragrafen, Gesetzestexte und kirchlichen Vorgaben zurechtzufinden. Dabei sollen die Leser/innen die Kompetenz erwerben, die juristische Problematik zu erkennen, bundesländereigene und ggf. konfessionsspezifische Lösungsvorschläge nachzuvollziehen und damit ihre eigene religionspädagogische Urteilskompetenz und schulische Handlungskompetenz weiter auszubilden.

Durch die Hinweise auf die konkreten rechtlichen Texte mit den entsprechenden abgedruckten Auszügen der aktuellen Gesetzesvorgaben (GG, Schulgesetz, Runderlasse, Allgemeine Dienstordnung für Lehrkräfte, Auszüge aus amtlichen Schulblättern, Lehrplanhinweise etc.) können Schulleitungen sowie Lehrende fundiert die richtigen Entscheidungen treffen.

Für einen besseren Überblick sind die Rechtsbeispiele in acht thematische Bereiche geordnet:
1. Rechtsbeispiele zu grundsätzlichen Fragen des Religionsunterrichts
2. Rechtsbeispiele zu Religionslehrerinnen und -lehrern
3. Rechtsbeispiele zum Fach Ethik/Praktische Philosophie
4. Rechtsbeispiele zum islamischen Religionsunterricht
5. Rechtsbeispiele zu Religionsunterricht und Inklusion
6. Rechtsbeispiele zu riskanten Fällen in Religionsunterricht und Schule

7. Rechtsbeispiele zu weiteren relevanten Aspekten des Religionsunterrichts
8. Rechtsbeispiele zu Schulgottesdiensten und anderen religiösen Veranstaltungen in der Schule

Jedes Kapitel gliedert sich dabei – im Sinne eines Dreischritts von Wahrnehmen, Beurteilen und Handeln – wie folgt:
- Jeder *Rechtsfall* wird zunächst einzeln vorgestellt (Wahrnehmung),
- dann erfolgt die *rechtliche Beurteilung* mit den bundesländer- oder ggf. konfessionsspezifischen Variationen anhand der juristischen Textgrundlagen (Beurteilung),
- anschließend wird die *religionspädagogische Einschätzung* gegeben, wobei auch die rechtlichen Spielräume mit Lösungsmöglichkeiten zur praktischen Gestaltung genannt werden (Handeln).

Beide Autoren sind evangelische Religionspädagogen, haben aber selbstverständlich die konfessions- und religionsspezifischen Varianten (evangelisch, katholisch, jüdisch, islamisch usw.) berücksichtigt, denn gerade im Bereich des schulischen Religionsunterrichts ist die Kenntnis der Gemeinsamkeiten und der Unterschiede, der Überschneidungen und Differenzierungen von besonderer Relevanz.
Die Tatsache, dass das Autorenteam immer wieder auf Gesetze, Erlasse und rechtliche Regelungen in Nordrhein-Westfalen Bezug nimmt, bietet den Orientierungsvorteil, dass es sich hierbei mit fast 18 Millionen Einwohnern um das bevölkerungsreichste Bundesland handelt. Gleichwohl werden auch die länderspezifischen Varianten der anderen Bundesländer berücksichtigt.

Kapitel 2   100 Rechtsbeispiele

Kapitel 2.1   17 Rechtsbeispiele zu grundsätzlichen Fragen des Religionsunterrichts

Rechtsfall 1   Kürzung des Religionsunterrichts

Wegen akuten Lehrermangels kürzt die Schule den Religionsunterricht von 2 auf 1 Wochenstunde, weil das die einzige Möglichkeit ist, den Mathematik- und Deutschunterricht ausreichend erteilen zu können. Diese Kürzung führt im Kollegium, bei den SuS und der Elternschaft zu heftigen Diskussionen: »Ein Skandal, dass Fächer wie Mathematik und Englisch gegen das Fach Religion ausgespielt werden«, sagen die einen; »aber der Mathe- und Englischunterricht ist doch besonders wichtig und versetzungsrelevant, deswegen muss, wenn die Personalsituation so eng ist, im Zweifelsfall einmal der Religionsunterricht zurückstehen«, sagen die anderen.

Rechtliche Beurteilung
Da der Religionsunterricht in Art 7.3 des Grundgesetzes als »ordentliches Lehrfach« definiert und somit auf der höchsten Verfassungsebene geschützt wird, ist er nicht weniger bedeutsam als andere Fächer.

Nicht festgelegt ist im GG jedoch die Frage nach der Wochenstundenzahl. Diese ist eine Angelegenheit der Stundentafel, die in der Hoheit der einzelnen Bundesländer liegt: Das jeweilige Schul- bzw. Kultusministerium legt die wöchentliche Stundenzahl der Fächer in den einzelnen Schulformen und Jahrgangsstufen fest. Wenn allerdings im Ausnahmefall (Lehrermangel) die vorgegebene Stundenzahl unterschritten werden muss, darf der Religionsunterricht nicht schlechter behandelt werden als andere Fächer. So legt z. B. in Niedersachsen der Runderlass d. MK vom 10.5.2011 (AZ 33–82105) klar fest, »dass der Religionsunterricht und der Unterricht Werte und Normen nicht stärker als andere Unterrichtsfächer von unvermeidbaren Kürzungen betroffen sein dürfen«.

Religionspädagogische Einschätzung

Im allgemeinen Sprachgebrauch wird immer wieder zwischen »Hauptfächern« und »Nebenfächern« unterschieden. Deutsch und Mathematik (früher: »Lesen, Schreiben, Rechnen«) gelten als ganz besonders wichtige und darum unverzichtbare Fächer (»Grundlagenfächer«, »Kernfächer«), während andere Unterrichtsfächer wie z. B. Religion, Geschichte, Chemie oder Erdkunde als weniger wichtig angesehen werden.

Dieses »Ranking« führt im Schulalltag sowohl seitens der SuS als auch seitens der Erziehungsberechtigten mitunter zu einem Wertigkeitsproblem. Die Kürzung einer Wochenstunde oder gar zeitweise kompletter Unterrichtsausfall oder eine schlechte Note in Religionslehre betrifft »nur Reli«, heißt es dann.

Doch eine solche Abstufung zwischen »wichtigen« und vermeintlich »unwichtigen« Fächern entspricht nicht der Rechtslage und ist deshalb juristisch nicht haltbar. Jedes ordentliche Lehrfach ist auch »ordentlich«, d. h., in dem von der Stundentafel vorgesehenen Umfang zu erteilen.

Dementsprechend sind alle ordentlichen Fächer »versetzungsrelevant«. Zwar kann es auf einer Zeugniskonferenz in schwierig abzuwägenden Einzelfällen selbstverständlich vorkommen, dass bei einem Schüler ein ungewöhnlich breiter Notenspagat von guten und sehr guten bis zu nur ausreichenden oder mangelhaften Leistungen zutage tritt. In einem solchen Fall kann es pädagogisch geboten sein, nicht einfach nur das arithmetische Mittel zu errechnen, um über »versetzt« oder »nicht versetzt« zu befinden. Denn Noten- und Versetzungsentscheidungen sind nicht primär eine mathematische, sondern eine pädagogische Angelegenheit. Und eine pädagogische Differenzierung und Analyse des breiten Notenspektrums ist keine Einbahnstraße in nur eine Richtung, sondern es können schlechte oder gute Noten in den vermeintlichen Nebenfächern sowohl für als auch wider eine Versetzungsentscheidung geltend gemacht werden. Gerade auch für die möglichst gerechte allgemeinpädagogische Urteilsbildung kann die religionspädagogische Beurteilung ein hilfreicher Baustein sein, weil im Religionsunterricht mit seinen oft existenziellen Themen mitunter Selbst- und Sozialkompetenzen einer Schülerpersönlichkeit hervortreten, die vielleicht in mathematisch-naturwissenschaftlichen Fächern in dieser Form nicht zum Vorschein kommen können.

Rechtsfall 2 Abmeldung vom Religionsunterricht

Ein 15-jähriger Schüler möchte sich aus Gewissensgründen vom Religionsunterricht abmelden. Da es an dieser Schule aber kein Ersatzfach (z. B. Ethik, Philosophie) gibt, erklärt ihm der Schulleiter, dass wegen dieser fehlenden Alternative eine Abmeldung leider nicht möglich sei.

Rechtliche Beurteilung
Im Grundgesetz Art 4.1 wird klar geregelt: »Die Freiheit des Glaubens, des Gewissens und die Freiheit des religiösen und weltanschaulichen Bekenntnisses sind unverletzlich.« Damit ist in der Bundesrepublik Deutschland die Religionsfreiheit auf der höchsten Verfassungsebene geschützt und im gesellschaftlichen wie schulischen Leben garantiert. Religionsfreiheit hat aber, dem Wesen der Freiheit entsprechend, immer zwei Seiten: eine positive (»Freiheit zu etwas«) und eine negative (»Freiheit von etwas«).

Die positive Religionsfreiheit besteht darin, dass in Deutschland die »ungestörte Religionsausübung« gewährleistet wird (GG Art 4.2) und der Religionsunterricht »ordentliches Lehrfach an allen öffentlichen Schulen« ist (GG Art 7.3).

Die negative Religionsfreiheit besteht darin, zu keiner Religion, also zu keinem religiösen Bekenntnis und zu keiner Religionsausübung verpflichtet zu sein und sich in der Schule vom Religionsunterricht abmelden zu können. Diese Abmeldemöglichkeit ist ein Rechtsanspruch, der nicht davon abhängig gemacht werden kann, ob es an einer Schule ein Ersatzfach gibt oder nicht.

🕊 Religionspädagogische Einschätzung
In der Praxis kommt es in der Tat mitunter vor, dass es an einer Schule zwar den ordnungsgemäßen Religionsunterricht, nicht aber ein Ersatzfach gibt. In dieser Konstellation muss die Schule dem Abmeldewunsch gleichwohl entsprechen und eine geeignete Regelung ihrer Aufsichtspflicht gegenüber abgemeldeten SuS finden. In einer Schule, an der es für die abgemeldeten SuS kein Ersatzfach gibt, können abgemeldete SuS während der Religionsstunden beispielsweise an einem parallel stattfindenden anderen Fachunterricht teilnehmen oder in der Schulbibliothek beaufsichtigt werden.

Rechtsfall 3   Benotung im Religionsunterricht

Wegen nachhaltig schlechter Leistungen soll ein Schüler im Fach Religionslehre die Note Fünf erhalten. Da er auch in anderen Fächern eher schwache Zensur hat, beantragt er, bei der Versetzungskonferenz solle diese Fünf in Religion aus Gründen der Religionsfreiheit nicht gewertet werden.

§ Rechtliche Beurteilung
Die negative Religionsfreiheit ist ein Rechtsgut, das grundsätzlich allen SuS zusteht, d. h., jeder Schüler (bzw. stellvertretend die Erziehungsberechtigten) kann von seinem Abmelderecht Gebrauch machen. Allerdings ist es rechtlich nicht möglich, aus Notentaktik mit der negativen Religionsfreiheit zu argumentieren. Hat ein Schüler ordnungsgemäß am Religionsunterricht teilgenommen, dann muss die erzielte Note, auch wenn sie mangelhaft ist, ins Zeugnis und ggf. in die Versetzungsentscheidung einfließen.

Für das nachfolgende Halbjahr oder Schuljahr steht es dem Schüler selbstverständlich frei, sich vom Religionsunterricht abzumelden (bzw. durch seine Erziehungsberechtigten abmelden zu lassen). Erst dann ist für ihn bzw. für die Schule dieses Notenproblem vom Tisch.

🕊 Religionspädagogische Einschätzung
Da der Religionsunterricht das einzige ordentliche Unterrichtsfach ist, von dem SuS sich abmelden können, eröffnen sich für

sie hier immer wieder auch notentaktische Gedankenspiele, ob sie weiterhin teilnehmen oder sich abmelden wollen. Psychologisch sind solche Überlegungen völlig verständlich. Zum Erwachsenwerden gehört auch die Fähigkeit, sich seiner Rechte und Möglichkeiten bewusst zu werden. Da der Religionsunterricht aus Gründen der grundgesetzlich garantierten (auch negativen) Religionsfreiheit das einzige ordentliche Schulfach ist, von dem ein Schüler sich abmelden kann, kommt dem Religionsunterricht hier eine im Entwicklungsprozess eines Schülers singuläre Stellung zu. Und auch die Religionslehrkräfte stehen hier vor einem fachspezifischen Problem, das es in keinem anderen ordentlichen Schulfach gibt. Zu den vielfältigen Aufgaben der Religionslehrkräfte gehört daher auch, sich dieses spezifischen Rechtsanspruches von SuS bewusst zu sein und durch Abmeldewünsche nicht automatisch persönlich angegriffen zu fühlen. Abmeldewünsche sind grundsätzlich ernst zu nehmen, obwohl mitunter vermutet werden kann, dass dahinter notentaktische Motive und nicht unbedingt Gewissensgründe stehen.

Rechtsfall 4   Positionierung im Stundenplan

Von dem Religionsunterricht, der in seiner Jahrgangsstufe immer montags in der ersten und freitags in der sechsten Stunde stattfindet, möchte sich ein Schüler unter Berufung auf Gewissensgründe abmelden.

Rechtliche Beurteilung
Das Recht auf Abmeldung vom Religionsunterricht – durch religionsmündige SuS bzw. vorher durch die Erziehungsberechtigten – ist ein grundsätzliches Recht, mithin unabhängig davon, wann die Religionsstunden im Stundenplan platziert sind.

Der Religionsunterricht hat selbstverständlich keinen Anspruch auf privilegierte Zeiten im Stundenplan. Da er jedoch das einzige ordentliche Unterrichtsfach ist, von dem SuS sich abmelden können, sind die Schulen per Erlass der Schulbehörden gehalten, ihn nicht in Randstunden zu legen, damit einer möglichen Abmeldung nicht durch Randstundenlage etwa Vorschub geleistet wird.

🕊 Religionspädagogische Einschätzung
Dass SuS auch taktisch denken, ist ihr gutes Recht und in bestimmtem Maße sogar Ausdruck ihrer Klugheit. Dass sie im Blick auf das Abmelderecht vom Religionsunterricht nicht immer allein von Gewissensgründen, sondern auch von »gewissen Gründen« motiviert werden, ist erst einmal völlig normal. Aus der Perspektive eines Jugendlichen ist es gut nachvollziehbar, dass es als attraktiver empfunden wird, montags morgens eine Stunde länger schlafen oder freitags mittags mit Schulfreunden in die Eisdiele zu gehen, als sich mit der »Frage nach Gott« oder den Zehn Geboten zu beschäftigen.

Damit aber einem so hohen Rechtsgut wie der Gewissens- und Religionsfreiheit im Schulalltag nicht durch Gründe der Bequemlichkeit (z. B. Freizeitgewinn) Abbruch getan wird, gibt es in den einzelnen Bundesländern Erlasse der Kultus- oder Schulministerien oder der Bezirksregierungen, wonach die Schulen den Religionsunterricht nicht in Randstunden legen sollen. So heißt es z. B. in der Rundverfügung des Regierungspräsidenten in Düsseldorf sowie der Bezirksregierung in Münster[2]: »Sicherlich wird der Religionsunterricht keine privilegierte Stundenplanstellung beanspruchen können. Es ist jedoch zu beachten, dass Religionslehre das einzige Pflichtfach ist, bei dem eine Befreiung aufgrund einer Erklärung der Erziehungsberechtigten oder des religionsmündigen Schülers möglich ist (§ 11 (3) ASchO). Ein generelles Abdrängen des Religionsunterrichts auf Eckstunden kann den Sinn dieser Möglichkeit verfälschen.« Ähnlich die Rundverfügung des Regierungspräsidenten in Detmold vom 28.01.1982 Az.: 41/42–103: »Als ordentliches Lehrfach ist […] Religionsunterricht in der Regel weder nur in Eckstunden zu erteilen noch darf er bei unvermeidbaren Kürzungen stärker als andere Fächer betroffen werden.«[3]

Rechtsfall 5 Die Bremer Klausel

Familie Hansen zieht aus beruflichen Gründen von Bremen nach Düsseldorf. Da die Hansens aus Bremen stammen und ihre drei Kinder bislang dort zur Schule gegangen waren, beantragt Familie

---

2   Vom 20.12.1980 – Az.: 01.18.25.35.9-l – Religion – 4 C/87. Informationen 110.
3   Informationen 91.

Hansen bei der Düsseldorfer Schule eine Sonderregelung unter Berufung auf die Bremer Klausel.

Rechtliche Beurteilung

Die zu den sogenannten Übergangs- und Schlussbestimmungen des Grundgesetzes zählende »Bremer Klausel« bildet den Artikel 141 des Grundgesetzes und besagt im Blick auf den Religionsunterricht: »Artikel 7 Abs. 3 Satz 1 findet keine Anwendung in einem Lande, in dem am 1. Januar 1949 eine andere landesrechtliche Regelung bestand.« D. h., die grundgesetzliche Regelung zum Religionsunterricht gilt zwar für die Bundesrepublik Deutschland insgesamt, nicht jedoch für Bundesländer wie Bremen, in denen zum Stichtag des Grundgesetzes vom Landesparlament bereits eine eigene Regelung getroffen worden war.

Rechte und Vorschriften, die in einem bestimmten Bundesland gelten, können nicht in andere Bundesländer übertragen werden.

Religionspädagogische Einschätzung

Religionspädagogisch muss klar darauf hingewiesen werden, dass die Bremer Klausel keineswegs eine Vorgabe gegen den Religionsunterricht darstellt. Hintergrund der Bremer Klausel ist vielmehr die Tatsache, dass man sich in dem stark protestantisch geprägten Bremen schon vor Inkrafttreten des Grundgesetzes darauf verständigt hatte, nicht einen evangelisch-lutherischen und einen evangelisch-reformierten Religionsunterricht, sondern einen gemeinsamen Unterricht mit dem Titel »Biblische Geschichte« einzuführen. D. h., an allen öffentlichen Schulen der Hansestadt wurde ein »bekenntnismäßig nicht gebundener Unterricht in Biblischer Geschichte auf allgemein christlicher Grundlage« eingeführt.[4]

Aus Rücksicht auf diesen Bremer Bekenntniskompromiss wurde dem Grundgesetz in Art 141 diese Bestimmung hinzugefügt. Die »Bremer Klausel« ist also eine für Bremen gültige Ausnahme vom Art 7.3 des Grundgesetzes, die nicht als Argument gegen Religions-

---

4 Landesverfassung der Freien Hansestadt Bremen Art 32.1.

unterricht missverstanden werden darf. Im Gegenteil: Heutzutage heißt das Unterrichtsfach in Bremen »Religion«.[5]

Die einstige historische Sonderregelung in und für Bremen kann auch nicht in andere Bundesländer importiert oder exportiert werden. Allerdings ist im Blick auf die Diskussionen über den Religionsunterricht in Deutschland wichtig, dass auch die besonderen Regelungen in Berlin (Religionsunterricht als freiwilliges Unterrichtsfach) und in Brandenburg (LER) auf diese sogenannte »Bremer Klausel« zurückgehen.

Rechtsfall 6 Das Hamburger Modell: Religionsunterricht für alle

Die Eltern Schmidt waren seinerzeit in Hamburg zur Schule gegangen und hatten dort den »Religionsunterricht für alle« besucht. Heutzutage leben sie im benachbarten Niedersachsen und regen bei der örtlichen Schule an, ob nicht auch ihre Kinder an der niedersächsischen Schule »Religionsunterricht für alle« besuchen können. Das sei bestimmt besser als ein Religionsunterricht, der die jungen Menschen nach katholischem und evangelischem Bekenntnis trennt. Auch wenn die Vielzahl der Religionen vielleicht nicht überall derart groß sei wie in der Metropole Hamburg, sei doch das Hamburger Modell »Religionsunterricht für alle« gemeinschaftsfördernder und zeitgemäßer.

§ Rechtliche Beurteilung

Das sogenannte Hamburger Modell eines »Religionsunterrichts für alle« ist ein Sonderweg für die Regelungen zum Religionsunterricht, der einst in Hamburg gefunden wurde und ausschließlich im Bereich der Hansestadt Hamburg gültig ist. Eine Übertragung in andere Bundesländer ist nicht möglich. Im Nachbarland Nieder-

---

5 Siehe den »Bildungsplan Religion. Grundschule – Oberschule – Gymnasium Jahrgangsstufen 1–13« der Senatorin für Bildung und Wissenschaft, Bremen 2014: www.lis.bremen.de/sixcms/detail.php?gsid=bremen56.c.15219.de (letzter Zugriff: 23.06.2018).

sachen wiederum kann der evangelische und römisch-katholische Religionsunterricht als konfessionell-kooperativer Religionsunterricht geführt werden (s. u.).

Religionspädagogische Einschätzung

Das Hamburger Modell eines »Religionsunterrichts für alle« ist zwar grundsätzlich für alle SuS offen, wird allerdings in der Verantwortung der evangelischen Kirche erteilt. Diese evangelische Besonderheit liegt darin begründet, dass, historisch gesehen, in Hamburg der Protestantismus die Mehrheitsreligion war, sodass es daneben nicht auch zur Etablierung eines katholischen oder anderen Religionsunterrichts gekommen ist. Heutzutage gibt es in der multikulturellen und multireligiösen Metropole Hamburg über einhundert verschiedene Religionsgemeinschaften, zugleich gehören über 50 % der Bevölkerung nicht dem Christentum an. Dass gleichwohl allein die evangelische Kirche den Religionsunterricht an den Hamburger Schulen verantwortet, liegt an der grundsätzlichen Offenheit des Protestantismus gegenüber nichtchristlichen oder nichtevangelischen Religionen oder Konfessionen. Bereits auf ihrer Synode 1971 beschloss die EKD den Grundsatz: »Die evangelische Kirche macht nicht das Evangelischsein von SuS zur Teilnahmevoraussetzung für den evangelischen Religionsunterricht.« Um aber SuS, die nicht evangelisch sind, bestmöglich zu berücksichtigen, arbeitet die ev. Kirche in Hamburg in einem »Gesprächskreis interreligiöser Religionsunterricht« mit Vertretern vieler anderer Glaubensgemeinschaften zusammen, um den Hamburger Weg eines dialogischen »Religionsunterrichts für alle« in enger Absprache mit den anderen religiösen Partnern weiterzuentwickeln.

In Niedersachsen ist der konfessionell-kooperative Religionsunterricht möglich, wenn die Fachkonferenzen oder Fachgruppen zustimmen, Lehrkräfte beider Konfessionen regelmäßig eingesetzt werden und ein auf der Grundlage der Lehrpläne (Kerncurricula) für den evangelischen und katholischen Religionsunterricht inhaltlich, pädagogisch und organisatorisch abgesichertes Schulcurriculum für den konfessionell-kooperativen Religionsunterricht vorliegt, das die jeweilige konfessionelle Zugehörigkeit der SuS berücksichtigt. Schulrechtlich ist dieser konfessionell-kooperative Unterricht Religionsunterricht der Religionsgemeinschaft, der die unterrichtende Lehrkraft angehört.[6]

> **Rechtsfall 7** Religionsunterricht und Ersatzfächer
>
> Nach den Osterferien verschickt die Schulleitung einen Elternbrief an die SuS der 5. und 6. Jahrgangsstufe: »Um frühzeitig die Lehrer- und Unterrichtsversorgung für das kommende Schuljahr vorbereiten zu können, bitten wir Sie, auf untenstehendem Abschnitt für Ihr Kind zu erklären, ob es am Religionsunterricht oder am Philosophie-/Ethikunterricht teilnehmen soll. Aufgrund Ihrer Angaben können wir rechtzeitig zu den Sommerferien berechnen und planen, wie viele Stunden Religionsunterricht und wie viele Stunden Philosophie-/Ethikunterricht wir nach den Sommerferien anbieten müssen.«

Rechtliche Beurteilung
Die Fächer Religion und Ethik/Philosophie (in Niedersachsen »Werte und Normen«) sind – außer in den Bundesländern Hamburg, Sachsen und Sachsen-Anhalt – keine optionalen Unterrichtsfächer, zwischen denen SuS einfach wählen können. Ein Fach wie Ethik/Philosophie oder Werte und Normen ist vielmehr in den weitaus meisten Bundesländern ein Ersatzfach für das Fach Religionslehre. D. h., es ersetzt den Religionsunterricht dann, wenn ein Schüler sich vom Religionsunterricht abmeldet oder wenn ein Schüler keiner Religionsgemeinschaft angehört.[7]

Religionspädagogische Einschätzung
Von Kritikern des Religionsunterrichts wird immer wieder gefordert, den Ethik- bzw. Philosophieunterricht als echtes Alternativfach anzuerkennen, wie es z. B. in Hamburg, Sachsen und Sach-

---

6 Siehe RdErl. d. MK v. 10.05.2011–33–82105 (SVBl, 226) – VORIS 22410.
7 Eine Ausnahme bilden Berlin und Brandburg: hier ist das Fach »Ethik« bzw. »Lebensgestaltung – Ethik – Religionskunde«) weder Ersatz- noch Wahlpflichtfach, sondern das eigentliche Pflichtfach.

sen-Anhalt der Fall ist. Doch Ethik- bzw. Philosophieunterricht ist in den meisten Bundesländern ein Ersatzfach, kein Alternativfach. Zwischen Religions- und Ethikunterricht besteht – außer in den Bundesländern Hamburg, Sachsen und Sachsen-Anhalt – kein »Wahlrecht«, sondern der Ethik- bzw. Philosophieunterricht *ersetzt* den RU, sofern ein Schüler sich vom Religionsunterricht abmeldet (bzw. durch seine Erziehungsberechtigten abgemeldet wird).

Die Forderung, den Ethik- bzw. Philosophieunterricht nicht nur als Ersatz, sondern als echte und wählbare Alternative anzusehen, wird gern mit Hinweis darauf begründet, dass an etlichen Schulen die Mehrheit der SuS ohnehin nicht mehr katholisch oder evangelisch sei. Hier muss genau unterschieden werden, wie viele der nichtevangelischen und nichtkatholischen Schüler möglicherweise einer anderen Religion oder einem anderen christlichen Bekenntnis angehören. Sind sie zum Beispiel Muslime, ist für sie islamischer Religionsunterricht anzubieten.[8] Zudem gibt es in etlichen Bundesländern auch alevitischen oder christlich-orthodoxen Religionsunterricht.

Und: Für die SuS, die gar keiner Religionsgemeinschaft angehören, besteht grundsätzlich die Möglichkeit, am regulären (d. h. evangelischen oder katholischen oder konfessionell-kooperativen) Religionsunterricht teilzunehmen, sofern sie bzw. die Eltern es wünschen.

Rechtsfall 8 Ökumenischer Religionsunterricht

An einer Schule gründen engagierte katholische und evangelische Eltern eine sogenannte ökumenische Elterninitiative zum Religionsunterricht. Sie bitten die Schulleitung, aufgrund der vielen Fortschritte, die in der Ökumene inzwischen erreicht sind, auch den Religionsunterricht künftig ökumenisch erteilen zu lassen. Es gebe heutzutage schon so viele ökumenische Gottesdienste, die von evangelischen und katholischen Christen gemeinsam gefeiert werden, ökumenische Gemeindefeste und evangelisch-katholische Ehepaare, dass es zeitgemäß wäre, endlich auch den Religionsunterricht in der Schule ökumenisch zu gestalten.

---

8   Siehe Kapitel 2.4.

Rechtliche Beurteilung

Juristisch ist festzustellen, dass es bislang keinen ökumenischen Religionsunterricht gibt, sondern grundsätzlich konfessionellen Religionsunterricht, also das Fach Evangelische Religionslehre oder das Fach Katholische Religionslehre (bzw. auch Orthodoxen, Jüdischen, Islamischen, Alevitischen Religionsunterricht usw.).

In einzelnen Bundesländern bzw. Regionen wie z. B. in Württemberg, in Niedersachsen oder seit 2018 in Nordrhein-Westfalen (mit Ausnahme des Erzbistums Köln) gibt es allerdings die Möglichkeit, auf Antrag der einzelnen Schule den Religionsunterricht konfessionell-kooperativ zu erteilen.

Religionspädagogische Einschätzung

Auch wenn es durch viele ökumenische Gespräche und Beratungen zwischen der evangelischen und der katholischen Kirche viele Annäherungen und somit ökumenische Fortschritte gegeben hat, bestehen zwischen den beiden großen christlichen Konfessionen weiterhin erhebliche theologische Differenzen. Hierzu zählen z. B. das Kirchenverständnis, die Abendmahlslehre, das Amtsverständnis (einschließlich der Fragen des Papstamtes, des Zölibats, der Frauenordination) sowie die Sexualmoral. Neben vielem Verbindendem gibt es also weiterhin auch viel Trennendes. Die theologischen Lehren beider Kirchen und somit die »Grundsätze« dieser beiden in Deutschland größten Religionsgemeinschaften (siehe GG Art 7.3) sind durchaus different. Dadurch erschien ein gemeinsamer Religionsunterricht bislang nicht möglich.

In einzelnen Bundesländern oder Regionen ist es allerdings gelungen, dass die entsprechenden evangelischen Landeskirchen und katholischen Bistümer zu Absprachen bezüglich eines konfessionell-kooperativen Religionsunterrichts übereingekommen sind. Aber die Bezeichnung »Ökumenischer Religionsunterricht« gibt es nur in der Umgangssprache, nicht jedoch als juristisch oder theologisch belastbaren Begriff, denn es gibt nicht die eine christliche Religion, sondern das Christentum existiert in seinen verschiedenen kirchlichen bzw. konfessionellen Prägungen und Profilen.

Rechtsfall 9 Konfessionell-kooperativer Religionsunterricht

An einigen Schulen in Dresden, Wiesbaden und München beantragen Eltern, den bisherigen katholischen und evangelischen Religionsunterricht künftig als »konfessionell-kooperativen Religionsunterricht« erteilen zu lassen, weil das in den Hauptstädten anderer Bundesländer wie z. B. Stuttgart, Düsseldorf und Hannover auch möglich sei.

Rechtliche Beurteilung
Der Hinweis der beantragenden Eltern auf die Praxis in Stuttgart, Düsseldorf und Hannover ist zwar zutreffend, aber nicht übertragbar: Zum einen deswegen nicht, weil in Deutschland aufgrund der bestehenden föderalen Schulhoheit die Entscheidungen bei den jeweiligen Bundesländern liegen (das Schulwesen ist Ländersache), zum anderen deswegen nicht, weil es nur in bestimmten Bundesländern oder Regionen Rahmenvereinbarungen zwischen den evangelischen Landeskirchen und den katholischen (Erz-)Bistümern über einen konfessionell-kooperativen Religionsunterricht gibt. Solche Rahmenvereinbarungen bestehen z. B. seit 1998 in Niedersachsen, seit 2005 in Württemberg und seit 2017/18 in Nordrhein-Westfalen (mit Ausnahme der Erzdiözese Köln).

Hier haben die Evangelischen Landeskirchen in Baden und in Württemberg sowie die Diözesen Freiburg und Rottenburg-Stuttgart eine Vereinbarung zur konfessionellen Kooperation im Religionsunterricht getroffen. Allerdings ist auch der konfessionell-kooperativ erteilte Religionsunterricht konfessioneller Religionsunterricht, erteilt nach den Lehren und Grundsätzen der Evangelischen Kirche beziehungsweise der Römisch-Katholischen Kirche. Es werden gemischt-konfessionelle Lerngruppen gebildet, die im Wechsel von einer Lehrkraft des Unterrichtsfaches Evangelische Religionslehre und Katholische Religionslehre unterrichtet werden. Durch diese authentische Zusammenarbeit wird das konfessionelle Profil beider Konfessionen im Religionsunterricht verdeutlicht.

Beide Kirchen erstellen für diesen Unterricht einen schulartspezifisch verbindlichen Rahmen und prüfen entsprechende Anträge der einzelnen Schulen auf Übereinstimmung mit diesen Rahmenvorgaben und führen gemeinsam die Fachaufsicht. Die beteiligten Religionslehrkräfte beider Konfessionen müssen an entsprechender Fortbildung teilnehmen. Der konfessionell-kooperative Religionsunterricht erstreckt sich in der Regel auf zwei Schuljahre (5/6, 7/8 usw.), in denen sich die evangelische und die katholische Lehrkraft abwechseln.

Religionspädagogische Einschätzung

Die Modelle aus Niedersachsen, Baden-Württemberg und neuerdings Nordrhein-Westfalen, wonach der Religionsunterricht auf Antrag konfessionell-kooperativ erteilt werden kann, sind aus religionspädagogischer Sicht sehr zu begrüßen. Denn an der Basis, d.h. in der alltäglichen Arbeit in der Schule, haben die konfessionellen Differenzen zwischen katholischen und evangelischen Lehrmeinungen schon lange nicht mehr das Gewicht, das sie noch zwischen den beiden Kirchen haben. In Zeiten von rückläufiger Kirchenbindung, von abnehmender explizit christlicher Sozialisation im Elternhaus und von zunehmender Säkularisierung besteht schon seit Jahren die Hauptaufgabe des Religionsunterrichts darin, Kinder und Jugendliche überhaupt mit den Bereichen Bibel, Kirche, Glauben in Kontakt zu bringen. In diesem unterrichtlichen Bemühen stehen die Gemeinsamkeiten zwischen Evangelisch und Katholisch deutlich stärker im Vordergrund als die Unterschiede. Zwar wurden auch in der Schule bislang die Unterschiede nicht verschwiegen und sie sollen auch im Zuge der konfessionellen Kooperation keineswegs geleugnet, sondern bewusst gemacht und diskutiert werden, aber in erster Linie geht es um den Religionsunterricht, der die gemeinsamen Grundlagen der biblischen Überlieferung, des christlichen Gottes- und Menschenbildes, des Christseins und des diakonisch-karitativen Handelns in den Vordergrund rückt.

Rechtsfall 10 Das Abmelderecht

An einer Schule meldet sich ein religionsmündiger Schüler vom Religionsunterricht ab. Schriftlich und fristgerecht erklärt er, dass er aus Glaubens- und Gewissensgründen nicht mehr am Religionsunterricht teilnehmen möchte. Die Schulleitung sucht zunächst das Gespräch mit dem zuständigen Religionslehrer. Bei diesem Gespräch werden erhebliche Zweifel an der Glaubwürdigkeit dieses Abmeldeanliegens deutlich. Um die Sache angemessen beurteilen und entscheiden zu können, bittet die Schulleitung den Schüler zu einem klärenden Gespräch.

Rechtliche Beurteilung

Da die Freiheit des Glaubens und des Gewissens ein sehr persönliches Recht jedes Einzelnen ist, das sogar als Grundrecht im GG verbrieft ist (GG 4.1: »Die Freiheit des Glaubens, des Gewissens und die Freiheit des religiösen und weltanschaulichen Bekenntnisses sind unverletzlich«), darf eine Überprüfung der Glaubens- und Gewissensgründe nicht stattfinden. Eine Befragung des Schülers über seine Abmeldeabsicht und deren Gründe ist juristisch nicht statthaft. Da es sich um eine Glaubens- bzw. Gewissensangelegenheit handelt, bedarf es keiner Begründung.

Religionspädagogische Einschätzung

Es ist durchaus möglich, dass ein Schüler seine Abmeldung vom Religionsunterricht nur unter dem Vorwand von Glaubens- und Gewissensgründen begründet, tatsächlich aber an theologischen, christlichen oder religiösen Themen einfach desinteressiert ist. Auch kommt es vor, dass an Schulen, an denen es noch kein Ersatzfach (Ethik, Philosophie usw.) gibt, für abgemeldete SuS der Religionsunterricht ersatzlos ausfällt und darum einzelne SuS von ihrem Abmelderecht Gebrauch machen, um eine Freistunde zu haben (nach dem Motto: neben Gewissensgründen gibt es auch gewisse Gründe …). Doch solche Gründe und Hintergründe bleiben im Reich der Mutmaßung und Spekulation und erlauben keine »Gewissensprüfung« seitens der Lehrkräfte oder Schulleitungen. Es wäre daher rechtlich wie religiös unstatthaft und unanständig, das vorgebrachte Argument der Glaubens- und Gewissensgründe in Zweifel zu ziehen und in das persönliche Recht eines Schülers durch Gespräch oder Befragung einzudringen.

Rechtsfall 11 Schriftlichkeit der Abmeldung

An einer Schule wird den SuS der achten und neunten Jahrgangsstufe erklärt, sie hätten mit ihrem Lebensalter nun die Religionsmündigkeit erreicht. Deshalb hätten sie jetzt auch das Recht, sich vom Religionsunterricht abzumelden. Da diese Abmeldung aber schriftlich erfolgen müsse, gäbe es im Sekretariat der Schule entsprechende Abmeldeformulare, um das Verfahren für alle, die sich abmelden möchten, zu vereinfachen.

Rechtliche Beurteilung

Eine Abmeldung vom Religionsunterricht muss in der Tat immer schriftlich erklärt werden: »Die Befreiung vom Religionsunterricht ist abhängig von einer schriftlichen Willenserklärung der Erziehungsberechtigten oder des religionsmündigen Schülers.«[9]

Doch da die negative Religionsfreiheit ein höchst schützenswertes persönliches Recht jedes Einzelnen ist, darf sie nicht zu einer standardisierten Formularangelegenheit nivelliert und verallgemeinert werden, sondern der einzelne Schüler/die einzelne Schülerin (oder die einzelnen Erziehungsberechtigten) müssen der Schule die schriftliche Abmeldeerklärung individuell abgeben. Die Schulbehörden weisen darauf hin, »dass es dem Pflichtcharakter von Religionslehre widerspricht, [...] wenn Abmeldeformulare an Schüler verteilt werden.«[10] »Vordruckformulare sind nicht vorgesehen.«[11]

Religionspädagogische Einschätzung

Da Schule eine hoch organisierte Institution ist, in der ständig viele Verwaltungsabläufe geleistet werden müssen (Entschuldigungen, Atteste, Zeugnisse, Elternbriefe usw.), gibt es für viele Dinge Formulare, Antragsbögen, Vordrucke usw., die es allen Beteiligten

---

9 Landesverfassung Nordrhein-Westfalen Art 14.4.
10 Rundverfügung des Regierungspräsidenten in Detmold vom 28.01.1982 (Az. 41/42–1035) [=Informationen 11.].
11 Rundverfügung des Regierungspräsidenten, Düsseldorf vom 11.12.1980, Az 41.20.03/41.20.04 (Amtliches Schulblatt für den Regierungsbezirk Düsseldorf 1981, 4) [=Informationen 92].

erleichtern sollen, diese vielen Vorgänge möglichst schlank und effizient zu erledigen. Deshalb kommt es in der Tat gelegentlich vor, dass eine Schulleitung auch die diversen Einzelabmeldungen vom Religionsunterricht einheitlicher und übersichtlicher regeln möchte, indem sie sogenannte »Abmeldeerklärungen« als Vordruck bereithält. Doch eine solche Formalisierung im Sinne der »Formularisierung« widerspricht der Individualität des Abmelderechts und würde ein sehr persönliches Grundrecht tendenziell der Beliebigkeit ausliefern.

> **Rechtsfall 12** Konfessionsübergreifender Religionsunterricht
>
> In Hildesheim wird an einer Schule der Religionsunterricht konfessionsübergreifend erteilt. Dagegen legen Eltern Widerspruch ein und fordern, den Religionsunterricht nach den Konfessionen evangelisch und katholisch getrennt oder aber konfessionell-kooperativ, nicht jedoch einfach pauschal »konfessionsübergreifend« durchzuführen.

Rechtliche Beurteilung
Konfessionsübergreifender Religionsunterricht ist in Niedersachsen eine Variante des konfessionell-kooperativen Religionsunterrichts. Er kann auf Antrag dann erteilt werden, wenn SuS verschiedener Konfessionen von der Religionslehrkraft einer bestimmten Konfession unterrichtet werden. In diesem Unterricht nehmen einzelne SuS am Religionsunterricht einer anderen Konfession teil, weil kein Religionsunterricht in der eigenen Konfession zustande kommt, da nicht genügend SuS (mindestens 12) der eigenen Konfession an der gesamten Schule sind. Weiterhin ist konfessionsübergreifender Religionsunterricht möglich, wenn keine Religionslehrkraft einer der beiden Konfessionen zur Verfügung steht.[12]

Konfessionsübergreifender Religionsunterricht setzt die Zustimmung der Mehrheit der an der Schule tätigen Religionslehrkräfte der aufnehmenden Religionsgemeinschaft nach Beratung in der zuständigen Fachkonferenz voraus. Solcher Religionsunterricht darf

---

12 Siehe den Runderlass des MK Niedersachsen vom 11.05.2011 (AZ 33–82105): Regelungen für den Religionsunterricht …, Einzelbestimmung 4.3.

über ein Schuljahr hinaus nur mit Genehmigung der Landesschulbehörde erteilt werden. Schulrechtlich handelt es sich um Unterricht der Religionsgemeinschaft, der die unterrichtende Lehrkraft angehört. Gleichwohl muss dieser Unterricht die konfessionelle Herkunft der SuS in der didaktischen Gestaltung des Schulcurriculums berücksichtigen.

Religionspädagogische Einschätzung
Dieser Fall ist nicht selten gegeben, wenn in einzelnen Regionen eine ausgeprägte Diasporasituation besteht, d. h., wenn eine der beiden großen christlichen Konfessionen so stark in der Mehrheit und die andere so stark in der Minderheit ist, dass weder evangelischer oder katholischer noch konfessionell-kooperativer Religionsunterricht angeboten werden kann. D. h., dass es in einzelnen evangelischen oder katholischen »Hochburgen« vorkommen kann, dass es seitens der Minderheiten-Konfession nur so wenige SuS und nur so wenige Lehrkräfte gibt, dass keine entsprechenden Lerngruppen gebildet werden können. Die Bildung einer konfessionellen Lerngruppe setzt in der Regel die Zahl von 12 SuS derselben Konfession voraus. In diesen Fällen kann es sinnvoll sein, dass die SuS der Minderheitsreligion im Religionsunterricht der Mehrheitsreligion mitunterrichtet werden, allerdings in dem deutlichen Bemühen, der Minderheit nicht einfach die Mehrheitsmeinung überzustülpen. In der religionspädagogischen Praxis gilt hier das pädagogische »Überwältigungsverbot«.

Rechtsfall 13 Der Beutelsbacher Konsens

An einer Schule gründet sich eine »Kritische Elterninitiative Religionsunterricht«; sie befürwortet zwar den Religionsunterricht grundsätzlich, weil es wichtig sei, dass ihre Kinder über das Christentum und die anderen Weltreligionen Bescheid wissen, aber die Eltern wenden sich dagegen, dass in diesem Fach die Glaubenslehren der katholischen bzw. der evangelischen Kirche als »Wahrheit« vermittelt werden. Es sei empörend, dass in Fragen des Glaubens bestimmte Ansichten als »Wahrheit« ausgegeben werden. Solche Wahrheitsbehauptung und -vermittlung in der Schule sei eine Indoktrination der SuS und verstoße gegen den Beutelsbacher Konsens.

Rechtliche Beurteilung

Der Religionsunterricht ist laut Grundgesetz Art 7.3 »in Übereinstimmung mit den Grundsätzen der Religionsgemeinschaften«, z. B. der römisch-katholischen oder der evangelischen Kirche, zu erteilen. Und nach der Rechtsprechung des Bundesverfassungsgerichts obliegt es dem Religionsunterricht somit, die Glaubensgrundätze der betreffenden Religionsgemeinschaft als »bleibende Wahrheiten« zu vermitteln.

Der Beutelsbacher Konsens wiederum betrifft die Frage, nach welchen Prinzipien in der Schule die politische Bildung zu erfolgen hat. Er ist das Ergebnis einer Tagung der Zentrale für politische Bildung, auf der Historiker, Politiker und Didaktiker sich auf folgende drei Prinzipien verständigt haben: *a) das Überwältigungsverbot* (d.h., den SuS darf keine politische Meinung aufgezwungen werden, sondern sie müssen so unterrichtet und informiert werden, dass sie sich eine eigenständige politische Meinung bilden können, um mündige Bürger zu werden); das Überwältigungsverbot ist gleichbedeutend mit dem Indoktrinationsverbot; *b) das Gebot der Kontroversität* (d.h., Lehrkräfte müssen die Themen kontrovers darbieten und diskutieren und dürfen dabei nicht hinter der Kontroversität der wissenschaftlichen Diskurse zurückbleiben); *c) das Prinzip Schülerorientierung* (d.h., die Inhalte müssen so dargeboten und erschlossen werden, dass die SuS frei und imstande sind, sie aus eigener Perspektive zu beurteilen und sich mit ihrer eigenen Meinung an dem gesellschaftlichen und politischen Geschehen zu beteiligen).[13]

Religionspädagogische Einschätzung

Der Beutelsbacher Konsens betrifft in der Schule vornehmlich die Fächer Politik, Geschichte oder Sozialwissenschaften. Ein Vergleich mit dem Religionsunterricht ist deshalb zunächst neben der Sache. Gleichwohl kann eine solche Bezugnahme aus Gründen der Vergleichbarkeit und Plausibilität durchaus sinnvoll sein. Doch hierbei sollte Folgendes bedacht werden: a) Der Mündigkeit, die in

---

13 Siehe Hans-Georg Wehling, Konsens à la Beutelsbach? Nachlese zu einem Expertengespräch, in: Siegfried Schiele/Herbert Schneider (Hg.), Das Konsensproblem in der politischen Bildung, Stuttgart 1977, 173–184.

der politischen Urteilbildung anzustreben ist, entspricht in religiösen und Glaubensfragen die Religionsmündigkeit. Diese gilt in Deutschland ab dem 14. bzw. 18. Lebensjahr als gegeben und wird bis dahin stellvertretend von den Eltern repräsentiert, indem zunächst sie es sind, die ihr Kind evangelisch oder katholisch taufen lassen bzw. religiös oder nichtreligiös erziehen. b) Wenn der Religionsunterricht in Deutschland an den öffentlichen Schulen nach den Grundsätzen der Religionsgemeinschaft erteilt wird, heißt das gerade nicht, dass die SuS aller öffentlichen Schulen mit einer religiösen Einheitsmeinung konfrontiert oder gar indoktriniert werden; im Gegenteil: durch den sehr differenziert organisierten und erteilten Religionsunterricht wird der religiösen Pluralität bestmöglich Rechnung getragen, d. h., durch die Pluriformität des Religionsunterrichts wird die Pluriformität der religiösen Wahrheit(en) auch schulisch berücksichtigt. c) Das im Beutelsbacher Konsens formulierte Gebot der Kontroversität ist dem Religionsunterricht ebenfalls inhärent, denn die Bezugswissenschaft des Religionsunterrichts ist die jeweilige (evangelische, katholische oder islamische) theologische Wissenschaft. Deren Kontroversität wird nicht nur im Studium erlernt, sondern bleibt auch für die ausgebildete Lehrkraft eine maßgebliche Größe. D. h., die widerstreitenden theologischen Positionen in der jeweiligen theologischen Wissenschaft und die kontroversen Richtungen und Gruppierungen innerhalb des Protestantismus, des Katholizismus, der orthodoxen Kirchen oder des Islam usw. sollen, ja dürfen im jeweiligen Religionsunterricht nicht verschwiegen werden.

Rechtsfall 14   Unterrichtserteilung durch Geistliche

An einer Schule wird der Religionsunterricht von einem Geistlichen erteilt, der Pfarrer der örtlichen Kirchengemeinde ist. Eltern wenden sich deswegen an die Schule: Sie hätten zwar nichts gegen die Teilnahme ihres Kindes am Religionsunterricht, hielten sich aber von der Kirche bewusst fern. Dass ihr Kind an der städtischen Schule Unterricht beim örtlichen Pfarrer hätte, gehe ihnen deshalb zu weit. Sie fordern, dass der Religionsunterricht von einer staatlichen Religionslehrkraft erteilt werden solle.

Rechtliche Beurteilung

Der Religionsunterricht wird zwar in der Regel durch staatlich ausgebildete Religionslehrkräfte erteilt, aber nicht selten auch durch Geistliche oder andere kirchliche Bedienstete (Pfarrer, Pfarrerinnen, Katechetinnen, Katecheten usw.). Grundlage dieser Unterrichtstätigkeit sind amtliche Vereinbarungen zwischen den Kultus- bzw. Schulministerien und den Kirchen (Bistümern bzw. Landeskirchen). Katholische Geistliche bzw. evangelische Pfarrerinnen und Pfarrer absolvieren in ihrem Studium bzw. in ihrer zweiten Ausbildungsphase eine religionspädagogische Ausbildung, die sie zur Erteilung des Religionsunterrichts befähigt. Die Berufung, an einer Schule im Religionsunterricht eingesetzt zu werden, erfolgt zumeist dann, wenn es nicht genügend staatliche Lehrkräfte gibt. Deshalb geschieht die Unterrichtstätigkeit von Geistlichen zumeist nebenamtlich, um die zu wenigen hauptamtlichen Lehrkräfte zu ergänzen. Der Unterrichtseinsatz durch Geistliche wird im Einvernehmen zwischen staatlicher Schulaufsicht (Schulämter, Bezirksregierungen usw.) und kirchlicher Behörde (Bistum, Landeskirche usw.) vereinbart. In einigen Landeskirchen haben Gemeindepfarrerinnen und -pfarrer sogar die Pflicht, in ihrem Seelsorgebezirk regelmäßig eine bestimmte Wochenstundenzahl (zumeist zwischen vier und acht Stunden) Religionsunterricht zu erteilen.[14]

Religionspädagogische Einschätzung

Die unterrichtliche Tätigkeit von Geistlichen war früher allgemein üblich. Denn katechetischer Unterricht war von der Antike an eine wesentliche Aufgabe der Geistlichen, indem sie den Täuflingen zur Vorbereitung auf die Taufe Unterricht über die Grundlagen des christlichen Glaubens gaben (Taufunterricht bzw. Taufkatechese). Und die ersten Schulen in Europa waren Kloster- oder Domschulen, d. h., sie gehörten räumlich wie inhaltlich zum örtlichen Kloster oder Dom, befanden sich somit in kirchlicher Trägerschaft, und der

---

14 Siehe z. B. »Kirchliche Verordnung über die Verpflichtung der Pfarrer zur Erteilung von Religionsunterricht an den Schulen« der Ev. Landeskirche in Württemberg vom 28.06.1988, zuletzt geändert am 30.05.2016. Siehe www.kirchenrecht-ekwue.de/pdf/17266.pdf (letzter Zugriff: 23.06.2018).

gesamte Unterricht (einschließlich des Lesens, Rechnens und Schreibens) wurde durch Geistliche, zumeist Nonnen oder Mönche, erteilt. Das staatliche Schulwesen, wie es heute flächendeckend besteht, ist erst ein relativ junges Produkt der Geschichte: Die Errichtung von staatlichen und städtischen Schulen ist eine der Hauptforderungen der Reformation gewesen, die erst viel später, im Wesentlichen durch Preußen, sukzessive verwirklicht wurde. Die Unterrichtstätigkeit von Geistlichen fußt deshalb auf einer langen Tradition, die bis heute fortbesteht, zumal Geistliche in ihrer ersten Ausbildungsphase (Studium) eine theologische Ausbildung mit einem religionspädagogischen Anteil absolvieren und zu ihrer zweiten Ausbildungsphase (Vikariat) auch eine pädagogische und schulpraktische Ausbildung gehört. Sie verfügen somit über die nötigen Voraussetzungen bzw. Qualifikationen, um in Ergänzung der staatlichen Religionslehrkräfte schulischen Religionsunterricht erteilen zu können.

Auch in der Gegenwart bewährt sich der Einsatz von Geistlichen in den meisten Fällen: Sie haben eine religionspädagogische Ausbildung, nehmen an religionspädagogischen Fortbildungen teil und bringen in das Schulleben zugleich eine andere Perspektive und Berufserfahrung ein. Das didaktische Können ist einerseits zuweilen geringer als bei staatlichen Kolleginnen und Kollegen, da diese durch ihre Ausbildung in zumeist drei Fächern und durch ihre hauptamtliche Unterrichtstätigkeit in der Regel mehr Erfahrung haben; andererseits sind Geistliche mitunter gerade in didaktischen und methodischen Dingen besonders begabt, weil sie in der Kirchengemeinde gewöhnt sind, stets mit heterogenen Gruppen von Kindern und Jugendlichen zu arbeiten (vom Kindergottesdienst über den Firm- oder Konfirmandenunterricht bis zu kirchlichen Jugendfreizeiten ist es immer schon kirchliche Praxis, inklusiv zu unterrichten). D. h., ihre Eignung ist letztlich ähnlich unterschiedlich und individuell wie bei allen anderen Lehrkräften auch.

Rechtsfall 15   Religionsmündigkeit und Elternrecht

Die Eltern einer 17-jährigen Schülerin der Oberstufe legen gemeinsam mit ihrer Tochter Beschwerde gegen die in der Sek II bestehende Organisationsform des Religionsunterrichts ein. Die Schule erwidert: Da die Schülerin bereits religionsmündig sei, könne und müsse sie ihre religiösen Angelegenheiten selbst und eigenständig vertreten. Den Eltern stehe deshalb in diesem Fall kein Beschwerde- oder sonstiges Mitspracherecht zu.

Rechtliche Beurteilung

Die Reaktion der Schule erscheint juristisch zunächst plausibel, da die Religionsmündigkeit bedeutet, dass religionsmündige SuS selbst über die Fragen ihrer Religions- oder Konfessionszugehörigkeit entscheiden dürfen. Deswegen ist es rechtlich wie schulisch richtig, dass der religionsmündige Schüler (also ab dem vollendeten 14. Lebensjahr bzw. in Bayern und im Saarland ab dem vollendeten 18. Lebensjahr) selbst entscheiden kann, ob er sich vom Religionsunterricht abmeldet.

Doch in Ergänzung zur Religionsmündigkeit spielt bei diesem Rechtsfall auch das Elternrecht eine Rolle: das elterliche Erziehungsrecht ist deswegen noch nicht völlig an sein Ende gekommen. Denn Eltern haben auch ab dem Zeitpunkt der Religionsmündigkeit ihres Kindes die Befugnis, ihr minderjähriges Kind in seinen religiösen Bemühungen zu unterstützen. Sofern sie im Einklang mit dem Willen des Kindes handeln, müssen sie es in der Findung und Ausübung seines religiösen Standpunktes nicht allein lassen, sondern können die Rechte, die das Kind geltend macht, auch im eigenen Namen geltend machen.[15]

Religionspädagogische Einschätzung

Der Elternwille ist für Schulen ein ganz maßgeblicher Faktor, denn schließlich sind die Eltern die Erziehungsberechtigten, mit denen zusammenzuarbeiten nicht nur eine Pflicht, sondern auch eine große Chance und ein großer Gewinn sein kann. Sie haben viele Anhörungs-, Informations- und Beteiligungsrechte. Dies gilt auch in Fragen des Religionsunterrichts, da sie in Vertretung ihrer Kinder,

---

15 Grundlage dieser juristischen Auslegung ist ein Urteil des Bundesverwaltungsgerichts, das vom Bundesverfassungsgericht nicht widerlegt worden ist (BVerfG, Beschluss vom 25.02.1987).

solange diese noch nicht religionsmündig sind, die entsprechenden Rechte (z. B. auf Abmeldung) ausüben. Dass das Bundesverwaltungsgericht den Eltern ein Unterstützungsrecht auch nach Erreichen der Religionsmündigkeit zuspricht, kann aus religionspädagogischer Sicht nur begrüßt werden, denn wenn Fragen des Religionsunterrichts auch bei den Erziehungsberechtigten von religionsmündigen SuS auf so viel Anteilnahme treffen, dass sie sich einbringen und sich gemeinsam mit ihren jungen erwachsenen Kindern engagieren, kann dies nur als ein erfreuliches Interesse an diesem Fach gewürdigt werden. Das Gespräch und der Dialog sind darum unbedingt zu führen und keinesfalls mit einem formaljuristischen Argument abzulehnen.

> **Rechtsfall 16** Die Konfession der Schülerinnen und Schüler
>
> Bei der Anmeldung in der weiterführenden Schule erkundigt sich die Schulleitung, ob das Kind am katholischen oder am evangelischen Religionsunterricht teilnehmen soll. Die Eltern sind etwas irritiert und fragen, ob sich das denn nicht aus der Konfessionszugehörigkeit ihres Kindes gleichsam automatisch ergäbe. Die Schulleitung erwidert: Nein, denn das Grundgesetz schreibe in Art 7.3 lediglich vor, dass der jeweilige Religionsunterricht in Übereinstimmung mit den Grundsätzen der betreffenden Religionsgemeinschaft zu erteilen sei, schreibe aber nicht vor, dass ein evangelisch oder katholisch getaufter Schüler automatisch dem Evangelischen oder dem Katholischen Religionsunterricht zuzuordnen sei. Hier sei Ermessensspielraum für den Elternwillen gegeben, und dieser habe an der Schule ein sehr großes Gewicht.

§ Rechtliche Beurteilung
Die Argumentation der Schulleitung ist insofern richtig, als das Grundgesetz in der Tat zu dieser Frage schweigt. Allerdings ist aus diesem Schweigen weder eine Wahlfreiheit noch eine Beliebigkeit ableitbar, und zwar aus zwei Gründen:
Historisch und religionssoziologisch bestand bei Inkrafttreten der WRV 1919 und des GG 1949 fast flächendeckend noch eine so starke religiöse (christliche) und konfessionelle (katholische oder

evangelische) Homogenität in der Bevölkerung, dass es geradezu eine Selbstverständlichkeit darstellte, dass ein katholisch getauftes Kind am Katholischen und ein evangelisch getauftes Kind am Evangelischen Religionsunterricht teilnimmt. Die konfessionelle Zugehörigkeit und die Teilnahme am entsprechenden konfessionellen Religionsunterricht waren so klar, dass eine Erwähnung dieser Zugehörigkeit gar nicht nötig war, sondern sich sozusagen von selbst verstand.

Zuständigkeitshalber kann nicht der weltanschaulich neutrale Staat Regelungen darüber treffen, wer über die konfessionelle Zuordnung entscheidet, sondern er hat zunächst von der erwähnten Selbstverständlichkeit auszugehen. Sollte es Zweifelsfälle geben, weil z. B. die Eltern selbst keine konfessionelle Homogenität mitbringen oder sogar verschiedenen Religionen angehören oder ihr Kind selbst entscheiden lassen wollen, dann hat die staatliche Schule nach den Grundsätzen der Religionsgemeinschaften zu entscheiden, denn nur diese können über die Teilnahme von Kindern eines anderen Bekenntnisses oder einer anderen Konfession befinden.

Religionspädagogische Einschätzung

Auch aus religionspädagogischer Sicht ist die oben erwähnte Praxis der Schulleitung abzuweisen, denn die religiöse bzw. konfessionelle Zugehörigkeit, die ein Kind mitbringt, ist auch bei der Bildung der Religionsklassen ein wichtiges und zu respektierendes Faktum.

Heutzutage gibt es zwar nur noch in wenigen Regionen eine konfessionelle Homogenität, da die Gesellschaft im Zuge zunehmender Pluralisierung auch in religiöser Hinsicht durch eine starke Pluralität und Heterogenität geprägt ist. Gleichwohl stellt das Christentum weiterhin die Mehrheitsreligion dar, sodass es auch bei der Bildung der schulischen Lerngruppen des Religionsunterrichts ein quantitativ wie qualitativ sinnvolles Kriterium ist, die Konfessionszugehörigkeit der Kinder zum naheliegenden Ausgangspunkt zu nehmen.

In all den Fällen, in denen aber ein Kind nicht getauft ist oder einer anderen Religion oder gar keiner Religion angehört oder aber aus bestimmten familiären Gründen nicht am Religionsunterricht der eigenen Konfession teilnehmen soll, ist danach zu gehen, was die einzelnen Religionsgemeinschaften über die Teilnahme von Kindern einer anderen Bekenntnis- oder Religionszugehörigkeit sagen. Im

Grundsatz gilt in der katholischen Kirche die Trias, die sogenannte katholische Dreiheit, wonach der katholische Religionsunterricht a) von katholischen Lehrkräften, b) nach katholischen Inhalten erteilt wird und sich c) aus katholischen SuS zusammensetzt.[16]

Die Evangelische Kirche ist bereits Anfang der 70er Jahre auf Abstand zu dieser Trias gegangen: Im Zuge der Einführung der gymnasialen Oberstufe mit Kurssystem plädierte der Rat der EKD schon 1974 dafür, »dass den Schülern […] künftig die […] Möglichkeit […] eröffnet wird, auch an Kursen eines anderen Bekenntnisses als des eigenen teilzunehmen.«[17] In ihrer Denkschrift »Identität und Verständigung von 1994 stellt die EKD unmissverständlich fest: «Zur kooperativen Ausgestaltung des Religionsunterrichts gehört die Durchlässigkeit auf der Ebene der Schülerinnen und Schüler. Es werden alle aufgenommen, deren Eltern es wünschen oder die sich nach erreichter Religionsmündigkeit selbst so entscheiden. Sie müssen nicht der evangelischen Konfession angehören.“[18]

Die konfessionelle Trias des Religionsunterrichts ist seitens der evangelischen Kirche also schon vor Jahrzehnten aufgehoben worden. Allerdings muss auch berücksichtigt werden: Die evangelische Position beschreibt eine grundsätzliche Offenheit, nicht jedoch eine Verfahrensregelung zur Bildung der schulischen Lerngruppen; im Zweifelsfall ist immer die Bereitschaft der unterrichtenden Lehrkraft ausschlaggebend. Die evangelische Offenheit darf »nicht administrativ missbraucht werden.«[19]

---

16 So hat die Deutsche Bischofskonferenz im Jahr 1996 in ihrer Stellungnahme »Die bildende Kraft des Religionsunterrichts. Zur Konfessionalität des katholischen Religionsunterrichts« (Bonn 1996) erneut festgestellt: »Für die Identität des katholischen Religionsunterrichts sind und bleiben die drei Bezugsgrößen Lehrer, Schüler und Lehrinhalt konstitutiv. Diese Trias bildet auch weiterhin die Grundlage […]« (S. 78).

17 Entschließung des Rates der Evangelischen Kirche in Deutschland vom 19.10.1974 zum Religionsunterricht, in: Die Denkschriften der Evangelischen Kirche in Deutschland, Band 4/1, Bildung und Erziehung, Gütersloh 1987, 89.

18 Identität und Verständigung. Standort und Perspektiven des Religionsunterrichts in der Pluralität. Eine Denkschrift der Evangelischen Kirche in Deutschland, hrsg. v. Kirchenamt der EKD, Gütersloh 1994, 88.

19 Ebd.

Umgekehrt erkennt auch die katholische Kirche die Möglichkeit an, dass ein nichtkatholischer Schüler teilnehmen kann, sofern er bzw. seine Erziehungsberechtigten es wünschen; aber auch hier ist für die Aufnahme in den Unterricht nicht der Staat oder die Schule, sondern die kirchliche Stelle, hier die katholische Kirche, vertreten durch ihre Lehrkräfte mit der Missio canonica, zuständig.

> **Rechtsfall 17** Die christliche Gemeinschaftsschule
>
> Die Eltern mehrerer Grundschulkinder beschweren sich darüber, dass die besuchte Schule eine »christliche Gemeinschaftsschule« ist: dass es an dieser Schule christlichen Religionsunterricht gebe, sei völlig in Ordnung; aber die Tatsache, dass die Schule sich auch insgesamt als »christlich« bezeichne, sei ein religiöser Übergriff auf alle SuS, der mit Freiheit, Toleranz und Pluralität nicht vereinbar sei. Die Schule solle, abgesehen von dem Religionsunterricht, religiös neutral und offen gegenüber allen sein.

§ Rechtliche Beurteilung

Die sogenannte »christliche Gemeinschaftsschule« war in der Tat schon häufig der Gegenstand von Kontroversen und Klagen. Historisch gibt es die Diskussion um die Gemeinschaftsschule bereits seit dem 19. Jahrhundert, als es erste Ansätze gab, das konfessionell getrennte Schulwesen zu überwinden und neben den bestehenden Evangelischen und Katholischen Volksschulen durch die Einführung von »Simultanschulen« die Möglichkeit zu schaffen, dass die SuS beider Konfessionen eine »gemeinsame« Schule besuchen, also »simultan« unterrichtet werden. Die konfessionellen und pädagogischen Diskussionen wurden dann durch den Nationalsozialismus nachhaltig belastet, da das NS-Regime aus politischen Gründen (»Volksgemeinschaft«) alles daransetzte, das Schulwesen zu vereinheitlichen und die Gemeinschaftsschule durchzusetzen.

Heutzutage bietet sich in den einzelnen Bundesländern ein buntes Bild: Es gibt evangelische und katholische Bekenntnisschulen sowie Gemeinschaftsschulen, auf denen die SuS allgemein auf der Basis übergeordneter christlicher Werte erzogen werden. So heißt es z. B. in der Landesverfassung Nordrhein-Westfalen Artikel 12: Es gibt Gemeinschaftsschulen, Bekenntnisschulen oder Weltanschauungsschulen.»In Gemeinschaftsschulen werden die Kinder auf der Grundlage christlicher Bildungs- und Kulturwerte in Offenheit für die christlichen Bekenntnisse und für andere religiöse und weltanschauliche Überzeugungen gemeinsam unterrichtet und erzogen.«

Der Streit um die Gemeinschaftsschule und ihre überkonfessionelle Ausrichtung in christlicher Grundprägung bei gleichzeitiger Offenheit für andere religiöse Positionen ist inzwischen höchstrichterlich befriedet, denn »das Bundesverfassungsgericht hat [...] die in Baden-Württemberg und in Bayern eingeführte christliche Gemeinschaftsschule für verfassungsgemäß angesehen; auch die nordrhein-westfälische Gemeinschaftsschule wurde verfassungsrechtlich nicht beanstandet«, so die Feststellung des Bundesverfassungsgerichts.[20] Des Weiteren wird ausgeführt: Die Einführung christlicher Bezüge ist

> »bei der Gestaltung der öffentlichen Schulen nicht schlechthin verboten, mag auch eine Minderheit der Erziehungsberechtigten, die bei der Erziehung ihrer Kinder dieser Schule nicht ausweichen kann, keine religiöse Erziehung wünschen. Die Schule darf jedoch keine missionarische Schule sein und keine Verbindlichkeit christlicher Glaubensinhalte beanspruchen; sie muß auch für andere weltanschauliche und religiöse Inhalte und Werte offen sein. Das Erziehungsziel einer solchen Schule darf – außerhalb des Religionsunterrichts, zu dessen Besuch niemand gezwungen werden kann – nicht christlich konfessionell fixiert sein. Die Bejahung des Christentums in den profanen Fächern bezieht sich in erster Linie auf die Anerkennung des prägenden Kulturfaktors und Bildungsfaktors, wie er sich in der abendländischen Geschichte herausgebildet hat, nicht auf die Glaubenswahrheit und ist damit auch gegenüber dem Nichtchristen durch das Fortwirken geschichtlicher Gegebenheiten legitimiert. Zu diesem Faktor gehört nicht zuletzt der Gedanke der Toleranz für Andersdenkende.«

---

20 BVerfG vom 16.10.1979, 1 BvR 647/70, 1 BvR 7/74.

Religionspädagogische Einschätzung
Religionspädagogisch ist es zu begrüßen, dass in vielen Regionen heutzutage die Gemeinschaftsschule besteht, in der alle SuS über die Grenzen der Konfessionen und Religionen hinweg unterrichtet und erzogen werden. Ihre christliche Grundausrichtung bedeutet einen ökumenischen Fortschritt und zugleich keine Ausgrenzung anderer religiöser Positionen, denn »christlich« ist nicht als Fixierung auf das christliche Glaubensbekenntnis zu verstehen, sondern als Ausrichtung an den Kultur- und Bildungswerten, die das christliche Abendland hervorgebracht hat (Würde und Freiheit des Menschen, helfendes Handeln, Solidarität mit den Schwächeren, Achtung vor dem Leben usw.).

Kapitel 2.2   10 Rechtsbeispiele zu Religionslehrerinnen und -lehrern

Rechtsfall 18   Fachfremde Erteilung des Religionsunterrichts

Durch plötzliche Erkrankung der Religionslehrerin droht der Religionsunterricht ab sofort auszufallen. Da er aber ordentliches Lehrfach ist, bittet die Schulleitung den Musiklehrer, der seit Jahren ehrenamtlich einen Kirchenchor leitet, den Religionsunterricht zu erteilen. Der Musiklehrer ist begeistert, denn gerade zwischen Musik und Religion gibt es viele Anknüpfungspunkte und Verbindungslinien. Er sagt sofort zu.

Rechtliche Beurteilung
Da der Religionsunterricht in Art 7.3 des Grundgesetzes als »ordentliches Lehrfach« definiert und somit auf der höchsten verfassungsrechtlichen Ebene geschützt wird, ist es juristisch angemessen, dass sich die Schulleitung nach Kräften bemüht, im Rahmen der akut begrenzten Möglichkeiten nach sinnvollen Lösungen zu suchen, um die Erteilung des Religionsunterrichtes an dieser Schule sicherzustellen.

Wie in anderen Fächern und Fällen auch, kann die fachfremde Erteilung grundsätzlich eine Lösung darstellen. Wenn es »zur Vermeidung von Unterrichtsausfall […] geboten […] ist […], sind Lehrerinnen und Lehrer verpflichtet, Unterricht auch in Fächern zu erteilen, für die sie im Rahmen ihrer Ausbildung keine Lehrbefähigung besitzen.«[21]

Im Falle des Religionsunterrichts ist jedoch zu beachten, dass dieses Fach in der gemeinsamen Verantwortung von Staat und Religionsgemeinschaft steht (res mixta), also die Schulleitung nicht allein verantworten oder veranlassen kann, diesen Unterricht fachfremd erteilen zu lassen. Die Schulleitung muss sich mit der zuständigen Stelle (Schulabteilung des katholischen Bistums bzw. der evangelischen Landeskirche) in Verbindung setzen und um Genehmigung dieser fachfremden Notlösung bitten.

Des Weiteren muss beachtet werden, dass gemäß GG Art 7.3 keine Lehrkraft zum Religionsunterricht gezwungen werden darf (»Kein Lehrer darf gegen seinen Willen verpflichtet werden, Religionsunterricht zu erteilen«). Dieser juristische Schutz gilt sogar für die ausgebildeten und voll qualifizierten Religionslehrkräfte, mithin erst recht für solche, die keine religionspädagogische Ausbildung absolviert haben. Die Allgemeine Dienstordnung fügt dem grundsätzlichen Verpflichtungsgebot des fachfremden Unterrichtens deshalb (ebenda) ausdrücklich hinzu: »Eine Verpflichtung zur fachfremden Erteilung von Religionsunterricht besteht nicht.«

Religionspädagogische Einschätzung

Im Einzelfall kann es eine sinnvolle und für alle Beteiligten (Schulleitung, SuS und Lehrkraft) gewinnbringende Lösung darstellen, wenn zur Vermeidung des Unterrichtsausfalls in Religionslehre ein Kollegiumsmitglied bereit ist, aus persönlicher Neigung und fachlichem Interesse den Religionsunterricht fachfremd zu erteilen. Durch Mitarbeit in der Kirchengemeinde (z. B. als Mitglied des Presbyteriums, als Kirchenchorleitung, als ehrenamtliche Mitarbeitende in kirchlichen Kreisen und Gruppen, in der kirchlichen Jugendarbeit usw.) kann es sein, dass eine Lehrkraft informell nicht unerheblich über theologische Kenntnisse, kirchliche Fähigkeiten

---

21 Allgemeine Dienstordnung (ADO) des Schulministeriums Nordrhein-Westfalen vom 18.06.2012, § 12.2.

und Fertigkeiten und religiöse Kompetenz verfügt und auf dieser Basis freiwillig bereit ist, ersatzweise auch den Religionsunterricht zu erteilen.

Die Kirchen befürworten solches Engagement ausdrücklich, sofern a) die Schulleitung glaubwürdig darlegen kann, dass zurzeit keine ausgebildete Lehrkraft zur Verfügung steht und der Religionsunterricht ansonsten ausfallen müsste, b) die fachfremde Lehrkraft zweifelsfrei erklärt, zur Übernahme dieses fachfremden Unterrichts freiwillig bereit zu sein. In solchen Fällen erteilt die zuständige kirchliche Stelle dann auf Antrag eine *eingeschränkte* kirchliche Unterrichtserlaubnis, die in der Regel auf 4 Wochenstunden beschränkt und mit dem Angebot einer begleitenden Qualifizierungsmaßnahme von ein oder zwei Jahren Dauer (z. B. Zertifikatskurs, Neigungsfachausbildung o. Ä.) verbunden wird. Solche Kurse zur berufsbegleitenden Aus- oder Weiterbildung werden auf evangelischer Seite von den Landeskirchen, Pädagogischen Instituten und Schulreferaten, auf katholischer Seite von den Schul- und Erziehungsabteilungen der Bistümer angeboten. Jährlich werden auf diesem Wege mehrere Hundert Lehrkräfte berufsbegleitend zu Religionslehrerinnen und -lehrern ausgebildet; diese stattliche Zahl bleibt gleichwohl im Vergleich zu den regulär, d. h. staatlich ausgebildeten Lehrkräften im einstelligen Prozentbereich. Die Kirchen achten darauf, dass solche Maßnahmen »nicht etwa Verdrängungseffekte für nachrückende, regulär ausgebildete Lehrkräfte [...] generieren.«[22]

Rechtsfall 19   Missio canonica und Vokation

Frau X hat die Fächer Evangelische Religionslehre und Mathematik für das Lehramt studiert und soeben ihr Examen bestanden. Die künftige Lehrerin freut sich, dass sie ihr Lehramtsstudium geschafft hat und es nun bald mit der Schule losgeht. Da sie weiß, dass es für den Religionsunterricht einer kirchlichen Unterrichtserlaubnis

---

22 Rainer Timmer, Verpflichtung und Vertrauen. Die kirchliche Bevollmächtigung von Religionslehrerinnen und -lehrern, in: Rauf Ceylan/Clauß Peter Sajak (Hg.), Freiheit der Forschung und Lehre? Das wissenschaftsorganisatorische Verhältnis der Theologie zu den Religionsgemeinschaften, Wiesbaden 2017, 191–215, hier 198.

bedarf, wendet sie sich an ihre evangelische Kirche und beantragt für das Referendariat die Missio canonica.

Rechtliche Beurteilung

Juristisch wie sachlich liegt bei diesem Antrag ein Irrtum vor: Die »Missio canonica« ist die kirchliche Unterrichtserlaubnis der römisch-katholischen Kirche für den Katholischen Religionsunterricht, während die kirchliche Unterrichtserlaubnis der evangelischen Kirche für den Evangelischen Religionsunterricht die »vocatio« oder »Vokation« ist.

Trotz dieser terminologischen und konfessionellen Differenz haben beide gemeinsam, kirchliche Unterrichtserlaubnis für das staatliche Unterrichtsfach zu sein. Aufgrund der Doppelbestimmung des GG, wonach der Religionsunterricht zum einen ordentliches Lehrfach ist, und zum anderen in inhaltlicher Übereinstimmung mit den Grundsätzen der Religionsgemeinschaften erteilt wird, ist der Religionsunterricht eine »res mixta« zwischen Staat und der jeweiligen Religionsgemeinschaft, und die ihn erteilenden Lehrkräfte stehen in einer institutionellen Doppelbindung: Religionslehrerinnen und -lehrer sind zum einen ordentliche (angestellte oder verbeamtete) Lehrkräfte wie alle anderen Lehrerinnen und Lehrer auch, aber sie stehen durch die Missio canonica bzw. die Vokation auch in einer institutionellen Bindung zur katholischen bzw. evangelischen Kirche.

Durch die kirchliche Unterrichtserlaubnis wird schließlich sichergestellt, dass das Fach Katholische Religionslehre resp. Evangelische Religionslehre gemäß GG Art 7.3 »in Übereinstimmung mit den Grundsätzen der Religionsgemeinschaften« erteilt wird.

Die Tatsache, dass die frisch examinierte künftige Kollegin diese kirchliche Lehrerlaubnis bereits für ihr Referendariat beantragt, ist juristisch angemessen bzw. formal erforderlich, denn da Lehramtsanwärterinnen und -anwärter während ihrer schulpraktischen Ausbildung in einem gewissen Umfang schon eigenständig Unterricht erteilen, ist bereits für diese zweite Ausbildungsphase eine kirchliche Erlaubnis einzuholen. Diese trägt in der Regel die Bezeichnung »vorläufig« oder »befristet« und hat zumeist eine Gültigkeit von ca.

drei Jahren. Die eigentliche, vollgültige Unterrichtsgenehmigung erwirbt man dann im zeitlichen Zusammenhang mit der Zweiten Staatsprüfung.

Religionspädagogische Einschätzung
Mitunter ist es für angehende Religionslehrerinnen und -lehrer etwas irritierend, wenn sie erstmals davon hören, dass sie für ihr Unterrichtsfach Religion etwas benötigen, was es für ihr anderes Fach nicht gibt, nämlich eine Unterrichtserlaubnis von einer zusätzlichen Institution, mithin die kirchliche Unterrichtserlaubnis von ihrer Kirche. Während für alle Unterrichtsfächer das Studium (1. Ausbildungsphase) und das Referendariat (2. Ausbildungsphase), also das Erste und Zweite Staats(!)examen genügt, um den Unterricht erteilen zu dürfen, bedarf es für das Fach Religion neben dieser staatlichen Legitimation und Lehrbefugnis zusätzlich auch der kirchlichen Unterrichtserlaubnis, d.h. der »Missio canonica« für den Katholischen Religionsunterricht bzw. der »Vokation« für den Evangelischen Religionsunterricht.

Durch den Erwerb dieser kirchlichen Lehrerlaubnis verpflichten sich die Religionslehrkräfte, den Religionsunterricht in Übereinstimmung mit den Grundsätzen ihrer Glaubensgemeinschaft zu erteilen, und sie erhalten seitens ihrer Kirche die Zusicherung des fachlichen Rückhalts und der Unterstützung in der Ausübung ihres Berufs. So gibt es beispielsweise in den einzelnen evangelischen Landeskirchen und katholischen (Erz-)Bistümern eigene Schulabteilungen (Schuldezernate) mit fachlich qualifizierten Ansprechpartnern für alle Fragen des Religionsunterrichts. Ebenso unterhalten die Kirchen eigene pädagogische und religionspädagogische Institute: auf evangelischer Seite z.B. das Pädagogische Institut Villigst der Ev. Kirche von Westfalen, das Religionspädagogische Institut Loccum der Evangelisch-lutherischen Landeskirche Hannovers, das Pädagogisch-Theologische Institut Hamburg der Nordkirche, das Pädagogisch-Theologische Zentrum Stuttgart der Württembergischen und das Religionspädagogische Institut Karlsruhe der Badischen Landeskirche; auf katholischer Seite z.B. das Institut für Lehrerfortbildung (ifl) in Essen (im Auftrag der Bistümer Aachen, Essen, Köln, Münster und Paderborn), das Institut für Lehrerfort-

und Weiterbildung (ILF) in Mainz (im Auftrag der Diözesen Köln, Limburg, Mainz, Speyer und Trier), das Pädagogische Zentrum Wiesbaden (im Auftrag der Bistümer im Land Hessen) usw.

In diesen Einrichtungen finden jährlich viele tausend Aus- und Fortbildungsangebote für den Religionsunterricht statt, bei denen Religionslehrkräfte einen ansprechenden Ort und eine hilfreiche Anlaufstelle für die fachliche Unterstützung und den kollegialen Austausch haben. Zudem gibt es in diesen Institutionen sowie zusätzlich auch regional an vielen Orten sogenannte Mediotheken, also von den Kirchen betriebene Medienstellen (z. B. in Aurich, Bielefeld, Birkach, Dortmund, Münster, Moritzburg usw.), in denen zu allen Themenbereichen des Religionsunterrichts eine Vielzahl geeigneter Unterrichtsmaterialien und Unterrichtsmedien bereitgestellt wird.

Rechtsfall 20 Modalitäten der Vokation

Eine evangelische Religionslehrerin aus Schleswig-Holstein stellt nach einigen Berufsjahren aus familiären Gründen einen Versetzungsantrag in das Bundesland Nordrhein-Westfalen. Bei ihrer Suche nach einer Schule erfährt sie, dass es dort üblich ist, die Kirchliche Unterrichtserlaubnis (Vokation) durch Teilnahme an einer mehrtägigen Vokationstagung zu erhalten. Davon hat sie aber während ihres Studiums und in ihren ersten Berufsjahren in Kiel noch nie gehört.

Rechtliche Beurteilung
So wie das Schulwesen in der Bundesrepublik keineswegs einheitlich, sondern von Bundesland zu Bundesland anders organisiert und mit je eigenen Gesetzen und Regelungen verwaltet wird, ist auch das kirchliche Leben in der Bundesrepublik nicht einheitlich organisiert, sondern von Landeskirche zu Landeskirche und von Bistum zu Bistum unterschiedlich gestaltet. Zwar gibt es die EKD (Evangelische Kirche in Deutschland) und die DBK (die Deutsche Bischofskonferenz), aber diese Gremien sind Dachverbände, in denen die evangelischen Landeskirchen und die katholischen (Erz-)Bistümer sich zum Meinungsaustausch und zur Koordination ihrer Aufgaben zusammengeschlossen haben. Doch die eigentliche Entscheidungs-

befugnis zur Regelung der kirchlichen Angelegenheiten liegt bei der einzelnen Landeskirche bzw. dem einzelnen Bistum. Da es viele solcher Verwaltungsgebiete gibt (20 evangelische Landeskirchen und 27 katholische Bistümer), gibt es eine Vielzahl an kirchlichen Jurisdiktionsgebieten und somit Regelungen zur Missio canonica bzw. Vokation von Religionslehrerinnen und -lehrern.

Religionspädagogische Einschätzung

In der Tat ist in Deutschland der »kirchliche Föderalismus« mit 47 Bistümern und Landeskirchen um fast ein Dreifaches stärker differenziert und daher mitunter noch verwirrender als der »staatliche Föderalismus« mit seinen 16 Bundesländern, Parlamenten und Schulministerien. Für Religionslehrerinnen und -lehrer ist dieser hohe Differenzierungsgrad jedoch nicht mit bürokratischen Problemen oder gar Nachteilen verknüpft, da die Regelungen zur Missio canonica und zur Vokation zwischen den einzelnen kirchlichen Jurisdiktionsgebieten wechselseitig anerkannt werden.

Im Fall dieser evangelischen Religionslehrerin aus Schleswig-Holstein, die nach Nordrhein-Westfalen wechseln möchte, verhält es sich so: Im Bundesland Schleswig-Holstein sowie in Hamburg erwirbt man die kirchliche Unterrichtserlaubnis dadurch, dass bei der Staatsprüfung ein/e Kirchenvertreter/in anwesend ist. Durch diesen Prüfungsbeisitz wird im Verhältnis von Staat und Kirche sichergestellt, dass die angehende Religionslehrkraft für ihren Dienst beide Lehrbefähigungen, die staatliche und die kirchliche, besitzt.

In Nordrhein-Westfalen hingegen veranstalten die evangelischen Landeskirchen bzw. ihre religionspädagogischen Institute und die örtlichen Schulreferate jährlich etliche Vokationstagungen, bei denen die Teilnehmerinnen und Teilnehmer über mehrere Tage zu einem bestimmten Schwerpunktthema arbeiten (z. B. Kunst und Religion, Pilgern und Spiritualität, Methoden der Bibeldidaktik usw.), und zu deren Abschluss ein Vokationsgottesdienst gefeiert wird, den die Teilnehmenden maßgeblich selbst gestalten, indem Texte, kreative Produkte und andere Impulse der Vokationstagung einfließen und die Teilnehmenden durch eine Kirchenvertreterin/einen Kirchenvertreter die Vokationsurkunde überreicht bekommen.

Auch in Mecklenburg-Vorpommern, Sachsen-Anhalt, Mitteldeutschland, Baden und Württemberg, mithin in fast allen Landeskirchen wird die Übereinstimmung des Religionsunterrichts mit den Grundsätzen der evangelischen Kirche durch die Vokation sichergestellt.[23]

In Niedersachsen wiederum gab es nach dem Zweiten Weltkrieg zunächst lange Zeit die oben für Schleswig-Holstein und Hamburg genannte Regelung (Beisitz eines Kirchenvertreters beim Staatsexamen), diese wurde aber im Jahr 2006 auf die Praxis der Vokationstagungen und der expliziten Vokation als einem gottesdienstlichen Akt mit eigener Agende umgestellt. Im Jahr 2011 haben die evangelischen Landeskirchen vereinbart: »Die Gliedkirchen der EKD anerkennen die Vocatio zur Erteilung von Evangelischem Religionsunterricht wechselseitig«.[24]

Auf katholischer Seite fällt die Missio canonica in den weiten Bereich des universalkirchlichen Rechts, denn »Missio canonica« ist eo ipso die »Teilhabe am kirchenamtlichen Sendungsauftrag«.[25]

Rechtsfall 21 Religionslehrkräfte und Kirchenbindung

Während der großen Pause kommen im Lehrerzimmer eine Religionslehrerin und eine Kollegin, die von Glaube und Religion nicht viel hält, ins Gespräch über Kirche. Die nichtgläubige Kollegin fragt erstaunt: Bist du also so etwas wie eine Kirchenvertreterin? Die Religionslehrerin will spontan antworten, doch wird plötzlich ganz nachdenklich …

---

23 Rainer Timmer, Verpflichtung und Vertrauen. Die kirchliche Bevollmächtigung von Religionslehrerinnen und -lehrern, in: Ceylan/Sajak (Hg.), Freiheit, 191–215, hier 206–213.
24 Timmer 211.
25 Ilona Riedel-Spangenberger, Grundbegriffe des Kirchenrechts, Paderborn 1992, 173 f.

Rechtliche Beurteilung

Da der Religionsunterricht gemäß GG Art 7.3 in Übereinstimmung mit den Grundsätzen der Religionsgemeinschaften erteilt wird und die beiden großen Religionsgemeinschaften in Deutschland die römisch-katholische und die evangelische Kirche sind, benötigen Religionslehrerinnen und -lehrer neben der staatlichen Lehrbefähigung auch die kirchliche Unterrichtserlaubnis ihrer Glaubensgemeinschaft. Durch diese (katholische) Missio canonica bzw. (evangelische) Vokation sind sie Inhaber einer kirchlichen Lehrerlaubnis und können somit auch als eine Art »Kirchenvertreter« angesehen werden. Allerdings darf diese inhaltliche Repräsentanz nicht mit dem arbeits- oder dienstrechtlichen Anstellungsverhältnis verwechselt werden, denn dieses besteht – abgesehen von den privaten Ersatzschulen in kirchlicher Trägerschaft – beim Staat und nicht bei der Kirche.

Religionspädagogische Einschätzung

Für Religionslehrkräfte stellt sich immer wieder – zu Beginn ihrer Dienstzeit, wenn es um die kirchliche Unterrichtserlaubnis geht, ebenso wie während ihrer Dienstzeit in zahllosen Gesprächen mit SuS, Kolleginnen und Kollegen – die Frage, ob und inwieweit sie neben ihrem weltlichen Status als Lehrkraft auch so etwas wie »Kirchenvertreter« sind. Die einen sind explizit kirchlich engagiert und haben z. B. durch Mitarbeit in der örtlichen Kirchengemeinde eine enge persönliche Kirchenbindung; die anderen sind zwar Kirchenmitglieder, haben aber ein eher distanziertes Verhältnis zur Kirche.

Die grundgesetzliche »Übereinstimmung mit den Grundsätzen der Religionsgemeinschaft« ist als ein »Grundsatz« und nicht als ein großes Detailsammelsurium zu verstehen: Was von Religionslehrkräften erwartet wird – sei es seitens ihrer Kirche, sei es seitens der SuS und Kollegien – ist die Ansprechbarkeit und Auskunftsfähigkeit im Blick auf die Grundlagen, die Grundprinzipien, die Grundsätze des christlichen Glaubens bzw. der einen oder anderen christlichen Kirche. Sie sind nicht verpflichtet, die Lehren und Positionen ihrer Kirche in allen Einzelheiten gut zu finden und nach außen als der Weisheit letzten Schluss zu vertreten. Was die Kirchen mit der Missio canonica resp. mit der Vokation als Verpflichtung erwarten, ist die Erteilung des Religionsunterrichts in Übereinstimmung mit den Grundsätzen und nicht mit jeder kirchlichen Einzelheit. Kirchen wollen keine Religionslehrkräfte als Psittazisten[26], die nur papageienhaft wiedergeben, was die Kirchen verlautbaren, sondern als mündige, kritische und authentische Vertreter des Christentums im Raum der Schule. Gleichwohl bedeutet z. B. die Erteilung des katholischen Religionsunterrichts die »Teilhabe an der amtlichen Lehrverkündigung im Namen und im Auftrag der Kirche«[27]. Innerhalb der Evangelischen Landeskirchen betont die evangelisch-lutherische Kirche in Bayern in ihrem Kirchengesetz: »Lehrkräfte für den evangelischen Religionsunterricht nehmen am Verkündigungsauftrag der Kirche […] teil«.[28]

Es geht aber in der Praxis, wie es für den katholischen Bereich der Religionspädagoge Kai Schäfer vom Berufskolleg Krefeld formuliert, nicht primär um die Wiedergabe kirchlicher Lehren, sondern um

> »die Wahrnehmung einer spirituellen Unsicherheit – eines spirituellen Bedürfnisses im RU […]. Dieses Bedürfnis wird jedoch nicht explizit als solches formuliert […], sondern kommt meistens durch (unbewusste oder versteckte) Signale zum Ausdruck. Immer wieder werden […] spirituelle Such-Bewegungen an die Reli-Frau/den Reli-Mann als ›Gottesmann/frau‹ vor Ort herangetragen; sie ist Expertin/er ist Experte für Frage- und Infragestellungen, die jetzt ›dran‹ sind; herangetragene Fragen auch von Kolleginnen, Kollegen und Schulpersonal. Diese spirituellen Such-Bewegungen der Nächsten gilt es sensibel wahrzunehmen, aufzunehmen und zu gestalten […]. Die Erwartungshaltungen und Zuschreibungen […], die von Schülern, Eltern, Kollegin-

---

26 Der Terminus Psittazismus (von griech. Ψίττακος, lat. Psittacus, dt. »Papagei«) geht auf den Philosophen und ökumenischen Theologen Gottfried Wilhelm Leibniz (1646–1716) zurück, der sich damit gegen das unreflektierte und formelhafte Wiederholen von Worten und Gedanken wendete.
27 Wilhelm Rees, § 69 Der Religionsunterricht, in: Handbuch des Katholischen Kirchenrechts, zitiert nach Thomas Schüller, Lehrerlaubnis für katholische Theologinnen und Theologen an Hochschulen und Schulen, in: Ceylan/Sajak (Hg.), Freiheit, 114.
28 Kirchengesetz § 1, zitiert nach Timmer 209.

nen, Hauptamtlichen usw. an den ›Gottesmann/die Gottesfrau‹ von außen an sie/an ihn herangetragen werden, erinnern an jene Bilder, die nach M. Josuttis formulieren lassen: ›Der Pfarrer/die Religionslehrerin ist anders.‹«[29]

Rechtsfall 22 Religionslehrkräfte und Schulgottesdienste

Eine neue Kollegin mit den Fächern Mathematik und Religion wird von der Schulleitung herzlich willkommen geheißen. Der Schulleiter ist froh, nach längerer Vakanz wieder jemanden mit der Fakultas Religion zu haben und sagt zu der Kollegin: »Als Religionslehrerin mit kirchlicher Unterrichtserlaubnis können Sie bei uns dann auch Schulgottesdienste veranstalten.«

Die Kollegin freut sich über diese Wertschätzung, doch sie fragt sich zugleich, ob ihr das überhaupt zugetraut werden darf. Und ob der Schulleiter etwa davon ausgeht, dass sie die Schulgottesdienste alleine organisieren und durchführen solle ...

Rechtliche Beurteilung

Schulrechtlich ist es unerheblich, ob ein Schulgottesdienst von amtlichen Geistlichen oder von Religionslehrkräften geleitet wird. Es handelt sich um eine Schulveranstaltung, bei der also seitens der Schule eine verantwortliche Person benannt sein muss: »Es muss ein Leiter des Gottesdienstes vorhanden sein, der die inhaltliche Gestaltung des Gottesdienstes gegenüber den kirchlichen Oberbehörden verantwortet«.[30] Wer die Verantwortung übernimmt, ob eine geistliche Amtsperson der Kirche selbst oder eine Religionslehrkraft mit kirchlicher Unterrichtserlaubnis, spielt schulrechtlich somit keine Rolle.

Im kirchlichen Recht ist bei Gottesdiensten zwischen Gottesdiensten mit und ohne Abendmahl zu unterscheiden. In der katholischen Kirche ist eine Messe erst dann eine Messe, wenn in ihr die

---

29 Kai Schäfer, Die Schule ist anders: Spiritualität in berufsbildenden Schulen, in: Neues Handbuch Religionsunterricht an berufsbildenden Schulen, Neukirchen 2006, 2. Auflage, 259–266, hier 259 f.
30 Rundverfügung des Schulkollegiums beim Regierungspräsidenten in Münster vom 12.12.1984 – Az. 06/19/356–1 [= Informationen 100].

Eucharistie/Kommunion gefeiert wird, ansonsten ist sie »nur« ein »Wortgottesdienst«, eine sogenannte Wort-Gottes-Feier: eine Messe kann nur unter der Leitung eines geweihten Priesters gefeiert werden, alle anderen gottesdienstlichen Feiern ohne Kommunion/Eucharistie sind »Ersatzformen«, die auch von anderen bischöflich Beauftragten (z. B. von Diakonen, Pastoralreferentinnen usw.) geleitet werden dürfen. In der evangelischen Kirche gilt grundsätzlich das »Allgemeine Priestertum«, d. h., es gibt das »Priestertum aller Getauften«, bei dem »die gottesdienstlichen Rollen Liturg – ›Laie‹« zu gemeinschaftlichem Feiern im Sinne der symmetrischen Kommunikation »verflüssigt werden«.[31] Lediglich die Feier des Abendmahls ist in der evangelischen Kirche an das pastorale Amt des/der ordinierten Pfarrers/Pfarrerin gebunden, da das Abendmahl neben der Taufe als eines der beiden Sakramente gilt (abgesehen von seelsorgerlichen Notfällen wie z. B. bei der Nottaufe eines Neugeborenen oder dem Abendmahl bei drohendem Tod).

Religionspädagogische Einschätzung

In der Praxis fühlen sich Religionslehrerinnen und -lehrer oft unsicher, wenn es um die Frage geht, inwieweit sie selbst Teile eines Schulgottesdienstes oder gar die gesamte Leitung der gottesdienstlichen Feier übernehmen dürfen. Wie bei anderen Gottesdiensten auch erwartet man zunächst wie selbstverständlich eine Pfarrerin oder einen Pfarrer als »Profi«-Person, die es in der ersten und zweiten Ausbildungsphase gelernt hat, zu predigen, zu segnen und die Liturgie zu gestalten. Im Lehramtsstudium jedoch – und erst recht im Referendariat – gibt es keine Ausbildungsmodule zu den Bereichen Gottesdienst, Predigt oder Liturgie. Dort, wo regelmäßig religionspädagogische Hauptseminare zum Thema Schulgottesdienste oder multireligiöse Schulfeiern angeboten werden (z. B. an der Universität Münster), erfreuen sich diese Lehrveranstaltungen hoher Teilnahmezahlen und positiver studentischer Resonanz. Doch solche Lehrangebote sind insgesamt eher eine seltene Ausnahme, sodass ausgebildete Religionslehrkräfte dann im Handlungsfeld Schule verständlicherweise unsicher reagieren, wenn sie sich plötz-

---

31 Christian Grethlein, Praktische Theologie, Berlin/Boston ²2016, 432 f.

lich mit der Herausforderung Schulgottesdienst konfrontiert sehen. Wo es die örtlichen Gegebenheiten erlauben, Schulgottesdienste gemeinsam mit Hauptamtlichen der Kirchengemeinde (Pfarrerinnen und Pfarrer, Diakone, Pastoralreferentinnen oder Pastoralreferenten usw.) gemeinsam zu planen und zu gestalten, ist diese Kooperation ein guter Modus. Aber auch unabhängig davon können Religionslehrkräfte weit mehr übernehmen, als sie sich vielleicht von allein zutrauen: Menschen von der Liebe Gottes zu erzählen, sie zu segnen, mit ihnen zu beten, mit ihnen gemeinschaftlich Gottesdienst zu feiern, das sind keine Handlungen, die nur besonders Ausgebildeten oder amtlichen »Würdenträgern« vorbehalten sind.

Einige evangelische Landeskirchen haben deshalb in ihren Vokationsbestimmungen auch ausdrücklich die Bevollmächtigung der Religionslehrerinnen und -lehrer zu Schulgottesdiensten verankert (z. B. die Ev. Kirchen von Mitteldeutschland, Bayern, Hessen-Nassau, Württemberg).[32]

Rechtsfall 23 Religionslehrkräfte und ihre Glaubensüberzeugungen

Eine Religionslehrerin erklärt des Öfteren, dass sie stark an Gott und an Jesus Christus glaube und oft bete, auch gern den Gottesdienst besuche, aber den Heiligen Geist für eine pure Erfindung der frühen Christenheit halte. Eines Tages beantragen Eltern beim Schulamt, dass diese Lehrerin wegen eindeutigen Verstoßes gegen den dritten Artikel des christlichen Glaubensbekenntnisses nicht mehr Religionsunterricht erteilen dürfe.

---

§ Rechtliche Beurteilung

Aufgrund der weltanschaulichen Neutralität des Staates ist das Schulamt rechtlich keine legitimierte Institution für die Bearbeitung dieses elterlichen Anliegens. Ließe sich das Schulamt auf die theologische Lehrkritik der Eltern inhaltlich ein, würde es gegen das Neutralitätsgebot verstoßen. Da es sich um eine inhaltliche Frage

---

32 Siehe Timmer 209 f.

des Religionsunterrichts handelt, die nichts mit den staatlichen Bildungs- und Erziehungszielen zu tun hat, sondern rein theologischer Natur ist, muss das Schulamt die Eltern an die zuständige kirchliche Stelle (des katholischen Bistums oder der evangelischen Landeskirche) verweisen.

Religionspädagogische Einschätzung

Selbstverständlich kann es vorkommen, dass eine Religionslehrkraft für sich selbst zu der Erkenntnis gelangt, dass sie einen bestimmten Glaubensinhalt für sich persönlich nicht akzeptieren kann. Doch sollte sie, wie alle Lehrerinnen und Lehrer bei persönlichen Meinungskundgaben auch, sehr genau darauf achten, was sie an höchst individuellen Meinungen von sich gibt und – vor allem – *wie* sie das tut. Es gilt grundsätzlich das pädagogische Überwältigungsverbot, wonach Lehrkräfte sich ihres Alters- und Ausbildungsvorsprunges stets bewusst sein müssen, um diesen nicht zur Verunsicherung oder zur Manipulation der ihnen anvertrauten SuS zu missbrauchen. Lehrkräfte sollen und müssen immer auch authentische Gesprächspartner sein, doch weil Unterricht immer auch Beziehungsgeschehen mit einem Rollengefälle ist, muss die Authentizität ihre Gestalt und ihren Ausdruck im Rahmen der pädagogischen Verantwortung und der kommunikativen Unaufdringlichkeit finden.

Etwas, das von anderen als wichtig und wahr angesehen wird, wie z. B. der dritte Artikel des christlichen Glaubensbekenntnisses, darf deswegen niemals als Erfindung, Lüge, Unwahrheit usw. abqualifiziert werden. Despektierliche Meinungsäußerungen sind in der Schule generell und im Religionsunterricht deshalb grundsätzlich zu unterlassen.

Wenn sich in diesem Rechtsfall die Eltern an die zuständige kirchliche Stelle wenden, wird diese den Fall prüfen und dem Vorwurf nachgehen, indem sie ein Gespräch mit der Religionslehrerin führt. Wird bei diesem Gespräch deutlich, dass der elterliche Vorwurf zutrifft, wird die Religionslehrerin über ihr pädagogisch unverantwortliches Handeln aufgeklärt und belehrt werden. Sollte die Religionslehrerin erkennen, dass sie mit dem Inhalt und der Wortwahl ihrer ganz persönlichen Meinung und Meinungsäußerung das Maß des pädagogisch Zulässigen überschritten hat, dürfte der

Fall damit sein gutes Bewenden finden. Auch kann sich die Teilnahme an einer entsprechenden Fortbildung nahelegen. Falls nicht, wird mit der Lehrkraft, da ihr unakzeptables Verhalten im formalen und inhaltlichen Rahmen des Religionsunterrichts stattfindet, über die mögliche Aberkennung ihrer kirchlichen Unterrichtserlaubnis gesprochen werden müssen.

Rechtsfall 24   Homosexuelle Religionslehrkräfte

Ein schwuler katholischer Religionslehrer erarbeitet mit seiner Religionsgruppe das Lehrplanthema »Liebe, Ehe, Partnerschaft«. Die SuS fragen ihn, ob er eigentlich auch verheiratet sei. Der Lehrer erklärt ihnen, dass er als schwuler Mann mit seinem Partner seit 12 Jahren zusammen sei. Sie lebten seit einiger Zeit in einer eingetragenen Lebenspartnerschaft.

Als SuS davon zu Hause erzählen, reagieren einige Eltern empört: Eine solche Moral könne er doch nicht als Religionslehrer von sich geben, denn das verstoße klar gegen die Prinzipien der katholischen Morallehre. Die Eltern wenden sich zunächst an die Schule. Doch die erklärt sich für nicht zuständig, da die Lebenseinstellung und die Aussage des Lehrers nicht gegen die allgemeinen Bildungs- und Erziehungsgrundsätze verstoße. Der Inhalt speziell des Religionsunterrichts falle allein in die Zuständigkeit der Religionsgemeinschaft. Daraufhin wenden sich die Eltern an die römisch-katholische Kirche und verlangen, dass dem Lehrer die Missio canonica entzogen wird, damit er im Religionsunterricht nicht mehr solche moralisch fragwürdigen Einstellungen von sich geben könne.

Rechtliche Beurteilung

Die Reaktion der Schule ist juristisch völlig korrekt, denn das Grundgesetz sagt in Artikel 3 ganz klar: »Alle Menschen sind vor dem Gesetz gleich. Männer und Frauen sind gleichberechtigt. Der Staat fördert die tatsächliche Durchsetzung der Gleichberechtigung von Frauen und Männern und wirkt auf die Beseitigung bestehender Nachteile hin. Niemand darf wegen seines Geschlechtes, seiner Abstammung, seiner Rasse, seiner Sprache, seiner Heimat und

Herkunft, seines Glaubens, seiner religiösen oder politischen Anschauungen benachteiligt oder bevorzugt werden [...]« Speziell für Lehrerinnen und Lehrer ergeben sich die allgemeinen Rechte und Pflichten aus dem Beamtenstatus und -gesetz ihres Bundeslandes und den schulgesetzlichen Vorschriften. Diese verlangen den Einsatz für die freiheitlich-demokratische Grundordnung und ein amtsangemessenes Verhalten. Die persönlichen Lebensverhältnisse von Lehrkräften fallen in ihren privaten Bereich. Ihren Beruf üben sie in Übereinstimmung mit der Verfassung, dem Schulgesetz und der Allgemeinen Dienstordnung und zugleich in eigener Verantwortung und pädagogischer Freiheit aus.[33]

Speziell für die Inhalte des Religionsunterrichts und damit auch für die inhaltlichen Positionen, die eine Lehrkraft in diesem Fach vertritt, ist nicht der Staat, sondern allein die Religionsgemeinschaft zuständig.

Wie in diesem Fall die katholische Kirche auf die Beschwerde der Eltern reagiert, wird zunächst von der Position und dem Geschick des kirchlichen Sachbearbeiters abhängen: Vertritt er eine eher liberale Position und hat er die Gabe, Meinungskonflikte durch einfühlsame Gesprächsführung, hier mit den Eltern und dem besagten Lehrer, zu begütigen, kann der Fall gütlich beigelegt werden. Vertritt er aber eine eher strenge und gleichsam »rechtgläubige« Position, wonach gleichgeschlechtliche Sexualität und Partnerschaft gegen die katholische Morallehre verstößt, kann er den Entzug der Missio canonica einleiten.

Religionspädagogische Einschätzung

In moralischen Fragen im Zusammenhang von Ehe, Partnerschaft und Sexualität führt die kirchliche Lehrerlaubnis immer wieder zu Ängsten und Unsicherheiten, zumindest in Bezug auf die Missio canonica der katholischen Kirche. Denn nach katholischem Recht müssen katholische Religionslehrerrinnen und -lehrer nicht allein in ihrer *Lehre,* sondern auch in ihrer *Lebensführung* mit den moralischen und gesetzlichen Normen der Kirche übereinstimmen.

---

33 Siehe z. B. die Allgemeine Dienstordnung des Schulministeriums Nordrhein-Westfalen vom 18.06.2012 (Amtsblatt Nordrhein-Westfalen, 384).

Diese Konformität ist bei lesbischen Lehrerinnen und schwulen Lehrern oder bei Lehrkräften, die zwar heterosexuell orientiert sind, aber in »wilder Ehe« zusammenleben oder als Geschiedene wieder heiraten, jedoch nicht gegeben. In solchen Fällen kann es vorkommen, dass bei Bekanntwerden ein Verfahren zur Prüfung eingeleitet wird, ob die Kirche die Missio canonica entzieht oder nicht.

Denn die Kriterien für die Erteilung und den Widerruf der kirchlichen Bevollmächtigung sind nicht durch staatliches Recht normiert, sondern werden durch das kirchliche Recht geregelt. Das im Codex Iuris Canonici (CIC) verankerte katholische Kirchenrecht legt fest, dass der örtliche Bischof darauf zu achten hat, dass sich die Religionslehrkräfte durch Rechtgläubigkeit und durch das Zeugnis christlichen Lebens auszeichnen. Kirchenrechtlich ist somit der Bischof befugt, Religionslehrerinnen und -lehrer zu ernennen oder abzuberufen, d. h., die Missio canonica zu verleihen oder sie, wenn entsprechende religiöse oder sittliche Gründe vorliegen, zu entziehen.[34]

Ein solcher Fall ereignete sich 2011 im Erzbistum Köln: Der katholische Religionslehrer David Berger hatte sich immer wieder offen zu seiner Homosexualität bekannt, zuletzt durch die Veröffentlichung eines autobiografischen Buches.[35] Das Erzbistum Köln erklärte daraufhin, die sexuelle Veranlagung des Lehrers selbst sei zwar nicht Grund des Entzuges, aber durch seine wiederholten öffentlichen Äußerungen habe Berger das Vertrauen des Bischofs zerstört und könne nicht mehr glaubwürdig im Namen der Kirche Religionsunterricht erteilen.[36]

Bereits bei der Beantragung der Missio canonica erklären sich angehende katholische Religionslehrkräfte bereit, in ihrer »persönlichen Lebensführung die Grundsätze der katholischen Kirche zu beachten.«[37] Auf evangelischer Seite stellt sich diese Problematik nicht. Beispielsweise sagt die Ev. Kirche von Westfalen über die

---

34 Siehe Thomas Schüller, Lehrerlaubnis für katholische Theologinnen und Theologen, in: Ceylan/Sajak (Hg.), Freiheit, 114–119.
35 David Berger, Der heilige Schein. Als schwuler Theologe in der katholischen Kirche, Berlin 2010.
36 Siehe Kölner Stadtanzeiger vom 05.11.2011.
37 Schüller 116.

Vokation: Sie ist »nicht Fessel, sondern Stütze, nicht Auflage, sondern Angebot, nicht Belastung, sondern Stärkung.«[38]

Die evangelische Lehrbefugnis zur Erteilung des Religionsunterrichts bezieht sich zudem ausschließlich auf die Lehre und nicht auf die private Lebensführung der Lehrkräfte. In ihrem Vokationsantrag bzw. bei ihrer Vokation erklären evangelische Lehrkräfte, dass sie den Religionsunterricht »in Übereinstimmung mit den Grundsätzen der evangelischen Kirche erteilen« werden,[39] doch Scheidung oder Wiederheirat oder homosexuelle Lebensführung stellen keine Verstöße gegen die Grundsätze der evangelischen Kirche dar. Der Kirchenrechtler und Religionspädagoge Christian Grethlein erklärt sogar generell: »Hinsichtlich der Religionslehrer/innen sind mir keine Fälle bekannt, in denen die Vokation entzogen worden wäre« und ergänzt religionssoziologisch: »An die Stelle des Modus ›Autorität‹ tritt der Modus der ›Authentizität‹«![40]

Rechtsfall 25   Religionslehrkräfte und Kirchenaustritt

Eine seit 10 Jahren vozierte, hoch engagierte und motivierte Religionslehrerin tritt aus der Kirche aus. Da der Austritt allerdings nur aus rein finanziellen Gründen erfolgt – sie und ihr Mann und ihre vier Kinder sind wegen des Hausbaus ziemlich verschuldet –, möchte sie auch weiterhin gern und engagiert Religionsunterricht erteilen.

Korrekt wie sie ist, informiert sie ihre Schulleitung und erläutert ihr den finanziellen Hintergrund dieser Entscheidung. Ihre Bereitschaft zur weiteren Erteilung des Religionsunterrichts sei davon aber völlig unberührt. Zudem könne sie sich auch gut vorstellen, in einigen Jahren wieder in die Kirche einzutreten.

---

38 Https://www.vokation-westfalen.de/ueberblick/unterstuetzung-durch-die-kirche/#c2841 (letzter Zugriff: 23.06.2018). Siehe Timmer 196.
39 Rainer Timmer, Vocatio: Verpflichtung und Vertrauen, in: Ceylan/Sajak (Hg.), Freiheit, 191–215, hier 203.
40 Christian Grethlein, Die Frage der Lehrerlaubnis in der evangelischen Kirche, in: Ceylan/Sajak (Hg.), Freiheit, 125–140, hier 134 und 139.

Rechtliche Beurteilung

Die Kirchenmitgliedschaft einer Person steht in Deutschland auf einer dreifachen Basis: auf der theologischen Basis des Getauftseins, auf der konfessionellen Basis des evangelischen oder des katholischen Bekenntnisses und auf der formalen (körperschafts- bzw. vereinsrechtlichen) Basis der Zugehörigkeit zu einer örtlichen Kirchengemeinde (zumeist einer Kirchengemeinde des Wohnsitzes). Die Kirchenmitgliedschaft endet jedoch, wenn eine Person zu einer anderen Kirche oder Religionsgemeinschaft übertritt oder wenn sie ihren Austritt aus der Kirche erklärt, etwa wie in diesem Rechtsfall, um die Kirchensteuer nicht mehr zahlen zu müssen.

Da der Religionsunterricht in Deutschland nach Artikel 7 des Grundgesetzes »in Übereinstimmung mit den Grundsätzen der Religionsgemeinschaften« erteilt werden muss, kann seine Erteilung sowohl hinsichtlich der Inhalte als auch der ihn erteilenden Lehrkräfte nicht vom Staat allein geregelt werden. Um dieses Übereinstimmungsgebot zu sichern, benötigen die Religionslehrerinnen und -lehrer deshalb die Bevollmächtigung ihrer Religionsgemeinschaft, d. h. im Falle des katholischen Religionsunterrichts die Missio canonica, im Falle des evangelischen Religionsunterrichts die Vokation und im Falle der islamischen Religionslehre die Idschaza.[41]

Für den katholischen resp. evangelischen Religionsunterricht ist diese kirchliche Unterrichtserlaubnis allerdings eindeutig an die Kirchenmitgliedschaft geknüpft, d. h., Religionslehrkräfte müssen a) getaufte Christen und b) Mitglied ihrer Kirche sein.

Im Falle eines Kirchenaustritts, sei es aus inhaltlichen, sei es aus finanziellen (steuerlichen) Gründen, endet die Kirchenmitgliedschaft und damit auch die kirchliche Unterrichtsgenehmigung. Die kirchlichen Bestimmungen legen deshalb eindeutig fest, dass die Missio canonica bzw. die Vokation im Falle eines Kirchenaustritts sofort erlischt. Die Kenntnis und Anerkenntnis dieser Bestimmung wird durch die Lehrkräfte bereits bei der Beantragung der Unterrichtserlaubnis per Unterschrift bestätigt.[42] Die Vokation wird daher

---

41 Siehe Winfried Verburg, Wie aber soll jemand verkündigen, wenn er nicht gesandt ist? In: Ceylan/Sajak (Hg.), Freiheit, 183.
42 Siehe Timmer 203.

»widerrufen, wenn die Lehrkraft ihren Kirchenaustritt erklärt. Gegen die Entscheidung der verantwortlichen kirchlichen Stellen ist kein staatliches Rechtsverfahren möglich, da der Entscheidungsgegenstand in kirchlicher Autonomie liegt.«[43]

Religionspädagogische Einschätzung
Die Bindung von Religionslehrerinnen und -lehrern an ihre Kirche ist ähnlich unterschiedlich und breit gefächert wie bei allen Kirchenmitgliedern: Die einen haben ein enges, die anderen ein eher distanziertes Verhältnis zu ihrer Kirche. Ebenso sind über die Tatsache, dass die Kirchensteuer das monatliche Nettoeinkommen schmälert, auch Religionslehrerinnen und -lehrer nicht unbedingt erfreut. Deshalb überlegt manch eine Lehrkraft mitunter, ob sie sich diese Steuer nicht vielleicht »sparen« sollte.

Da die Kirchensteuer die *einzige* Steuer ist, von der man sich (qua Kirchenaustritt) befreien lassen kann, besteht hier ein Spielraum, den man sonst nirgends hat. Vergleichbar stellt sich für SuS ab Erreichung der Religionsmündigkeit das Abmelderecht vom Religionsunterricht dar: dieses bildet den einzigen Spielraum, den eigenen Stundenplan um ein Unterrichtsfach zu »erleichtern«.

Doch da der Religionsunterricht ein Fach ist, dessen Inhalte nicht vom Staat festgelegt werden dürfen, weil dieser sich religiös neutral zu verhalten hat, bedarf es dabei einer weiteren maßgeblichen Institution, nämlich der Kirche bzw. Religionsgemeinschaft. Wenn eine Lehrkraft dieser allerdings nicht zugehört, weil sie beispielsweise ihren Austritt erklärt, dann kann das Übereinstimmungsgebot nicht mehr glaubwürdig realisiert sein. Eine etwaige Differenzierung zwischen theologisch-inhaltlichen Motiven und rein steuerlich-finanziellen Motiven kann nicht geleistet werden.

Rechtsfall 26 Religionslehrkräfte und Elternarbeit

Zwei Elternvertreter wenden sich an die Religionslehrerin: Die Kinder würden zu Hause immer wieder interessante Dinge aus dem Religionsunterricht erzählen und die Eltern mit Fragen überschüt-

---

43 Timmer 208. Ebenso Schüller 117.

ten: Wart ihr auch schon mal auf einem jüdischen Friedhof? Warum dürfen katholische Priester eigentlich nicht heiraten? Können wir nicht auch mal das Zuckerfest feiern?

Sie als Eltern fühlten sich völlig überfordert, denn sie fänden diese Fragen zwar hochinteressant, hätten aber gar keine Ahnung davon. Ob man vielleicht einmal einen thematischen Elternabend veranstalten könne, an dem nicht nur über Termine für Klassenarbeiten und über Reiseziele für Klassenfahrten gesprochen werde, sondern an dem man sich auch einmal über solche Fragen informieren und austauschen könne.

Die Religionslehrerin ist hin und her gerissen: Einerseits fühlt sie sich von der Resonanz geschmeichelt, weil ihr Unterricht anscheinend sogar bis in die Elternhäuser hineinwirkt, andererseits sind allein die SuS die Zielgruppe ihres unterrichtlichen Handelns, sie kann doch nicht zusätzlich auch noch »Unterricht für Eltern« veranstalten ...

Rechtliche Beurteilung

Bereits das Grundgesetz legt fest: »Pflege und Erziehung der Kinder sind das natürliche Recht der Eltern und die zuvörderst ihnen obliegende Pflicht« (Art 6.2).

Aber auch im Handlungsfeld Schule spielen Eltern juristisch eine gewichtige Rolle: sie können in den Mitwirkungsgremien »zu allen Angelegenheiten der Schule Stellungnahmen abgeben und Vorschläge machen« und wirken »an der Bildungs- und Erziehungsarbeit der Schule mit.«[44] »Eltern sollen sich aktiv am Schulleben, in den Mitwirkungsgremien und an der schulischen Erziehung ihres Kindes beteiligen.«[45] Für Lehrerinnen und Lehrer besteht das Gebot der »vertrauensvollen Zusammenarbeit«.[46]

Auch speziell im Blick auf den Religionsunterricht kommt den Eltern eine besondere Rolle zu, denn solange ihr Kind noch nicht

---

44 Schulgesetz für das Land Nordrhein-Westfalen, zuletzt geändert am 06.12.2016, § 62.
45 Ebd. § 42.
46 Ebd.

religionsmündig ist (im Allgemeinen ab dem 14., in Bayern und im Saarland ab dem 18. Lebensjahr), obliegt ihnen das Recht, ihr Kind von der Teilnahme am Religionsunterricht zu befreien.[47] Dieses Recht existiert in Deutschland bereits seit fast 100 Jahren, nämlich seit dem Gesetz über die religiöse Kindererziehung vom 15. Juli 1921, welches bis heute Rechtskraft hat.[48]

Rechtlich kommt daher dem Elternwillen und Elternrecht im Blick auf Schule und religiöse Erziehung eine hohe Bedeutung zu. Gleichwohl kann das sowohl schul- als auch besoldungsrechtlich nicht bedeuten, dass Lehrkräfte auch eigens für Eltern Unterrichtsangebote bereithalten. Doch sind z. B. Elternabende (Elternversammlungen) ein wichtiges Forum der nicht einzelfallbezogenen schulischen Elternarbeit; sie dienen den Informations- und Beratungsrechten der Eltern und können bzw. sollten auch für Informationen zum Religionsunterricht genutzt werden.

Religionspädagogische Einschätzung

Der geschilderte Fall spricht ein Phänomen an, dem Religionslehrerinnen und -lehrer immer häufiger begegnen: Bei den Elternsprechtagen sind es zwar nicht unbedingt die Sprechstunden der Religionslehrkräfte, die am stärksten besucht werden, denn Eltern geht es oftmals um die Leistungsbewertung und Benotung ihrer Kinder, und die stellt im Religionsunterricht bei Weitem nicht so häufig ein Problem dar wie in anderen Fächern. Inhaltlich sind Eltern an religiösen Themen oftmals viel interessierter als an mathematischen oder germanistischen Themen. Mit diesem inhaltlichen Interesse geht jedoch zunehmend eine Überforderung einher: Eltern sind selbst Kinder der Säkularisierung und des religiösen Traditionsrückgangs, sie haben oftmals selbst keine religiöse Sozialisation mehr erlebt (abgesehen vielleicht von ihrem eigenen Religionsunterricht vor Jahren) und sind keine häufigen Kirchgänger mehr. Da ist die Religionslehrerin des eigenen Kindes mitunter die vertrautere und näherstehende Ansprechperson als der amtliche Pfarrer, den man womöglich nicht so gut kennt.

---

47 Ebd. § 31.6.
48 Siehe z. B. die Verfassung für das Land Nordrhein-Westfalen, Artikel 14.

Der Religionspädagoge Michael Domsgen weist unter dem Motto »Kaum gefragt, aber von grundlegender Bedeutung: Welchen Religionsunterricht finden Eltern eigentlich gut?«[49] auf diese Elterndimension des Religionsunterrichts hin:

»Eltern spielen in Theorie und Praxis des Religionsunterrichts eine auffallend unauffällige Rolle. Zwar wird ihnen im Grundsatz als Ersterzieher ihrer Kinder eine große Bedeutung beigemessen, das führte jedoch nur in seltenen Fällen dazu, ihre Erwartungshaltungen zu erfragen und dementsprechend zu berücksichtigen.«

Für Domsgen steht »hinter der mangelnden oder ganz fehlenden Integration der elterlichen Perspektive [...] auch die Frage nach der Förderung religiöser Kompetenz bei Vätern und Müttern selbst« (139).

Doch dieses Defizit befindet sich inzwischen im Schwinden: Meinungsforschungsinstitute wie EMNID oder die Zeitschrift ELTERN haben in den letzten Jahren mehrfach Eltern zum Religionsunterricht befragt und bei zwei Dritteln bis drei Vierteln der Eltern eine hohe Bedeutungszuschreibung und Wertschätzung ermittelt.

Domsgen macht auf folgendes, für Religionslehrkräfte besonders interessante Phänomen aufmerksam: »Die religiöse Dimension ist (für einen Großteil – vor allem westdeutscher – Eltern) nicht bedeutungslos. Sie schlummert vielmehr im Verborgenen, weil sie in der Regel nicht abgerufen wird« (139). Und: »Die Bedeutung der Familie für die Entwicklung von Religiosität ist kaum hoch genug einzuschätzen« (139); »für die Praxis hieße das, Lehrkräfte zu befähigen und zu ermutigen, das Gespräch mit den Eltern zu suchen«![50]

Bei Elternabenden (Elternversammlungen) können und sollten auch Religionslehrerinnen und -lehrer regelmäßig von ihrem Fach und den aktuellen oder geplanten Themen und Lerninhalten berichten. Neben den Eltern finden es auf Elternabenden nicht selten auch die Kolleginnen und Kollegen der anderen Fächer interessant,

---

49 In: Was ist guter Religionsunterricht? Jahrbuch der Religionspädagogik 22, Neukirchen 2006, 136–147.
50 Domsgen 145.

wenn es nicht nur um Informationen über die Anzahl der Rechenaufgaben und der zu lernenden Vokabeln, sondern auch um den Besuch einer Synagoge oder Moschee, um die Exkursion zu einer sozialen Einrichtung der Diakonie oder Caritas oder um die Planung eines Gottesdienstes zur Schulentlassfeier geht.

Rechtsfall 27 Religionslehrkräfte der Freikirchen

Ein junger Mann hat sich in seiner evangelischen Freikirche kurz vor dem Abitur taufen lassen und möchte Lehrer werden. Er studiert die Fächer Deutsch und Ev. Religionslehre und hört im Laufe seines Studiums davon, dass der Religionsunterricht »in Übereinstimmung mit den Grundsätzen der Religionsgemeinschaften« zu erteilen ist.

Nun ist er zwar evangelisch, aber seine Religionsgemeinschaft ist nicht »die« evangelische Kirche, sondern eine evangelische Freikirche, d. h., er vertritt nicht die Säuglingstaufe, sondern die Erwachsenentaufe. In Übereinstimmung mit welcher evangelischen Lehrmeinung soll er dann künftig den Religionsunterricht erteilen und wie sieht es bei ihm mit der Vokation aus?

Rechtliche Beurteilung
Unter »Freikirchen« versteht man – im Unterschied zu den evangelischen Landeskirchen – u. a. die einzelnen Ortsgemeinden in Deutschland, die in der Tradition der Baptisten stehen, die also aus theologischer Überzeugung die Säuglingstaufe zumeist ablehnen und die Erwachsenentaufe auf Basis eigener persönlicher Glaubensentscheidung praktizieren. Diese freikirchlichen Gemeinden sind weitgehend autonome Ortsgemeinden, allerdings zu Landesverbänden zusammengeschlossen, die wiederum Dachverbände wie z. B. den »Bund Evangelisch-Freikirchlicher Gemeinden« (BEFG) bilden. Obwohl die Freikirchen neben den evangelischen Landeskirchen organisiert sind, gehören sie konfessionell insgesamt zum Spektrum der evangelischen Religionsgemeinschaften (ihr Dachverband BEFG mit Sitz in Bad Homburg ist Körperschaft des öffentlichen Rechts).[51]

---

51 Siehe www.baptisten.de (letzter Zugriff: 23.06.2018).

Rechtlich benötigen Mitglieder der Freikirchen ebenso die Vokation für die Erteilung des Evangelischen Religionsunterrichts wie alle anderen evangelischen Religionslehrerinnen und -lehrer auch. Dazu gibt es Vereinbarungen zwischen den Landeskirchen und den Freikirchen (z. B. mit dem Bund Freier Evangelischer Gemeinden, dem Bund Evangelisch-Freikirchlicher Gemeinden, der Ev.-methodistischen Kirche und der Selbständig-Lutherischen Kirche), wonach in den Angelegenheiten der Vokation die Landeskirchen gegenüber dem Staat die Zuständigkeiten ausüben, allerdings unbeschadet der Eigenständigkeit der Freikirchen. D. h.: Die in den Vokationsordnungen »beschriebenen Abläufe und Regelungen werden analog auf die Mitglieder der Freikirchen angewandt«[52]. Dies bedeutet, dass die Mitglieder der Freikirchen an der Vokationstagung der Landeskirche teilnehmen, die gültigen Lehrpläne beachten und sich auf das inhaltliche Übereinstimmungsgebot bezüglich der Grundsätze verpflichten. Lediglich der gottesdienstliche Vokationsakt selbst findet bei ihnen in der Regel nicht in dem regulären Vokationsgottesdienst aller Teilnehmer, sondern im Gottesdienst ihrer freikirchlichen Heimatgemeinde statt. Zudem erklärt die freikirchliche Lehrkraft »schriftlich, auf die werbende Behandlung von Sonderlehren […] zu verzichten.«[53]

Das Spektrum der Freikirchen ist insgesamt recht breit gefächert: es gibt die »freien evangelischen Gemeinden«, die »evangelisch-freikirchlichen Gemeinden«, die methodistischen und die mennonitischen Gemeinden usw. In den Fällen, da eine freikirchliche Gemeinde nicht zu den o. g. Bünden und Verbänden gehört, gilt die sogenannte ACK-Klausel: Voraussetzung für die kirchliche Lehrerlaubnis ist, dass die Religionsgemeinschaft, der die Religionslehrkraft angehört, Mitglied in der ACK (Arbeitsgemeinschaft Christlicher Kirchen) ist.[54]

---

52 Rainer Timmer, Vocatio: Verpflichtung und Vertrauen, in: Ceylan/Sajak (Hg.), Freiheit, 191–215, hier 204.
53 Timmer 205.
54 Die Arbeitsgemeinschaft Christlicher Kirchen wurde 1948, bald nach der Gründung des Ökumenischen Rates der Kirchen (ÖRK), gegründet und hat heutzutage eine Vielzahl an Mitgliedskirchen, z. B. neben der Ev. Kirche in Deutschland und der Römisch-Katholischen Kirche auch die anglikanischen Gemeinden sowie die mennonitische Kirche und die methodistischen Kirchen, die Herrnhuter Brüdergemeine u. v. a. m.

Religionspädagogische Einschätzung

Religionspädagogisch ist festzustellen, dass es zwischen Religionslehrkräften, die einer Landeskirche angehören, und denen, die einer Freikirche angehören, ein problemloses und konstruktives ökumenisches Miteinander gibt. Von den gemeinsamen Vokationstagungen bis zur schulischen Zusammenarbeit in derselben schulischen Fachkonferenz, bei Projekten, in den Schulgottesdiensten usw. besteht eine gute kollegiale Kooperation.

Dass einer Freikirche zugehörige Religionslehrkräfte sich schriftlich verpflichten, ihre »Sonderlehre« nicht »werbend zu behandeln«, schützt die SuS vor Irritation und entspricht dem grundsätzlichen pädagogischen Überwältigungsverbot im Sinne des Beutelsbacher Konsenses.

Die unterschiedliche theologische Beurteilung der Taufe (Säuglingstaufe oder Erwachsenentaufe) kann zwar auch im heutigen Religionsunterricht mitunter zu interessanten Diskussionen Anlass geben, hat aber kein Potenzial mehr für gegenseitige Verwerfungen. Andere thematische Herausforderungen im Religionsunterricht spielen in Zeiten der Säkularisierung und des religiösen Pluralismus und der Interreligiosität eine weitaus größere Rolle.

Kapitel 2.3 **11 Rechtsbeispiele zum Fach Ethik / Praktische Philosophie**

Rechtsfall 28 Erteilung des Ethikunterrichts durch Religionslehrkräfte

Eine evangelische Religionslehrkraft an einer Gesamtschule wird – aufgrund von Lehrermangel – von der Schulleitung gebeten, das Fach Praktische Philosophie in der Klasse 5 ab dem neuen Schuljahr zu unterrichten. Einerseits freut sie sich auf die Aufgabe, andererseits fragt sie sich, ob es rechtlich überhaupt möglich ist, sowohl das Fach Evangelische Religionslehre als auch Praktische Philosophie zu unterrichten. Zudem stellt sie sich die Frage, ob sie nicht fragwürdig in den Augen ihrer SuS erscheinen wird, wenn sie beide Fächer unterrichten wird.

Rechtliche Beurteilung

Für das Fach Praktische Philosophie gilt, dass es von Lehrkräften erteilt wird, die in diesem Fach die Lehramtsprüfung abgelegt bzw. von der oberen Schulaufsichtsbehörde eine Unterrichtserlaubnis erhalten haben (vgl. APO-SI, 3.5.1 und 5.2 bzw. BASS 13–2, Nr. 1.2).

Immer wieder kommt es vor, dass Schulleitungen sich um Lehrkräfte für das Fach Praktische Philosophie bemühen, aber dabei keinen Erfolg haben. Dann kann die Schulleitung laut § 12, Abs. 2 der Allgemeinen Dienstordnung für Lehrerinnen und Lehrer auch fachfremden Unterricht in Praktischer Philosophie anordnen:

»Wenn es zur Vermeidung von Unterrichtsausfall oder aus pädagogischen Gründen geboten ist und die entsprechenden fachlichen Voraussetzungen vorliegen, sind Lehrerinnen und Lehrer verpflichtet, Unterricht auch in Fächern zu erteilen, für die sie im Rahmen ihrer Ausbildung keine Lehrbefähigung besitzen.«[55]

Religionspädagogische Einschätzung

Eine Religionslehrkraft könnte zwar den Kommentar zum Schulgesetz anführen, dass Religionslehrkräfte »[w]egen des naheliegenden Gewissenskonflikts, der sich insbesondere aus dem Verkündigungscharakter des Religionsunterrichts (§ 31 Anm. 1.2) ergibt, [...] solange sie in Besitz der kirchlichen Bevollmächtigung (Missio canonica, Vokation) sind und diese auch unterrichtlich wahrnehmen, in der Regel für das Komplementärfach Praktische Philosophie nicht in Betracht«[56] kommen. Doch die Allgemeine Dienstordnung steht rechtlich über einem Kommentar zum Schulgesetz, sodass die Schulleitung diese Aufgabe von der Lehrkraft auch verlangen darf.

---

55 Allgemeine Dienstordnung für Lehrerinnen und Lehrer, Schulleiterinnen und Schulleiter an öffentlichen Schulen (ADO), Runderlass des Ministeriums für Schule und Weiterbildung vom 18.06.2012 (ABl. NRW, 384), Bereinigte Fassung 30.11.2014.
56 SchulG NRW – Kommentar, Mai 2011, 5.

Auch wenn es daher rechtlich möglich ist, dass eine Religionslehrkraft parallel auch fachfremd Praktische Philosophie unterrichtet, sollte dies keine langfristige, sondern nur eine kurzfristige Lösung darstellen. Denn es ist unter Umständen für die SuS schwierig zu verstehen, wenn eine Lehrkraft Religionsunterricht und Praktische Philosophie zugleich erteilt. Auch für die Lehrkraft kann dies eine Herausforderung darstellen.

Sinnvoll ist es für einen längerfristigen Unterricht ohnehin, wenn bereitwillige Lehrkräfte die entsprechende Zertifikatsausbildung ablegen.

Umgekehrt darf die Schulleitung übrigens laut Allgemeiner Dienstordnung von einer Lehrkraft nicht verlangen, fachfremd Religionsunterricht zu erteilen.

Rechtsfall 29 Notengebung im Ethikunterricht

Ein Schüler, der das ganze Schuljahr am Fach Ethik teilgenommen hat, erhält am Ende des Schuljahres die Note mangelhaft. Er kann dies absolut nicht verstehen, da er sich doch ab und zu gemeldet hat. Die Note des Tests weiß er allerdings nicht mehr. Er entscheidet sich – in Abstimmung mit seinen Eltern – gegen die Note einen Widerspruch einzulegen. Er begründet dies damit, dass Ethik nur als Ersatzfach bzw. in einigen Bundesländern als Wahlpflichtfach gelten würde und damit die Note nicht versetzungsrelevant sei.

Rechtliche Beurteilung
Das Fach Ethik gilt je nach Bundesland als Ersatz- oder als Pflichtfach, es ist rechtlich aber immer ein ordentliches Unterrichtsfach und damit versetzungsrelevant:[57]

---

57 Vgl. Sekretariat der Ständigen Konferenz der Kultusminister der Länder in der Bundesrepublik (Hg.), Zur Situation des Ethikunterrichts in der Bundesrepublik Deutschland. Bericht der Kultusministerkonferenz vom 22.02.2008, Berlin 2008, Abs. 3.1, 8.

- Baden-Württemberg: Ersatzfach für Religionslehre, versetzungsrelevant,[58]
- Bayern: Ethik ist Ersatzfach für Religionslehre, versetzungsrelevant,[59]
- Berlin: Ethik als Pflichtfach, versetzungsrelevant,[60]
- Brandenburg: L-E-R (»Lebensgestaltung-Ethik-Religionskunde«) ist Pflichtfach, versetzungsrelevant,[61]
- Bremen: Ethik als Ersatzfach, versetzungsrelevant,[62]
- Hamburg: Ethik und Philosophie als Wahlpflichtfach, An- oder Abmeldung erfolgt durch Wahl zwischen den Fächern »Religion« oder »Ethik/Philosophie«, versetzungsrelevant,[63]
- Hessen: Ethik als Ersatzfach für Religion, wer keiner Konfession angehört, wählt zwischen Religionsunterricht und Ethik, versetzungsrelevant,[64]
- Mecklenburg-Vorpommern: Fach »Philosophieren mit Kindern« im Primar- und Sekundar-I-Bereich; im Sekundarbereich II Philosophie als Ersatzfach des Pflichtfaches Religion, versetzungsrelevant,[65]

---

58 § 100a bw SchulG. Siehe Bernhard Grümme/Manfred L. Pirner, Religion unterrichten in Baden-Württemberg, in: Martin Rothgangel/Bernd Schröder (Hg.), Evangelischer Religionsunterricht in den Ländern der Bundesrepublik Deutschland. Empirische Daten – Kontexte – Entwicklungen, Leipzig 2009, 13–28.
59 Bay Verf. Art 137.2. Siehe Thomas Kothmann, Religion unterrichten in Bayern, in: Rothgangel/Schröder (Hg.), Evangelischer Religionsunterricht, 29–64.
60 Siehe Ulrike Häusler, Religion unterrichten in Berlin, in: Rothgangel/Schröder (Hg.), Evangelischer Religionsunterricht, 65–94.
61 Siehe Karin Borck/Henning Schluß, Religion unterrichten in Brandenburg, in: Rothgangel/Schröder (Hg.), Evangelischer Religionsunterricht, 95–110.
62 Siehe Jürgen Lott/Anita Schröder-Klein, Religion unterrichten in Bremen, in: Rothgangel/Schröder (Hg.), Evangelischer Religionsunterricht, 111–128.
63 § 7 Abs 4 HmbSG. Siehe Folkert Doedens/Wolfram Weiße, Religion unterrichten in Hamburg, in: Rothgangel/Schröder (Hg.), Evangelischer Religionsunterricht, 129–156.
64 Siehe Martin Sander-Gaiser, Religion unterrichten in Hessen, in: Rothgangel/Schröder (Hg.), Evangelischer Religionsunterricht, 157–184.
65 § 7 Abs. 2 Satz 2 SchulG. Siehe Petra Schulz, Religion unterrichten in Mecklenburg-Vorpommern, in: Rothgangel/Schröder (Hg.), Evangelischer Religionsunterricht, 185–210.

- Niedersachsen: Pflichtfach als Fach Werte und Normen[66] für SuS, die nicht am Religionsunterricht teilnehmen, und in der Qualifikationsphase der gymnasialen Oberstufe: Ergänzungsfach, versetzungsrelevant,[67]
- Nordrhein-Westfalen: Praktische Philosophie ist verpflichtendes Fach für die, die nicht am konfessionellen Religionsunterricht oder am Fach Islamkunde teilnehmen, versetzungsrelevant,[68]
- Rheinland-Pfalz: Ethik als Ersatzfach für Religion, versetzungsrelevant,[69]
- Saarland: Allgemeine Ethik als Ersatzunterricht für Religion (ab Kl. 9), Einrichtung[70] des Faches Allgemeine Ethik ab 5 Teilnehmern (ab Kl. 9),[71] versetzungsrelevant,
- Sachsen: Ethik und die Evangelische Religion und Katholische Religion sind Wahlpflichtfächer, versetzungsrelevant,[72]

---

66 Vgl. § 128 NSchG.
67 Siehe Friedhelm Kraft, Religion unterrichten in Niedersachsen, in: Rothgangel/Schröder, Evangelischer Religionsunterricht, 211–236.
68 In der gymnasialen Oberstufe besteht die Verpflichtung, nach Abmeldung vom Religionsunterricht Philosophie zu belegen: Vgl. § 32 Nordrhein-Westfalen SchulG. Siehe Franz-Heinrich Beyer, Religionsunterricht in Nordrhein-Westfalen, in: Rothgangel/Schröder (Hg.), Evangelischer Religionsunterricht, 237–256.
69 Rp Verf. Art 35.2. Siehe Stephan Weyer-Menkhoff/Tobias Kaspari, Religion unterrichten in Rheinland-Pfalz, in: Rothgangel/Schröder (Hg.), Evangelischer Religionsunterricht, 257–278.
70 § 15 Abs. 1 Satz 2 und 3 saarl SchoG. Siehe Bernd Schröder, Religion unterrichten im Saarland, in: Rothgangel/Schröder (Hg.), Evangelischer Religionsunterricht, 279–296.
71 »Beträgt in einer Klassenstufe einer öffentlichen Schule die Zahl einer religiösen Minderheit mindestens 5, so soll für diese Religionsunterricht eingerichtet werden. Unter den gleichen Voraussetzungen soll für Schülerinnen und Schüler ab Klassenstufe 9, die am Religionsunterricht nicht teilnehmen, Unterricht in allgemeiner Ethik erteilt werden. Die Teilnahme an diesem Unterricht ist Pflicht.« § 15 Abs. 1 des Gesetzes Nr. 812 zur Ordnung des Schulwesens im Saarland (Schulordnungsgesetz: SchoG) in der Fassung der Bekanntmachung vom 21. August 1996 (Amtsbl., 1313), zuletzt geändert durch Gesetz vom 06. September 2006 (Amtsbl., 1694, ber., 1730).
72 Sächs Verf. Art 105.1; § 19 sächs SchulG. Siehe Helmut Hanisch, Religion unterrichten im Freistaat Sachsen, in: Rothgangel/Schröder (Hg.), Evangelischer Religionsunterricht, 327–346.

- Sachsen-Anhalt: Ethikunterricht als (Wahl-)Pflichtfach alternativ zum Religionsunterricht, versetzungsrelevant,[73]
- Schleswig-Holstein: Philosophie als Ersatzfach für die SuS, die vom Religionsunterricht mit Konfession abgemeldet sind, und die SuS, die keiner Konfession angehören in der Sekundarstufe I und II, versetzungsrelevant,[74]
- Thüringen: Ethik- bzw. Philosophieunterricht ist Pflichtfach, soweit nicht der konfessionelle Religionsunterricht besucht wird, versetzungsrelevant (außer in der GS).[75]

Religionspädagogische Einschätzung
Aufgrund der rechtlichen Lage hat das Ansinnen des Schülers keinen Erfolg. Auch wenn Ethik nicht – wie der Religionsunterricht – verfassungsrechtlich geschützt ist, ist das Fach in den Bundesländern versetzungsrelevant.

Es ist ungewöhnlich, dass in Ethik oder Religion am Ende des Schuljahres im Zeugnis abrupt ein »mangelhaft« oder »ungenügend« erscheint. Am besten ist diese für alle Beteiligten unerfreuliche Situation zu vermeiden, wenn die Bewertungskriterien des Faches den SuS frühzeitig transparent gemacht werden und ihnen regelmäßig der Stand der Noten mitgeteilt wird.

Rechtsfall 30 Versetzungsrelevanz des Ethikunterrichts

An einem Gymnasium protestieren die Eltern gegen die Rechtsgültigkeit des eingeführten Faches Ethik. Die Eltern berufen sich auf das Diskriminierungsverbot des GG Art 3.3, Satz 1, da es keine Benachteiligung wegen des Glaubens oder der religiösen Weltan-

---

73 Siehe Michael Domsgen, Religion unterrichten in Sachsen-Anhalt, in: Rothgangel/Schröder (Hg.), Evangelischer Religionsunterricht, 297–326.
74 Laut § 7 Abs. 2 Satz 3 SchulG erhalten die SuS »stattdessen anderen Unterricht«, in Sek I und II ist dies Philosophie. Siehe Karlheinz Einsle/Holger Hammerich, Religion unterrichten in Schleswig-Holstein, in: Rothgangel/Schröder (Hg.), Evangelischer Religionsunterricht, 347–360.
75 Thür Verf. Art 25.1; § 46 Abs. 4 Thür-SchulG. Siehe Michael Wermke, Religion unterrichten in Thüringen, in: Rothgangel/Schröder (Hg.), Evangelischer Religionsunterricht, 361–378.

schauung geben dürfe und sehen das Fach Ethik als Problem der Religionsfreiheit an. Sie argumentieren gegenüber der Schulleitung, es dürfe nicht gestattet sein, SuS, die den Religionsunterricht nicht besuchen, zum Ethik- oder Philosophieunterricht zu verpflichten und die Note als versetzungsrelevant anzusehen. Denn diese Verpflichtung würde aus der Entscheidung gegen den Religionsunterricht resultieren. Die Schulleitung ist zunächst etwas verwirrt, dann berät sie sich mit den Ethik- und Religionslehrkräften.

Rechtliche Beurteilung

In der Tat wurde die Zulässigkeit des Faches Ethik schon mehrfach bestritten und war Gegenstand von Gerichtsverfahren.[76] So beschäftigte sich das Bundesverwaltungsgericht bereits mit diesem Fall und entschied, dass der Staat »kraft der ihm durch GG Art 7.1 eingeräumten Gestaltungsfreiheit einen verpflichtenden Unterricht im Fach Ethik vorsehen könne«[77]. Als verbindliches Fach ist Ethik deshalb zulässig, weil es als gleichwertiges Fach mit vergleichbaren Erziehungszielen und gleicher Notenwirkung auf den Schulerfolg (Versetzungsrelevanz) eingerichtet wird.

---

76 Vgl. zur Ablehnung des Pflichtcharakters des Faches Ethik: Johann Balder, Zur Verfassungsmäßigkeit des obligatorischen Ethikunterrichts, NVwZ 1998, 256; Gerhard Czermak, Das Pflicht-Ersatzfach Ethikunterricht als Problem der Religionsfreiheit, des Elternrechts und der Gleichheitsrechte, NVwZ 1996, 450; Ludwig Renck, Verfassungsprobleme des Ethikunterrichts, BayVBl. 1992, 519; Ders., Nochmals: Verfassungswidriger Ethikunterricht? Eine Erwiderung auf Schockenhoff, BayVBl 1994, 432; Ders., DÖV 1994, 32. Vgl. zur Befürwortung des Pflichtcharakters des Faches Ethik: Claudia Erwin, Verfassungsrechtliche Anforderungen an das Schulfach Ethik/Philosophie, Berlin 2001, 193.304; Peter Gullo, Religions- und Ethikunterricht im Kulturstaat, Berlin 2003, 298; Stefan Mückel, Staatskirchenrechtliche Regelungen zum Religionsunterricht, AöR 1997, 532; Ders., Verfassungsrechtlicher Ethik-Unterricht?, VBlBW 1998, 86; Martin Schockenhoff, Ist Ethik verfassungswidrig? Zugleich Erwiderung auf Renck, BayVBl. 1993, 737; Gitta Werner, Ethik als Ersatzfach, NVwZ 1998, 816. Vgl. insgesamt Hermann Avenarius/Hans-Peter Füssel, Schulrecht. Ein Handbuch für Praxis, Rechtsprechung und Wissenschaft, Köln/Kronach 2010 [= Avenarius/Füssel, Schulrecht], insbesondere Anm. 77.
77 Avenarius/Füssel, Schulrecht, 124.

Zudem liegt schon deshalb kein Verstoß gegen GG Art 3.3, Satz 1 vor, weil die Verpflichtung, den Ethikunterricht zu besuchen, nur an die Erklärung der SuS oder deren Eltern geknüpft ist, nicht am Religionsunterricht teilnehmen zu wollen. Die Verpflichtung für den Ethikunterricht resultiert nicht aus einer religiösen Entscheidung oder einem entsprechenden Tatbestand heraus.[78]

Religionspädagogische Einschätzung
Da die Beschwerde gegen die Entscheidung des Bundesverwaltungsgerichts vom Bundesverfassungsgericht nicht zur Entscheidung angenommen wurde,[79] gibt es keinen rechtlichen Spielraum für die Praxis. Das Fach Ethik gilt rechtlich als versetzungsrelevantes Ersatzfach (bzw. in den Bundesländern Hamburg, Sachsen und Sachsen-Anhalt als Alternativfach) für den Religionsunterricht. Wichtig ist, dass das Gebot der Gleichwertigkeit beider Fächer gewährleistet ist. So müssen zum Beispiel »schwerpunktmäßig vergleichbare Erziehungsziele, wie die Erziehung zu verantwortungs- und wertbewusstem Verhalten angestrebt«[80] werden, ethische Mindeststandards und (schulinterne) Lehrpläne für das Fach Ethik vorliegen, Fachkonferenzen abgehalten und Leistungsüberprüfungsmöglichkeiten festgehalten werden.

In der Praxis hat es sich bewährt, wenn sich Ethik- und Religionslehrkräfte miteinander absprechen, um vergleichbaren Standards, z. B. bei der Leistungsüberprüfung, zu genügen und so eine schulische Gleichwertigkeit der beiden Fächer zu gewährleisten.

Rechtsfall 31 Wissenschaftlichkeit im Religions- und Ethikunterricht

An einem Gymnasium diskutieren die Eltern schon länger darüber, ob das Fach Religion überhaupt einen wissenschaftlichen Stellenwert besitzt. Sie bestreiten somit die Gleichwertigkeit der Fächer

---

78 Vgl. ebd., 125.
79 Vgl. BVerfG, Beschluss vom 18.02.1999.
80 Avenarius/Füssel, Schulrecht, 124.

Ethik und Religion, indem sie angeben, dass das Fach Ethik ein wissenschaftliches Fach sei gegenüber dem Fach Religionsunterricht.

Zur Klärung des Sachverhalts wird von der Schulleitung eine außerordentliche Fachkonferenz der Ethik- und Religionslehrkräfte einberufen.

Rechtliche Beurteilung

Dieses Argument ist unzulässig, weil auch der Religionsunterricht als ordentliches Lehrfach wissenschaftlichen Ansprüchen genügen muss. Da die Religionslehrkräfte staatliche Lehrkräfte sind und daher eine wissenschaftlich fundierte Ausbildung absolviert haben, wird Religionsunterricht im Sinne der theologischen Wissenschaft erteilt. Zudem steht das Fach unter der staatlichen und kirchlichen Aufsicht.

Religionspädagogische Einschätzung

Die durch die Theologie als Bezugswissenschaft gegebene wissenschaftliche Qualifizierung des Religionsunterrichts sollte sowohl im Lehrerkollegium als auch in Gesprächen mit Eltern und Kollegen anderer Fächer immer wieder plausibilisiert werden. Sehr anschaulich wird sie z. B. dadurch, dass biblische Texte historisch(-kritisch) und in ihrem Kontextbezug ausgelegt werden.

Die Ethik- und Religionslehrkräfte könnten an einem Elternabend zu Beginn des Schuljahres die beiden Fächer mit Zielen, Lehrinhalten, zu erwartenden Kompetenzen und Methoden vorstellen, sodass den Eltern und SuS die Gleichwertigkeit der Fächer deutlich wird.

Rechtsfall 32 Der Wechsel zum Ethikunterricht

Ein evangelisch getaufter 14-jähriger Schüler besucht den Religionsunterricht. Doch direkt zu Beginn des Schuljahres meldet er sich vom konfessionellen Religionsunterricht ab und will fortan das Fach Praktische Philosophie besuchen. Eine Begründung gibt er nicht an.

Rechtliche Beurteilung
Grundsätzlich gilt, dass die SuS zur Teilnahme am Religionsunterricht der eigenen Konfession verpflichtet sind.[81] Mit der Religionsmündigkeit (zumeist ab dem 14. Lebensjahr)[82] – oder vorher durch die Erziehungsberechtigten – dürfen sich die SuS allerdings in der Tat vom Religionsunterricht abmelden (vgl. § 31 Abs. 6 und § 32 SchulG) und müssen dann das Fach Ethik oder je nach Bundesland (Praktische) Philosophie o.Ä. besuchen.

Religionspädagogische Einschätzung
Obwohl die Schulgesetze der Bundesländer eine schriftliche Erklärung des Schülers an die Schulleitung vorsehen,[83] wird in der Praxis im Einzelfall aus Rücksicht auf die mitunter fehlende formale Befähigung die Abmeldung auch ohne eine schriftliche Aussage gehandhabt.[84]

Eine Begründung müssen weder die SuS noch die Erziehungsberechtigten angeben.

Es darf keinerlei Beeinflussung durch eine Religions- oder Ethiklehrkraft erfolgen.

---

81 Vgl. BASS 12–05 Nr. 1.6.
82 In Bayern und im Saarland besteht die Religionsmündigkeit erst ab 18 Jahren.
83 Siehe beispielsweise für Nordrhein-Westfalen Schulgesetz § 31 Abs 6, für Hessen Schulgesetz § 8.
84 Die schriftliche Abmeldung kann im pädagogisch begründeten Einzelfall durch die Wunschäußerung ersetzt werden, wenn z. B. ein Schüler zu einer schriftlichen Artikulation nicht imstande ist. Doch eine solche pädagogische Rücksichtnahme wäre mitunter ein Verstoß gegen die Landesverfassung (in Nordrhein-Westfalen z. B. Artikel 14.4 der LV: »Die Befreiung vom Religionsunterricht ist abhängig von einer schriftlichen Willenserklärung«). Sie darf deshalb nur im nachweislichen Ausnahmefall erfolgen; die Religionslehrkraft oder Klassenleitung hat dann ihrerseits die Schulleitung schriftlich zu informieren, um auf diesem Wege den Abmeldewunsch schriftlich zu dokumentieren.

Rechtsfall 33 Abmeldung vom und Rückkehr zum Religionsunterricht

Nach drei Monaten möchte der Schüler, der vom Evangelischen Religionsunterricht zum Fach Praktische Philosophie gewechselt ist, wieder zurück zum Religionsunterricht, weil er auf einmal feststellt, dass ihn das Fach Religion mehr interessiert. Der Lehrer für Praktische Philosophie sagt ihm, dass er bis zum Halbjahresende warten muss, bevor er wechseln darf. Der Schüler und dessen Eltern beschweren sich bei der Schulleitung und führen die positive Glaubensfreiheit als Begründung für den Rückkehrwunsch an.

Rechtliche Beurteilung
Laut APO darf man in der Tat nur zu Beginn des Schulhalbjahres in den Religionsunterricht wechseln: »Dem Schüler wird ermöglicht, jeweils nur zu Beginn eines Schulhalbjahres in den Religionsunterricht zu wechseln. Der Wechsel in das Fach Praktische Philosophie dagegen ist zu jeder Zeit möglich. Über jeden Wechsel sind die Eltern zu informieren.«[85]

Der Grund dafür ist, dass der Ethikunterricht als weltanschaulich neutrales Fach keine Belastung des Gewissens darstellen kann.

Religionspädagogische Einschätzung
In der Praxis wird meist ein Wechsel zwischen beiden Fächern zum Schulhalbjahr ermöglicht.

Mitunter kommt es vor, dass den SuS gesagt wird, sie müssen im Fach Ethik/Philosophie oder im Fach Religion auf jeden Fall ein Jahr bleiben, bevor sie wechseln dürfen. Begründet wird dies mit schulorganisatorischen Belangen.

Schulorganisatorische Gründe, die Gesetzeslage sowie die Schwierigkeit, Noten zu geben, sprechen dagegen, dass die SuS während des Schulhalbjahres hin- und herwechseln, sodass davon möglichst abzusehen ist. Allerdings kann nicht die Auskunft gegeben

---

85 APO, Abs. 5.2, 50. Bei Minderjährigen sind die Eltern zu informieren: vgl. BASS 12–05 Nr. 4.3.

werden, dass die SuS für ein ganzes Schuljahr das Fach wählen – was vielerorts geschieht –, da dies rechtlich nicht haltbar ist. Die Regelungen, die einen Fächerwechsel an bestimmte Zeiträume (Schuljahr oder Schulhalbjahr) binden, sind sinnvolle Soll-Bestimmungen.[86] Jedoch muss eine Abmeldung vom Religionsunterricht wegen des Gewissens-Schutzes und der negativen Religionsfreiheit jederzeit möglich sein.

> **Rechtsfall 34** Beurlaubung vom Ethikunterricht an religiösen Feiertagen
>
> Ein muslimischer Schüler, der neu am Fach Praktische Philosophie teilnimmt, beantragt am Tag des Zuckerfestes die Freistellung von der Schule und beruft sich dabei auf das Recht der freien Religionsausübung. Bislang hatte er, wenn er am Evangelischen Religionsunterricht teilgenommen hatte, immer frei bekommen. Nun weigert sich die Schulleitung, ihn freizustellen, da er am Fach Praktische Philosophie teilnimmt. Das Fach »Islamischen Religionsunterricht« gibt es an der Schule nicht.

Rechtliche Beurteilung

Für eine Beurlaubung wegen eines religiösen Feiertags gilt generell die Voraussetzung, »dass sich das Gebot der Feiertagsheiligung als verbindliche Glaubensüberzeugung einer bestimmten Religionsgemeinschaft [...] und die Zugehörigkeit der Schülerin oder des Schülers zu dieser Religionsgemeinschaft feststellen lassen.«[87] Die möglichen religiösen Feiertagstermine lassen sich für das Bundesland Nordrhein-Westfalen in dem Serviceteil der BASS nach-

---

86 Siehe z. B. den Erlass des Hessischen Kultusministeriums vom 03.09.2014: Eine Abmeldung vom Religionsunterricht »soll nur am Ende eines Schulhalbjahres erfolgen. Eine Rücknahme der Abmeldung ist zulässig«. Http://religionsunterricht-hessen.de/2016/02/23/sonstigesanmeldung-fuer-den-religionsunterricht (letzter Zugriff: 23.06.2018).
87 Runderlass des Schulministeriums Nordrhein-Westfalen vom 29.05.2015, siehe BASS 12–51 Nr. 1, Absatz 3.7.

lesen,[88] in den einzelnen Bundesländern gibt es entsprechende Informationen seitens der Schulministerien.[89] Sollte eine Beurlaubung für mehrere Tage beantragt werden, ist jedoch nur ein Tag möglich.[90]

Religionspädagogische Einschätzung
Solange der punktuellen Unterrichtsbefreiung nichts Wesentliches entgegensteht, sollte sie unkompliziert gewährt werden. In der Praxis wird den SuS meist freigegeben, ohne dass weiter mit den Eltern oder den SuS diskutiert wird, weil man dies allen SuS und ihrer Religionsfreiheit meist zugesteht. Nach Möglichkeit sollte niemals mit zweierlei Maß gemessen werden, sondern die Unterrichtsbefreiung sollte einheitlich geregelt sein, unabhängig von der Frage, ob der muslimische Schüler am Religions- oder am Ethikkurs teilnimmt.

Rechtsfall 35 Das Verhältnis von Religions- und Ethikunterricht

Das Fach Praktische Philosophie wird an einem Gymnasium in Essen so gut angenommen, dass die Lehrer- und die Schulkonferenz entscheiden, ein konfessioneller Religionsunterricht sei nicht mehr nötig. Die meisten Lehrkräfte und Eltern sowie Erziehungsberechtigten stimmen für die Abschaffung des konfessionellen Religionsunterrichts.

---

88 Vgl. Serviceteil der BASS, 61, www.schulministerium.nrw.de/docs/Recht/Schulrecht/Erlasse/Religioese-Feiertage/Religioese-Feiertage.pdf (letzter Zugriff: 23.06.2018).
89 Siehe z. B. für Hamburg die »Regelung zu religiösen Feiertagen« durch die Schulbehörde: hamburg.de/contentblob/3031278/4a838a9dd081b18a51b-853d5cf678cab/data/feiertage.pdf (letzter Zugriff: 23.06.2018); für Bayern: https://schulamt.info/material/KS00001_KMS_religioese_Feiertage_1617_1718.pdf (letzter Zugriff: 23.06.2018); für Berlin: www.berlin.de/sen/bjf/service/kalender/ferien/artikel.420979.php (letzter Zugriff: 23.06.2018).
90 12–52 Nr. 1: Teilnahme am Unterricht und an sonstigen Schulveranstaltungen, RdErl. d. Ministeriums für Schule und Weiterbildung v. 29.05.2015 (ABl. Nordrhein-Westfalen, 354).

Rechtliche Beurteilung
Laut Art 7.3 des Grundgesetzes ist dies nicht möglich. Auch in der APO heißt es: »Das Angebot des Faches Praktische Philosophie darf nicht dazu führen, dass an der Schule kein konfessioneller Unterricht mehr erteilt wird (VV 3.5.2), denn jeder Schüler hat das Recht auf Religionsunterricht.«[91]

Religionspädagogische Einschätzung
Immer wieder stellen Eltern die Notwendigkeit des Faches infrage, doch die positive Religionsfreiheit – somit auch das Einräumen der Möglichkeit des Besuchs des konfessionellen Religionsunterrichts – ist durch Art 4 grundgesetzlich geschützt.

Den SuS kann erklärt werden, dass konfessioneller Religionsunterricht das einzige Fach ist, welches verfassungsrechtlich geschützt ist. Zudem kann ihnen vermittelt werden, dass sie sich jederzeit abmelden dürfen, wenn ihnen dies aus Gewissensgründen notwendig erscheint.

Rechtsfall 36 Keine Beeinflussung zur Abmeldung

In der Jahrgangsstufe 8 einer Gesamtschule gibt es nur noch 7 SuS, die am konfessionellen Religionsunterricht teilnehmen. Die Klassenleitung und die Schulleitung legen diesen SuS nahe, doch am Unterricht Praktische Philosophie teilzunehmen. Die SuS stimmen zu, da sie dann auch mit ihren Freunden zusammen Unterricht hätten.

Rechtliche Beurteilung
Es kann zwar in einer Jahrgangsstufe vorkommen, dass nicht genügend SuS den konfessionellen Religionsunterricht besuchen, doch es besteht die Verpflichtung, dass die Schulleitung alle Möglichkeiten ausschöpft, um jedem SuS Religionsunterricht erteilen zu kön-

---

91 APO, Abs. 5.3, 50.

nen. Auch wenn es keine normierten Vorgaben darüber gibt, sollten stufenübergreifende Möglichkeiten geprüft werden.[92]

Religionspädagogische Einschätzung
Es gibt folgende Möglichkeiten für die Schulleitung: Umgruppierung von Parallelklassen, mit benachbarten Schulen Kontakt aufnehmen, ggf. drei Jahrgänge zusammenlegen etc.[93]
Es darf zudem keinerlei Beeinflussung durch die Klassenleitung oder Schulleitung erfolgen, das Fach Religionslehre abzuwählen und stattdessen das Fach Philosophie zu besuchen.

Rechtsfall 37 Die Regelungen in Berlin

An einer Gesamtschule in Berlin gefällt mehreren SuS der Ethikunterricht nicht mehr. Sie interessieren sich vielmehr für religiöse Fragen und wünschen sich den Besuch des Faches Religionsunterricht statt Ethik. Zugleich bestehen sie darauf, dass die Noten des Religionsunterrichts dann auch versetzungsrelevant sind.

Rechtliche Beurteilung
In Berlin hat GG Art 7.3, Satz 1 wegen der auch hier gültigen sogenannten Bremer Klausel keine Gültigkeit. Daher gilt hier Ethik nicht als Ersatzfach für den Religionsunterricht, sondern als Pflichtfach ohne Abmeldemöglichkeit. Die SuS können aber laut § 13 SchulG den Religions- und Weltanschauungsunterricht besuchen. Dessen Besuch ist allerdings freiwillig und zusätzlich und befreit die SuS nicht von ihrer Pflicht, am Ethikunterricht teilzunehmen. Das Fach Religion ist in Berlin zudem – im Gegensatz zum Pflichtfach Ethik – nicht versetzungsrelevant. Das Ansinnen der SuS bleibt ohne Erfolg.

---

92 Vgl. Abs. 5.3, APO, 50 f.
93 Vgl. ebd.

Religionspädagogische Einschätzung
Auch wenn SuS argumentieren, dass man sie zwingen würde, an dem Fach Ethik teilzunehmen, gibt es in Berlin keinen Spielraum. Hier vertritt das Bundesverfassungsgericht die Auffassung, dass die SuS nicht gezwungen werden an einem Unterricht teilzunehmen, der ihrem Glauben widerspreche. Im Gegenteil könnten in einem gemeinsamen Pflichtethikunterricht alle Weltanschauungen, auch Minderheiten, dialogisch integriert werden. Zudem gebe es zusätzlich das Angebot des Religionsunterrichts für religiös gebundene SuS.[94]

Obwohl der Religionsunterricht in Berlin nur ein »Anmeldefach« ist, das freiwillig besucht wird und nicht versetzungsrelevant ist, sind die Teilnahmezahlen beachtlich: Von den ca. 300 000 SuS in Berlin nehmen ca. 80 000 am Evangelischen Religionsunterricht und ca. 25 000 am Katholischen Religionsunterricht teil.[95]

Rechtsfall 38 Das Fach L-E-R in Brandenburg

In einer Brandenburger Schule wird von den Eltern gewünscht, dass ihre Kinder statt des Pflichtfaches »Lebensgestaltung – Ethik – Religion« konfessionellen Religionsunterricht erhalten und damit von der Pflicht befreit sind, das Fach LER zu besuchen.

Rechtliche Beurteilung
Dies ist nach Vorschlag des Bundesverfassungsgerichts mittlerweile rechtens. Voraus gingen folgende Entscheidungen: Auch das Land Brandenburg hatte sich auf die Bremer Klausel des GG Art 141 berufen und 1996 das Fach LER als ordentliches Lehrfach anstelle des Religionsunterrichts eingeführt. Das Fach wird bekenntnisfrei, religiös

---

94 Vgl. NVwZ 2008, 72.
95 Www.berlin.de/sen/kulteu/religion-und-weltanschauung/religions-und-lebenskundeunterricht/artikel.21588.php (letzter Zugriff: 23.06.2018), hrsg. v. der Berliner Senatsverwaltung für Kultur und Europa, Presse- und Öffentlichkeitsarbeit. Zum Vergleich: Am Humanistischen Lebenskundeunterricht nehmen gut 60 000 SuS teil (Quelle: ebd.).

und weltanschaulich neutral unterrichtet.[96] Religionsunterricht wird als zusätzliches und freiwilliges Fach von den Kirchen und Religionsgemeinschaften angeboten, darf in den Schulräumen stattfinden,[97] kann aber ursprünglich nicht von dem Pflichtfach Ethik befreien.

In Brandenburg gilt – ähnlich wie in Berlin – verfassungsrechtlich der Tatbestand, dass am Stichtag des 01.01.1949 die Landesverfassung nicht den Religionsunterricht als ordentliches Lehrfach garantiert hatte, aber das Recht, den Religionsunterricht in den Räumen der Schule abzuhalten. Doch da die damaligen Länder in der Sowjetischen Besatzungszone »durch die Entwicklung der DDR zum sozialistischen Zentralstaat und die damit verbundene Zerschlagung der Länderstrukturen nicht nur faktisch, sondern auch rechtlich untergegangen«[98] sind, gab es auch Stimmen, die der Auffassung waren, dass GG Art 141 (die sogenannte Bremer Klausel) auf die neuen Länder nicht anzuwenden sei.[99]

Das Bundesverfassungsgericht hatte dazu einen Vorschlag für eine einvernehmliche Verständigung vorgelegt, nach der die Teilnahme am Religionsunterricht die Teilnahme am Fach LER ersetzen kann.[100] Dieser Vorschlag war die Grundlage für die Änderung des Schulgesetzes in Brandenburg, nach welchem die Kinder, die den Religionsunterricht besuchen wollen und den Besuch auch nachweisen, vom Fach LER befreit sind.[101] Auch hier gilt laut § 11 BbgSchulG, dass die SuS ab dem 14. Lebensjahr selbstständig – und vor dem 14. Lebensjahr mit Erklärung der Eltern – die Abmeldung vom Fach LER durchführen dürfen.[102]

Religionspädagogische Einschätzung

Die Brandenburger Spielart impliziert damit auch, dass der besuchte Religionsunterricht dann auch versetzungsrelevant ist. Denn hier ist der Religionsunterricht ein Ersatzfach (für LER), es

---

96 Vgl. § 11 Abs 3 Satz 1 BbgSchulG.
97 Vgl. § 9 Abs 2 BbgSchulG.
98 Avenarius/Füssel, Schulrecht, 127.
99 Vgl. Avenarius/Füssel 127, Anm. 86.
100 Vgl. BVerfGE 104, 305.
101 Vgl. Gesetz vom 2.8.2002 (GVBl I, 78).
102 § 11 Abs. 3 Satz 4 und 5 BbgSchulG.

gilt also die Analogie zu den anderen Bundesländern, wenn dort Philosophie- oder Ethikunterricht als Ersatzfach für den Religionsunterricht besucht wird und versetzungsrelevant ist.

Obwohl die rechtliche Stellung des Religionsunterrichts im Land Brandenburg als rein freiwillig wählbares kirchliches Zusatzangebot weit schwächer ist als in den anderen Bundesländern, ist die Akzeptanz des Faches erfreulich groß: »Religionsunterricht wird immer beliebter«.[103] Von den gut 250 000 SuS der Brandenburger Schulen hatten im Jahr 2004 gut 22 000 am Evangelischen Religionsunterricht teilgenommen; im Jahr 2010 waren es gut 31 000 und im Jahr 2017 gut 38 000 SuS.[104]

»In Berlin sind etwa 75 % aller Schulen mit einem Angebot versorgt. Evangelischer Religionsunterricht findet derzeit an etwas mehr als 50 % aller brandenburgischen Schulen statt. Trotz demografischen Wandels und sich weiterhin verändernder religiöser Sozialisation ist in den letzten Jahren das Interesse an religiöser Bildung kontinuierlich gewachsen. Die Nachfrage übersteigt die personellen Möglichkeiten der Landeskirche.«[105]

---

103 Rüdiger Braun, Religionsunterricht wird immer beliebter, in: Märkische Allgemeine 26.12.2016.
104 Statistik des Evangelischen Religionsunterrichts in der Evangelischen Kirche Berlin-Brandenburg-schlesische Oberlausitz Schuljahr 2017/18, Berlin 2018, 7. Siehe www.ekbo.de/fileadmin/ekbo/mandant/ekbo.de/3._THEMEN/03._Bildung/Schule_Bildung/NEU/Statistikbroschuere_2017_18.pdf (letzter Zugriff: 23.06.2018).
105 Ebd., 1. Das Angebot und die Akzeptanz des katholischen Religionsunterrichts ist in Brandenburg erheblich geringer, da der katholische Bevölkerungsanteil bei unter 3 % liegt. Gleichwohl besuchen gut 5 000 SuS im Land Brandenburg den katholischen Religionsunterricht.

Kapitel 2.4   11 Rechtsbeispiele zum islamischen Religionsunterricht

> **Rechtsfall 39**   Die Einführung des islamischen Religionsunterrichts
>
> In einer Schule im Ruhrgebiet gehören im Schuljahr 2017/2018 78,3 % der SuS dem Islam an. Insbesondere in der Klasse 6d befinden sich ausschließlich muslimische SuS. Bisher besuchten die SuS entweder den evangelischen Religionsunterricht oder das Fach Ethik. Doch mit der Zunahme der Schülerschaft muslimischen Glaubens versammeln sich nun die Eltern und formulieren auf einem Elternabend den Wunsch, dass ihre Kinder auch einen islamischen Religionsunterricht erhalten mögen. Auch die anderen muslimischen Eltern der SuS der 5. und 6. Klassen unterstützen diesen Wunsch. Die Eltern der nicht muslimischen Kinder zeigen sich zwar zunächst entsetzt, da sie eine islamische Unterwanderung befürchten, doch die Schulleitung kann die Eltern beruhigen, da das Fach in staatlicher und muslimischer Verantwortung liege, und verspricht, sich um das Anliegen zu kümmern.

§ Rechtliche Beurteilung

Mit dem Gesetz zur Einführung des islamischen Religionsunterrichts vom 21. Dezember 2011, Art 14 der Landesverfassung NRW sowie § 132a Schulgesetz NRW können Eltern das Recht einfordern, dass an der Schule ihrer Kinder islamischer Religionsunterricht als ordentliches Unterrichtsfach – laut GG Art 7.3 – eingerichtet wird, wie es auch im Wortlaut des Antrages heißt:

»Sehr geehrte/r _____ (Name Schulleiter/in), hiermit stellen wir einen Antrag auf die Einrichtung des islamischen Religionsunterrichts am _____ (Name der Schule) als ordentliches Lehrfach nach Art. 14 der Landesverfassung von Nordrhein-Westfalen sowie dem des § 132a des Schulgesetzes NRW «Gesetz zur Einführung von Islamischem Religionsunterricht als ordentliches Lehrfach (7. Schulrechtsänderungsgesetz) vom 21. Dezember 2011 einzuführen und für die entsprechende personelle Besetzung zu sorgen.

Nach § 31 Absatz 1 des Schulgesetzes in NRW wird der Religionsunterricht erteilt, wenn an der einzelnen Schule mindestens zwölf Schülerinnen und Schüler dem entsprechenden Bekenntnis angehören. Bei Fehlen einer Lehrkraft für den Islamischen Religionsunterricht bitten wir um sofortige Ausschreibung oder um Abordnung einer Lehrkraft an unsere Schule.«[106]

Somit können die Eltern – sobald die ausreichende Zahl von zwölf SuS dieses Bekenntnisses vorhanden ist – den Antrag auf Einführung des Faches islamischen Religionsunterrichts stellen. Nach Einstellung einer entsprechenden Lehrkraft ist dann islamischer Religionsunterricht in deutscher Sprache einzuführen.[107]

Der islamische Religionsunterricht setzt aber eine »Religionsgemeinschaft« (siehe GG Art 7.3) voraus. Diese bestimmt die zu lehrenden Inhalte. Zudem ist »neben einer gewissen zahlenmäßigen Stärke auch die mit der rechtlichen Organisationsstruktur zu vereinbarende Fähigkeit, verbindliche Aussagen zu den für den Religionsunterricht auschlaggebenden Grundsätzen der Religionsgemeinschaft treffen zu können. Auch muss der Dachverband über eine eindeutige Mitgliederstruktur verfügen, damit sich feststellen lässt, welche Schulkinder zum Besuch des entsprechenden Religionsunterrichts verpflichtet sind.«[108] Der Staat muss dabei darauf achten, dass keine Religionsgemeinschaft zugelassen wird, die die Grundrechte infrage stellt. In der Regel erfolgt dies durch die Verleihung des Status einer Körperschaft des öffentlichen Rechts. Auch muss der Unter-

---

106 Antrag auf Einführung des islamischen Religionsunterrichts an Schulen, http://www.iru-beirat-Nordrhein-Westfalen.de/Antraege/Antrag%20IRU-1.pdf (letzter Zugriff: 30.07.2017).
107 Vgl. z. B. Heinrich de Wall, Die Verfassungsrechtlichen Rahmenbedingungen eines islamischen Religionsunterrichts, in: RdJB 2010, 107, welche der Deutschen Islam Konferenz am 02.05.2007 vorgelegt und von ihr am 13.03.2008 anerkannt wurde. Vgl. auch Avenarius/Füssel, Schulrecht, 120–123. Vgl. zudem für Nordrhein-Westfalen: Gesetz zur Einführung von Islamischen Religionsunterricht als ordentliches Lehrfach (7. Schulrechtsänderungsgesetz), vom 22.12.2011.
108 Avenarius/Füssel, Schulrecht, 121.

richt in Übereinstimmung mit den Bildungszielen der Schule – z. B. dem Toleranzprinzip – erteilt werden.

Übergangsmodelle in den Bundesländern, in denen noch kein islamischer Religionsunterricht eingeführt werden konnte, sind zulässig, wenn der Staat die Aufgabe eines »informierenden Mittlers« hat.[109] Diese Übergangsmodelle dürften verfassungsrechtlich unter dem Gesichtspunkt zulässig sein, dass sie der grundgesetzlichen Regelung näherstehen als die gänzliche Abwesenheit religiöser Unterweisung für eine große Zahl islamischer Schülerinnen und Schüler.«[110]

Religionspädagogische Einschätzung
Nicht zulässig sind die mancherorts eingeführten sogenannten Deutsch-Förderstunden für Muslime, die in Auffangklassen die muslimischen SuS betreuen.

Für eine reibungslose Implementierung des islamischen Religionsunterrichts an einer Schule ist es notwendig, dass die Religions- und Ethiklehrkräfte sich mit der islamischen Lehrkraft zusammensetzen und die konzeptionellen und schulischen Rahmenbedingungen – Stundenanzahl, Aufteilung der SuS auf den islamischen Religionsunterricht und den Ethikunterricht, etwaige Kooperationen von Religions-, Ethik- und Islamunterricht, Lehrinhalte, Lernmittel etc. – miteinander absprechen.

Um den Eltern der anderen Kinder zudem etwaige Ängste zu nehmen, aber auch die Eltern der muslimischen Kinder über die Rahmenbedingungen und Inhalte des islamischen Religionsunterrichts zu informieren, ist es sinnvoll einen Elternabend durchzuführen.

Rechtsfall 40 Fachfremde Erteilung des islamischen Religionsunterrichts

An einer Hauptschule im Ruhrgebiet soll auf Drängen der Elternschaft neben dem evangelischen und katholischen auch islamischer Religionsunterricht eingeführt werden. Die Schulleitung hat sich schon zwei Jahre um eine Religionslehrkraft bemüht, aber bislang

---

109 Ebd., 122.
110 Ebd., 122.

ohne Erfolg. Nun fragt sie eine muslimische Lehrerin, ob diese bereit wäre, fachfremd den islamischen Religionsunterricht zu erteilen. Sie würde doch regelmäßig in die Moschee gehen und die Schulleitung würde ihr das durchaus zutrauen. Es sei so wichtig, da es so viele muslimische SuS gäbe. Es solle auch nur kurzfristig sein, bis jemand eingestellt werden würde. Die Lehrerin zögert zunächst, da sie nicht religiös erzogen wurde und nur ab und zu in die Moschee geht. Doch dann gibt sie dem Drängen der Schulleitung nach ...

Rechtliche Beurteilung

Da auch islamischer Religionsunterricht in Übereinstimmung mit GG Art 7.3 erteilt wird, muss eine Lehrkraft eingestellt werden, die sowohl die staatliche Ausbildung als auch die Lehrerlaubnis für den islamischen Religionsunterricht (Idschaza) vorweisen kann.

Sollte dies nicht möglich sein, weil es bislang mehr Stellen als Bewerber gibt und die Schulleitung schon mehrfach die Stelle erfolglos ausgeschrieben hat, kann eine muslimische Lehrkraft, die in einem unbefristeten Beschäftigungsverhältnis steht, auch an einem einjährigen – vom Schulministerium bzw. der Bezirksregierung organisierten und von muslimischen Moderatoren geleiteten – Zertifikatskurs für das Fach Islamische Religionslehre teilnehmen. Dieser Zertifikatskurs findet einmal in der Woche statt, wobei die Schule die Lehrkraft an diesem Tag vom Unterricht freistellt.

Die interessierte Lehrkraft muss sich neben der Anmeldung beim Schulministerium dem Beirat für islamischen Religionsunterricht vorstellen. Hierzu ist es erforderlich, dass sie neben den üblichen Bewerbungsunterlagen ein Motivationsschreiben mit ihren Beweggründen für die Erteilung des islamischen Religionsunterrichts einreicht. Darüber hinaus sollte sie neben dem Bekenntnis zum Islam eine Bescheinigung einer Moscheegemeinde vorweisen, dass sie dort aktiv am Gemeindeleben teilnimmt.

Falls kein Abschluss eines entsprechenden Lehramtsstudiums vorliegt, ist die Teilnahme an entsprechenden Fortbildungen verpflichtend. Nach dem erfolgreichen Vorstellungsgespräch beim Beirat erhält die Kandidatin eine Bescheinigung, mit der sie sich beim Zertifikatskurs anmelden kann.

Erst mit Beginn des Zertifikatskurses und dem Erhalt der – zunächst noch befristeten – Idschaza darf die Lehrkraft islamischen Religionsunterricht erteilen. Nach dem Abschluss des Zertifikatskurses muss sie sich erneut dem Beirat zur Erlangung der unbefristeten Idschaza vorstellen.[111] Mit der Idschaza gibt sie das »Versprechen, den Religionsunterricht in Übereinstimmung mit der islamischen Lehre glaubwürdig zu erteilen und in der persönlichen Lebensführung die Grundsätze des Islam zu beachten«[112].

Religionspädagogische Einschätzung
Das Motivationsschreiben und die Bescheinigung der Moschee deuten schon darauf hin, dass eine Lehrkraft, die den islamischen Religionsunterricht eher en passant erteilen möchte, nicht dafür geeignet ist. Nicht nur das Bekenntnis zum Islam, auch eine Identifizierung mit den Grundvorstellungen des Islam und eine adäquate Ausbildung (Studium bzw. Fortbildungen) und hinreichendes Reflexionsvermögen sind wichtig. Folgende grundlegende Sachkenntnisse werden vom Beirat im ersten Vorstellungsgespräch verlangt:

»a. die Fähigkeit zum reflexiven Umgang mit Koran und Sunna
b. reflektierte Kenntnisse der Glaubensgrundsätze und der Glaubenspraxis sowie ihrer Bedeutung für Glauben und Leben der Muslime
c. Rezitieren des Korans und Kenntnis einiger für die rituelle Praxis relevanter Koransuren.«[113]

So sollte sich die muslimische Lehrkraft ernsthaft überlegen, ob sie sich diesen Herausforderungen stellen möchte. Falls sie sich das jedoch gut überlegt hat und sich damit zu identifizieren vermag,

---

111 Vgl. Die Internetseiten des Beirats für islamischen Religionsunterrichts in Nordrhein-Westfalen: http://www.iru-beirat-nrw.de (letzter Zugriff: 23.06.2018).
112 § 2 der Idschaza, http://www.iru-beirat-nrw.de/Lehrerlaubnisordnung_2017.pdf (letzter Zugriff: 23.06.2018).
113 § 5 der Idschaza, http://www.iru-beirat-nrw.de/Lehrerlaubnisordnung_2017.pdf (letzter Zugriff: 23.06.2018).

kann sie mit dem Zertifikatskurs und der Idschaza auch langfristig den islamischen Religionsunterricht erteilen.

Da die islamische Fachdidaktik sich noch in den Anfängen befindet, ist es zudem empfehlenswert, sich mit den Lehrkräften der evangelischen und katholischen Religionslehre oder des Ethikunterrichts auszutauschen und Themen ggf. aufeinander abzustimmen.

> **Rechtsfall 41** Verfassungskonformität des islamischen Religionsunterrichts
>
> An einer Gesamtschule, an der schon vor einigen Jahren islamischer Religionsunterricht eingeführt wurde, stellen die Eltern plötzlich einen Antrag an die Schulleitung und an die Schulkonferenz, dass der islamische Religionsunterricht nicht mehr stattfinden dürfe. Sie begründen es damit, dass angesichts des weltweiten islamistischen Terrors zu befürchten sei, dass besonders im islamischen Religionsunterricht radikale, fundamentalistische und frauenfeindliche Tendenzen gefördert werden. Der islamische Religionslehrer stellt sich auf dem anberaumten Elternabend mutig der Elternschaft und betont die staatliche und muslimische Gesamtverantwortung des Faches und seine eigene staatliche Ausbildung. Doch die Wellen schlagen immer höher. Eine nicht muslimische Mutter weist darauf hin, dass auch die nicht muslimischen Kinder seit geraumer Zeit ebenfalls an muslimischen Festen teilnehmen möchten und dass auch schon erste Beziehungen zwischen muslimischen und eigenen Kindern entstanden sind. Sie befürchtet, dass ihre Tochter zukünftig noch ein Kopftuch tragen wird, wenn dies so weitergeht. Daher soll der islamische Religionsunterricht sofort gestoppt werden. Die Kinder könnten doch wieder am evangelischen Religionsunterricht oder am Fach Ethik teilnehmen.

§ Rechtliche Beurteilung

Seit der Einführung des Faches Islamische Religionslehre gilt dieses als verfassungsgeschützt und darf nicht eingestellt werden. Die Bestimmung der Unterrichtsinhalte obliegt, wie bei jedem Religionsunterricht, der betreffenden Religionsgemeinschaft.

»Hier liegt eines der schwierigsten Probleme, nicht zuletzt deshalb, weil es dem Selbstverständnis des Islam zu widersprechen scheint, eine organisatorische Instanz zu akzeptieren, die mit verbindlicher Autorität über die im Religionsunterricht zu lehrenden Inhalte entscheidet.«[114]

»[Denn] nicht zuletzt die Verhandlungen der Deutschen Islam Konferenz zeigen, dass aus rechtlicher Perspektive der in Art. 7 Abs 3 GG selbstverständliche Terminus ›Religionsgemeinschaft‹ erhebliche Probleme […] aufwirft […]. Die verschiedenen nationalen, kulturellen und damit jeweils eng zusammenhängenden religiösen Prägungen der islamischen Organisationen verhindern ein Zusammengehen.«[115]

Da es also im Bereich des Islam keine etwa den Kirchen vergleichbare Organisationsform (z. B. mit einer klaren Mitgliedschaftsregelung) gibt, wird in einzelnen Bundesländern (z. B. Niedersachen, Nordrhein-Westfalen, Rheinland-Pfalz) bislang eine sogenannte Beiratslösung praktiziert: Das jeweilige Schulministerium (bzw. Kultusministerium) bildet einen Beirat, der die Anliegen und Interessen der islamischen Organisationen im Blick auf den islamischen Religionsunterricht vertritt. Dieser Beirat stellt fest, ob der Religionsunterricht den Grundsätzen im Sinne des Artikels 7 Absatz 3 Satz 2 Grundgesetz und den übrigen Verfassungsprinzipien sowie der jeweiligen Landesverfassung entspricht.[116]

---

[114] Avenarius/Füssel, Schulrecht, 121.
[115] Christian Grethlein, Islamischer Religionsunterricht in Deutschland. Aktuelle Fragen und Probleme, in: Zeitschrift für Theologie und Kirche, 108. Jahrgang, Tübingen 2011, 355–380, hier 368.
[116] In Nordrhein-Westfalen z. B. besteht dieser Beirat aus acht Mitgliedern: aus vier theologisch, religionspädagogisch oder islamwissenschaftlich qualifizierten Vertreterinnen und Vertretern der organisierten Muslime, die von den islamischen Organisationen bestimmt werden, aus zwei theologisch, religionspädagogisch oder islamwissenschaftlich qualifizierten muslimischen Persönlichkeiten des öffentlichen Lebens sowie aus zwei muslimischen Religionsgelehrten, die vom Ministerium im Einvernehmen mit den islamischen Organisationen bestimmt werden. Siehe § 132a (=Übergangs-

Religionspädagogische Einschätzung

Da die Eltern in ihren Befürchtungen ernst zu nehmen sind, kann auf die »Gemeinsame Erklärung der an der Durchführung des bekenntnisorientierten Religionsunterrichts in Nordrhein-Westfalen beteiligten Kirchen, Religionsgemeinschaften und des Beirates für den Islamischen Religionsunterricht« (vom 31. Mai 2016) verwiesen werden:

> »Angesichts dieser Bedrohungen und der Verletzung des Friedens in der Welt sind alle gesellschaftlichen demokratischen Kräfte gefragt, entschieden Widerstand zu leisten und präventiv zu agieren. Der Schule und dem Religionsunterricht kommt hierbei eine besondere Bedeutung zu: Studien zeigen, dass gerade die Unkenntnis, die Vorurteile und die fehlende kritische Auseinandersetzung mit Dogmen und Traditionen der eigenen Religion wie auch fremder Religionen eine wesentliche Ursache für die Anfälligkeit junger Menschen für religiös verbrämten Fundamentalismus sind.
>
> Der Religionsunterricht insgesamt leistet einen aufklärenden Beitrag zur Identitätsbildung und zur Prävention und leitet zur Pluralitätsfähigkeit an: Der konfessionell orientierte Religionsunterricht will in der eigenen Religion beheimaten und Sprachfähigkeit in religiösen Fragen entwickeln. [...] Der in dieser Weise handlungsorientierte Religionsunterricht hat den (religions-)mündigen Menschen zum Ziel, der in der Lage ist, eigenverantwortlich seine eigenen religiösen Positionen und seine eigene Glaubenshaltung dialogisch mit Gläubigen anderer Religionen und Vertretern nichtreligiöser Weltanschauungen zu kommunizieren und umzusetzen. Dieses Ziel kann ein rein religionswissenschaftlicher, religionskundlicher oder auch religionsgeschichtlicher Unterricht nicht erreichen.
> Die Frage nach Gott steht im Zentrum allen Redens über Religion und bildet damit auch das Zentrum eines an den Glaubensüber-

---

vorschrift zur Einführung von islamischem Religionsunterricht) des Schulgesetzes für das Land Nordrhein-Westfalen, zuletzt geändert durch Gesetz vom 06.12.2016.

zeugungen der Religionsgemeinschaften orientierten Religionsunterrichts. Von daher ist dieser Religionsunterricht konstitutiv konfessionell gebunden und lässt sich auch nicht auf die Wertevermittlung reduzieren. Dessen ungeachtet ist es eine Konsequenz in allen Religionen, dass aus dem Glauben an Gott eine Werthaltung erwachsen kann. Der staatlich verantwortete Religionsunterricht ist somit auch ein wesentlicher Beitrag zur ethischen Bildung junger Menschen. […]

Der Religionsunterricht wird aber nur dann in diesem Sinne wirksam sein, wenn er von den Kirchen und Religionsgemeinschaften selbst legitimiert ist, so wie es unser Grundgesetz und die nordrhein-westfälische Landesverfassung vorsehen. Für die Muslime in unserem Land übernimmt zunächst ein Beirat die Aufgaben der Religionsgemeinschaft als Ansprechpartner des Landes.

Die Kooperation des Staates mit den Religionsgemeinschaften gewährt, dass der Religionsunterricht wissenschaftlich verortet, pädagogisch verantwortlich, dialogisch und zur Mündigkeit befähigend durchgeführt wird.«[117]

Diese Aufklärungsarbeit ist sowohl im evangelischen, katholischen als auch im islamischen Religionsunterricht zu leisten. Erste, noch niederschwellige gemeinsame Absprachen und Kooperationen wären daher sinnvoll, auch wenn es bisher noch keine gut ausgearbeitete interreligiöse Fachdidaktik mit dem islamischen Religionsunterricht gibt.

Rechtsfall 42 Der Wechsel zwischen den Religionslehren

An einer Düsseldorfer Gesamtschule wird islamischer Religionsunterricht eingeführt. Drei muslimische Schülerinnen der 8. Klasse, die schon seit vier Jahren am evangelischen Religionsunterricht teilnehmen, möchten allerdings nicht wechseln und beantragen,

---

117 Gemeinsame Erklärung der an der Durchführung des bekenntnisorientierten Religionsunterrichts in Nordrhein-Westfalen beteiligten Kirchen, Religionsgemeinschaften und des Beirates für den Islamischen Religionsunterricht, Düsseldorf, den 31. Mai 2016, www.schulministerium.nrw.de/docs/Schulsystem/Unterricht/Lernbereiche-und-Faecher/Religionsunterricht/Kontext/Erklarung-RU_31-05-2016.pdf (letzter Zugriff: 23.06.2018).

dass sie weiterhin den evangelischen Religionsunterricht besuchen können. Sie begründen es damit, dass sie dort mit ihren anderen Freundinnen zusammensitzen können und weil ihnen die Inhalte gut gefallen. Zudem interessiere sie der muslimische Glaube nicht besonders, da sie in Deutschland aufgewachsen sind und keinen Bezug zum Islam haben. Als dies ein evangelisch getaufter Schüler hört, stellt er umgekehrt die Frage, ob er stattdessen den islamischen Religionsunterricht besuchen könne, weil er die Themen und die Religion dort viel interessanter findet und er sich schon länger für den muslimischen Glauben interessiere.

Rechtliche Beurteilung

Rechtlich gesehen nehmen am islamischen Religionsunterricht die »Schülerinnen und Schüler teil, deren Eltern bei der Schulanmeldung schriftlich erklärt haben, dass ihr Kind muslimisch ist und an dem islamischen Religionsunterricht teilnehmen soll.«[118] Wenn sich SuS aber – bei Religionsmündigkeit ab dem 14. Lebensjahr[119] mit einer eigenen schriftlichen Erklärung oder vor dem 14. Lebensjahr mit der Erklärung der Eltern – abmelden, sind sie davon befreit. Sie können dann das Fach Evangelische Religionslehre oder das Fach Ethik bzw. Praktische Philosophie besuchen.

Das heißt, die drei Schülerinnen könnten dann – nach Abmeldung vom islamischen Religionsunterricht – weiterhin am evangelischen Religionsunterricht teilnehmen, denn hier sind ohnehin SuS aller Konfessionen und Religionen willkommen. Für den katholischen Religionsunterricht würde dies jedoch insofern nicht gehen, als für den Katholischen Religionsunterricht das Prinzip der Trias (katholische Lehrkraft, katholische Lehrinhalte, katholische SuS) gilt.

Der umgekehrte Fall, dass der evangelisch getaufte Schüler den islamischen Religionsunterricht besucht, ist jedoch nicht möglich, da

---

118 Https://www.schulministerium.nrw.de/docs/Schulsystem/Unterricht/Lernbereiche-und-Faecher/Religionsunterricht/Islamischer-Religionsunterricht/Kontext/FAQ-zur-schulischen-Organisation/FAQ-15/index.html (letzter Zugriff: 23.06.2018).
119 In Bayern und im Saarland ab dem 18. Lebensjahr.

hier nur muslimische SuS teilnehmen können. Er könnte aber stattdessen den Ethik- bzw. Philosophieunterricht besuchen.

Eine Konversion zum Islam wäre zwar noch eine Möglichkeit, wenn er unbedingt am islamischen Religionsunterricht teilnehmen möchte, birgt aber auch einige Fallstricke.

Religionspädagogische Einschätzung
Manche Schulen gestatten es dennoch, dass die SuS zum Religionsunterricht der anderen Konfession wechseln, auch zum islamischen oder katholischen Religionsunterricht. Meist geschieht dies, um Konflikte zu vermeiden und in der Hoffnung, dass die SuS nach Befriedigung anfänglicher Neugier doch wieder zum Religionsunterricht der eigenen Konfession zurückkehren.[120]

Obwohl Eltern oder Lehrkräfte es vielleicht lieber sehen, wenn die SuS den Unterricht in der eigenen Konfession besuchen, ist ein wie oben geschilderter Wechsel – Teilnahme der muslimischen Schülerinnen am evangelischen Religionsunterricht – zu tolerieren. Allerdings ist rechtlich vom umgekehrten Fall abzuraten, da dies nicht den Vorgaben der katholischen Kirche bzw. den Beiratsrichtlinien für islamischen Religionsunterricht entspricht.

Rechtsfall 43 Das sogenannte islamische Kopftuch

Seit der Einführung des islamischen Religionsunterrichts an einer Dortmunder Hauptschule nimmt das Tragen eines gesichtsverhüllenden Schleiers im Schulalltag zu. Zuerst kam es vereinzelt vor, dass die Mädchen vor dem islamischen Religionsunterricht ihren Schleier anzogen. Darüber hinaus tragen einige Mädchen den gesichtsverhüllenden Schleier ebenfalls im restlichen Unterricht.

Der muslimische Religionslehrer toleriert und fördert dies offensichtlich, während die anderen Kollegen dieses Phänomen besorgniserregend finden und sich im Umgang mit diesen Schülerinnen

---

120 Siehe die Stellungnahme der »Arbeitsgemeinschaft Evangelischer Erzieher in Deutschland e. V.« (AEED) vom 17.10.2016: »Religionen in der Schule begegnen – Chancen der Verständigung wahrnehmen«, www.aeed.de/publikationen/pdfstellungnahmen/EvangelischeReligionslehrkraefte_fordern2016.pdf (letzter Zugriff 11.11.2018).

unwohl und unsicher fühlen. Auch die Mit-SuS fühlen sich von dem Anblick des Schleiers angegriffen und verweisen auf die negative Religionsfreiheit.

Als dies die Eltern besorgt und verwirrt, beruft die Schulleitung einen Elternabend ein, an dem der Lehrer des islamischen Religionsunterrichts und die anderen Religions- und Ethiklehrkräfte teilnehmen. Die nichtmuslimischen Eltern und auch Lehrkräfte fordern nun ein Verbot des gesichtsverhüllenden Schleiers in der Schule.

Rechtliche Beurteilung

Insgesamt muss zwischen dem Tragen eines gesichtsverhüllenden Schleiers, z. B. des Nikabs mit Sehschlitz oder einer Burka mit einem Stoffgitter vor dem Gesicht, und einem das Gesicht freilassenden Kopftuch (Hidschab) oder einem Tschador (Tuch um Kopf und Schultern) unterschieden werden, deren Tragepflicht je nach muslimischer Auffassung differiert.[121]

Grundsätzlich werden zudem die Grundrechte der Mit-SuS nicht tangiert: »Die negative Religionsfreiheit (GG Art 4.1, Satz 140 i. V. m WRV Art 136.3, Satz 1) gewährt ihnen keinen Anspruch gegen die Schule, der muslimischen Schülerin das Tragen des Schleiers zu verbieten.«[122] Anders sieht es jedoch aus, wenn die Schülerinnen anfangen würden, das Tragen des Kopftuches mit missionarischen Impulsen zu verbinden: »Nur für den Fall, dass das Mädchen zugleich ein Verhalten an den Tag legt, das auf Missionierung, insbesondere bei ihren muslimischen Mitschülerinnen zielt, ist die Schule mit Rücksicht auf deren Religionsfreiheit zum Erlass eines Verbots berechtigt.«[123]

Auch wenn eine muslimische Schülerin mit einem Gesichtsschleier nicht mehr bereit sein sollte, sich von einer männlichen Lehrkraft ansprechen zu lassen, wäre das Verbot sofort berechtigt.[124]

---

121 Vgl. BVerfGE 108, 282, 289.
122 Avenarius/Füssel, Schulrecht, 136.
123 Avenarius/Füssel, Schulrecht, 136.
124 Vgl. Mahrenholz, RdJB 1998, 297.

Unter Umständen könnte die Schulleitung zudem ein Verbot eines gesichtsverhüllenden Schleiers mit Verweis auf die fehlende Kommunikation aussprechen:

»Das VGH München hat mit überzeugender Argumentation entschieden, dass der Gesichtsschleier eine offene Kommunikation, die nicht nur auf dem gesprochenen Wort, sondern auch auf nonverbalen Elementen wie Mimik, Gestik und der übrigen Körpersprache beruhe, verhindere. Der Gesichtsschleier behindere mithin den Staat in seinem Bildungsauftrag und im Bildungsziel der offenen Kommunikation zwischen Schülern und Lehrern. Könnten sich Lehrer und Schüler nicht ins Gesicht sehen, sei ein kommunikativer Unterricht nicht möglich und die offene Kommunikation als schulisches Funktionserlebnis sei gestört.«[125]

Doch es ist zunächst genau zu prüfen, ob dies wirklich so gegeben ist. So muss nachgewiesen werden, dass eine pädagogisch notwendige Kommunikation tatsächlich nicht gewährleistet ist.

Religionspädagogische Einschätzung

Der islamische Religionslehrer sollte sich zusammen mit der Schulleitung und mit den Kollegen austauschen und seine Beweggründe überdenken, warum er das Tragen eines gesichtsverhüllenden Schleiers fördert. Er hat als staatlich ausgebildeter islamischer Religionslehrer das Ansinnen des Staates mitzutragen und zu stützen, dies gilt auch für seinen eigenen Religionsunterricht, in dem laut Ministerium für Schule und Bildung NRW nicht zum Tragen eines Kopftuches oder eines gesichtsverhüllenden Schleiers zu erziehen sei, sondern die SuS sollen »darüber eine eigene reflektierte und begründete Entscheidung«[126] treffen.

---

125 Rolf Schmidt, Grundrechte sowie Grundzüge der Verfassungsbeschwerde, Grasberg 2016, 20. Auflage, in Bezug auf VGH München NVwZ 2014, 1109 f.
126 Https://www.schulministerium.nrw.de/docs/Schulsystem/Unterricht/Lernbereiche-und-Faecher/Religionsunterricht/Islamischer-Religionsunterricht/Kontext/FAQ-zur-schulischen-Organisation/FAQ-15/index.html (letzter Zugriff: 31.07.2017).

Zudem ist das Gespräch mit den Schülerinnen zu suchen, warum sie unbedingt im Unterrichtsraum den Schleier tragen möchten und ob sie dies tatsächlich freiwillig oder auf Wunsch der Eltern (oder gar des Lehrers) tun.

> **Rechtsfall 44** Abwehr salafistischer Gefahren
>
> An einer Gesamtschule fällt dem evangelischen und dem katholischen Religionslehrer auf, dass zunehmend im gleichzeitig stattfindenden islamischen Religionsunterricht salafistische Inhalte behandelt werden und einige SuS sich bei dem Thema sehr angesprochen fühlen, entsprechende Lieder auf dem Flur singen oder Parolen sprechen. Als die beiden besorgt den islamischen Kollegen ansprechen, gibt dieser zu, dass der Religionskurs seit mehreren Wochen im Internet salafistische Videos ansieht. Zugleich beteuert er aber, dass die SuS die Bildsprache, musikalische Ausrichtung und Stilmittel der salafistischen Reden und Musikgruppen analysieren, um herauszufinden, wie deren Werbung funktioniert. Er bezeichnet dies als Aufklärung, damit keiner der SuS den Verlockungen dieser Gruppierungen anheimfällt.

§ Rechtliche Beurteilung

Gegen Präventivarbeit im Unterricht spricht nichts, hier könnte jedoch auch eine Manipulation seitens des islamischen Religionslehrers vorliegen. Der islamische Religionslehrer sollte seine Inhalte und Methoden offenlegen und auch einer Hospitation zustimmen. Sollten Zweifel an der Rechtmäßigkeit des Unterrichts bestehen, müsste die zuständige Religionsgemeinschaft um Rat ersucht werden, denn nur ihr steht die Beurteilung der Unterrichtsinhalte zu.

Religionspädagogische Einschätzung

Der evangelische, katholische und islamische Religionsunterricht ist allgemein immer mit der Fragestellung konfrontiert, inwieweit er einen eigenständigen und begründeten Beitrag zur Extremismus-Prävention von Jugendlichen und Heranwachsenden im Bereich von Schule und Unterricht zu leisten vermag.

Der evangelische und der katholische Kollege können auch auf kirchliche Handlungsfelder (kirchliche Jugendarbeit, Elternarbeit, Seelsorge) hinweisen, die hilfreich sein können, da diese auch einen nachhaltigen und gesamtgesellschaftlich bedeutsamen Beitrag zur Resilienz-Förderung von extremismusgefährdeten Heranwachsenden leisten können.[127]

Zudem gibt es zahlreiche geeignete präventive Materialien, z. B. die kostenlos erhältlichen Schriften des Innenministeriums,[128] die informativen Broschüren des Bundesverfassungsschutzes,[129] geprüfte Unterrichtsmaterialien mit Lehrermaterialien oder die Schriften der Bundeszentrale für politische Bildung.[130] Zudem gibt es auch auf Ebene der Bundesländer geeignete Präventionshilfen; in Nordrhein-Westfalen z. B. das »Wegweiser-Präventionsprogramm«, welches bei Verdacht mit dem betroffenen Schüler, dessen Eltern und seinem weiteren Umfeld gestartet werden kann.[131]

Rechtsfall 45 Kopftuchtragende Lehrerinnen

Eine neue Kollegin für den islamischen Religionsunterricht und für das Fach Mathematik wird an einer Sekundarschule eingestellt. Beim Vorstellungsgespräch hatte sie kein Kopftuch getragen, ihren

---

127 Vgl. auch Stefanie Pfister/Matthias Roser, Religiöse Sonderwege. Weltanschauliche Orientierungskompetenz für Religionslehrkräfte, Göttingen 2018, 137–145.
128 Z. B. Ministerium des Innern (Hg.), Extremistischer Salafismus als Jugendkultur. Angebote für Schule und Jugendarbeit 2018, https://www.im.nrw/sites/default/files/media/document/file/Katalog_Praeventionsmodule_2018_IM.pdf (letzter Zugriff: 23.06.2018).
129 Bundesamt für Verfassungsschutz (Hg.), Salafistische Bestrebungen in Deutschland, Köln 2012, https://www.verfassungsschutz.de/embed/broschuere-2012-04-salafistische-bestrebungen.pdf (letzter Zugriff: 23.06.2018).
130 Vgl. Materialien für die pädagogische Praxis der Bundeszentrale für politische Bildung, https://www.bpb.de/politik/extremismus/radikalisierungspraevention/212256/materialien-fuer-die-paedagogische-praxis (letzter Zugriff: 23.06.2018).
131 Bisher ist das Wegweiser-Präventionsprogramm in folgenden Städten/Kommunen vertreten: Bochum, Bonn, Dinslaken, Kreis Wesel, Dortmund, Düsseldorf, Duisburg, Wuppertal/Bergisches Land. Es soll aber zunehmend ausgeweitet werden, vgl. www.wegweiser.nrw.de (letzter Zugriff: 23.06.2018).

ersten Arbeitstag tritt sie nun allerdings für alle überraschend mit einem Kopftuch an. Sie trägt es nicht nur im islamischen Religionsunterricht, sondern auch während des Mathematikunterrichts und im Schulalltag. Die Schulleiterin und die Kollegen sind entsetzt. Damit haben sie nicht gerechnet. Die Schulleiterin bittet die neue Kollegin zum Gespräch und legt ihr nahe, das Kopftuch nicht mehr zu tragen, da dies eine Suggestivwirkung auf die anderen SuS hätte und fundamentalistische Strömungen, die sie an der Schule befürchtet, insgeheim fördern würde. Dabei beruft sie sich auf den staatlichen Erziehungs- und Bildungsauftrag mit der Verpflichtung zur religiös-weltanschaulichen Neutralität.

Rechtliche Beurteilung

Auch wenn das Tragen eines Kopftuchs in Spannung zum Erziehungs- und Bildungsauftrag der Schule und zum Prinzip der religiös-weltanschaulichen Neutralität, zur negativen Bekenntnisfreiheit der anderen SuS und der Eltern (GG Art 4.1) und zum elterlichen Erziehungsrecht (vgl. GG Art 6.2) stehen kann,[132] betont das Bundesverfassungsgericht folgendes:

»Solange aber von dem (auffälligen) Kopftuch keine Suggestivwirkung ausgeht und die Persönlichkeit der Lehrerin auch sonst die Gewähr bietet, dass sie den Schülern religiös-weltanschaulich offen gegenübertritt und sie in keiner Weise zu missionieren oder zu indoktrinieren versucht, ist – so das BVerfG in seiner Entscheidung v. 24.9.2003 – das Tragen des Kopftuchs nicht zu beanstanden. Wolle der Dienstherr das Tragen des Kopftuchs [...] beschränken, sei hierzu eine gesetzliche Regelung erforderlich, die das Spannungsverhältnis löse.«[133]

---

132 Vgl. BVerfGE 108, 282, 294ff; BVerfG NJW 2015, 1359, 1362 f.; BVerfGE 116, 359 ff.; BVerwG NJW 2008, 3654 ff; NJW 2009, 1289 ff. NVwZ 2014, 81, 82. Vgl. insgesamt: Schmidt, Grundrechte sowie Grundzüge der Verfassungsbeschwerde, 179.
133 Schmidt, Grundrechte sowie Grundzüge der Verfassungsbeschwerde, 179 in Bezug auf BVerfG 108, 282, 294 ff.

Seit dem 27.1.2015 gibt es laut dem BVerfG daher kein pauschales Kopftuchverbot mehr für Lehrerinnen an Schulen.[134]

Religionspädagogische Einschätzung
Diesem Urteil des BVerfG gingen einige entgegensprechende bundesländerspezifische Entscheide voraus, z. B. in NRW der § 57 SchulG NRW:

> »Lehrerinnen und Lehrer dürfen in der Schule keine politischen, religiösen, weltanschaulichen oder ähnlichen äußeren Bekundungen abgeben, die geeignet sind, die Neutralität des Landes gegenüber Schülerinnen und Schülern sowie Eltern oder den politischen, religiösen oder weltanschaulichen Schulfrieden zu gefährden oder zu stören. Insbesondere ist ein äußeres Verhalten unzulässig, welches bei Schülerinnen und Schülern oder den Eltern den Eindruck hervorrufen kann, dass eine Lehrerin oder ein Lehrer gegen die Menschenwürde, die Gleichberechtigung nach Artikel 3 des Grundgesetzes, die Freiheitsgrundrechte oder die freiheitlich-demokratische Grundordnung auftritt. Die Wahrnehmung des Erziehungsauftrags nach Artikel 7 und 12 Abs. 6 der Verfassung des Landes Nordrhein-Westfalen und die entsprechende Darstellung christlicher und abendländischer Bildungs- und Kulturwerte oder Traditionen widerspricht nicht dem Verhaltensgebot nach Satz 1. Das Neutralitätsgebot des Satzes 1 gilt nicht im Religionsunterricht und in den Bekenntnis- und Weltanschauungsschulen.«[135]

Doch das BVerfG hat entschieden, dass dieses pauschale Verbot religiöser Bekundungen, die am äußeren Erscheinungsbild der Pädagogen auszumachen seien, nicht mit deren Glaubens- und Bekenntnisfreiheit zu vereinbaren sei. Denn die weltanschaulich-religiöse Neutralität des Staates gelte als »eine offene und übergreifende die Glaubensfreiheit für alle Bekenntnisse gleichermaßen fördernde Haltung.«[136]

---

134 Vgl. Beschl. v. 27.01.2015, Az. 1 BvR 471/10, 1 BvR 1181/10.
135 § 57 SchulG Nordrhein-Westfalen.
136 Schmidt, Grundrechte sowie Grundzüge der Verfassungsbeschwerde, 179.

Ein Kopftuchverbot könne daher nur dann gerechtfertigt werden, wenn nicht nur eine abstrakte, sondern »eine hinreichend konkrete Gefahr der Beeinträchtigung des Schulfriedens oder der staatlichen Neutralität«[137] gegeben sei.

Da jedoch der § 57 gegen das Verbot der Benachteiligung aus religiösen Gründen (Art 3.3: Gleichheit vor dem Gesetz und keine Benachteiligung z. B. aufgrund von Glauben und Art 33.3) verstoße und ein pauschales Verbot nicht mit GG Art 4.1 zu vereinbaren sei,[138] wurde er für verfassungswidrig und nichtig erklärt.[139]

Insgesamt wird deutlich, dass das Recht zum Tragen des Kopftuchs (positive Glaubensfreiheit) mit dem Recht der Schülerinnen (und deren Eltern), die sich diesem Einfluss entziehen möchten (negative Glaubensfreiheit) in einem Spannungsverhältnis stehen kann.

Daher dürfte ein offenes Gespräch zwischen Schulleitung, Kollegen, Eltern und SuS unter Bezugnahme auf die rechtlichen Rahmenbedingungen und das skizzierte Spannungsverhältnis unerlässlich sein.

Rechtsfall 46 Fastende Schülerinnen und Schüler

Im islamischen Religionsunterricht, der an einer Gesamtschule eingeführt wird, setzen sich die SuS und Lehrkräfte schon seit längerem mit dem Thema »Fasten im Ramadan« auseinander. Die SuS vereinbaren daraufhin mit ihrer Lehrkraft, dass sie aus religiösen Gründen das Fasten – keine Nahrungs- und keine Flüssigkeitsaufnahme ab der Morgendämmerung bis zum Sonnenuntergang – im Fastenmonat während der Schulzeit konsequent durchführen möchten. Die Eltern unterstützen dieses Anliegen und berufen sich zusammen mit dem Lehrer auf die Freiheit des Glaubens. Da während des Fastenmonats aber nun drei Klassenarbeiten in Deutsch, Englisch und Mathematik anstehen, stellen die Eltern einen Antrag

---

137 Schmidt, Grundrechte sowie Grundzüge der Verfassungsbeschwerde, 180 in Bezug auf: BVerfG NJW 2015, 1359, 1360 ff.
138 Vgl. BVerfG in seinem Beschluss v. 27.01.2015 in Bezug auf das SchulG NRW § 57 IV 1 und 2.
139 Vgl. Schmidt, Grundrechte sowie Grundzüge der Verfassungsbeschwerde, 179–180 in Bezug auf BVerf NJW 2015, 1359, 1360 ff.

bei der Schulleitung, während der Zeit des Ramadans die Kinder von den Klassenarbeiten freizustellen, da sie sich ohne die regelmäßige Ernährung tagsüber nicht ausreichend konzentrieren können. Auch die Teilnahme am körperlich sehr anstrengenden Sportfest, welches Anfang Juni stattfindet, lehnen die Eltern ab. Sie begründen es damit, dass ihre Kinder nichts trinken und essen dürfen und daher eine Teilnahme am Sportfest zu gesundheitlichen Beeinträchtigungen führen könnte; zudem seien die Kinder nicht so leistungsstark, was sich damit negativ auf die Sportnote auswirken könnte.

Die Diskussion hat nun weitere Auswirkungen auf die ganze Klasse: auch die nicht-muslimischen SuS fordern, dass sie aufgrund des Prinzips der Gleichberechtigung ebenfalls von den Klassenarbeiten freigestellt werden, sie geben auch plötzlich an, aus religiösen Gründen während des Ramadans fasten zu wollen.

Rechtliche Beurteilung

Tatsächlich fällt religiös begründetes rituelles Verhalten wie Fasten in den Schutzbereich der individuellen bzw. – bei Religionszugehörigkeit – der kollektiven Glaubensfreiheit, die nicht nur die religiöse Überzeugung des Menschen impliziert (sogenanntes forum internum), sondern auch das öffentliche Bekenntnis zu dieser Religion (sogenanntes forum externum). Ausreichend ist aber nicht die »schlichte Behauptung [...], es handele sich bei einem bestimmten Verhalten um eine religiös motivierte Betätigung«[140]. Das BVerfG fordert, dass es sich auch »tatsächlich, nach geistigem Gehalt und äußerem Erscheinungsbild, um eine religiös motivierte Handlung (bzw. bei der kollektiven Glaubensfreiheit um eine Religion oder Religionsgemeinschaft)«[141] handelt[142] und das Ansinnen müsse plausibel erscheinen.[143]

Es kann daher zunächst niemand einen Antrag auf bevorzugte Behandlung stellen, der lediglich behauptet, sein Handeln sei religiös motiviert, wie die nichtmuslimischen SuS dies tun, die »plötzlich«

---

140 Schmidt, Grundrechte sowie Grundzüge der Verfassungsbeschwerde, 174.
141 Ebd.
142 BVerfGE 83, 341, 353.
143 BVerGE 108, 282, 298 f.; BVerfG NJW 2015 1359.

fasten möchten, um sich offensichtlich Notenvorteile zu erhandeln. Daher ist deren Anliegen in jedem Falle abzulehnen.

Muslimischen SuS kann das Fasten im Schulalltag nicht verwehrt werden. Doch daraus lässt sich kein Recht auf eine allgemeine Befreiung von Klassenarbeiten und sportlichen Aktivitäten ableiten. Obwohl die Meinungen der islamischen Verbände bzgl. der Pflicht und der Konsequenz des Fastens bei muslimischen Jugendlichen differieren, besteht die Möglichkeit, dass die SuS aufgrund von gesundheitlichen Problemen bei Klausuren oder Sportwettkämpfen das Fasten für jeweils einen Tag unterbrechen und später nachholen. Der Islam selbst lässt begründete Ausnahmen von der Fastenpflicht zu, z. B. im Fall gesundheitlicher Gefahr. Zudem müssen Jugendliche vor der Pubertät, also meist im Grundschulalter, überhaupt nicht fasten.

Religionspädagogische Einschätzung

Die SuS und Eltern sind darauf hinzuweisen, dass das Fasten nachgeholt werden kann und eine Freistellung von Klassenarbeiten nicht vorgesehen ist. Sollte das Kind an dem Tag dennoch fehlen, ist auch ein Nachschreibtermin während des Ramadans zulässig. Die islamische Religionslehrkraft sollte dies ebenfalls im Unterricht thematisieren und auf das Nachholen des Fastentages hinweisen.

Bezüglich einer Teilnahme am Sportfest sollten Sport-, Klassen- und Religionslehrkräfte sich miteinander absprechen, wie z. B. eine von den Eltern nicht schriftlich entschuldigte, aber von einem religiös mündigen Schüler vorgenommene Nichtteilnahme zu bewerten ist.

Sollten die Eltern jedoch ihr Kind mit Verweis auf das Fasten vom Sportfest befreien und um Entschuldigung bitten, sollte dies – wie bei anderen gesundheitlichen Gründen auch – als entschuldigt gewertet werden. Dies wiederum bedeutet aber keine Freistellung vom Unterricht bzw. von der Anwesenheit am Sportfest, sondern der Schüler kann die Klasse motivierend als Zuschauer unterstützen.

Rechtsfall 47 Islamischer Religionsunterricht in Berlin

An einer Gesamtschule in Berlin findet der kirchlich verantwortete Religionsunterricht statt. Zunehmend besuchen muslimische Kinder die Gesamtschule, sodass mittlerweile ihr Anteil bei 65 % liegt.

Viele Eltern und deren Kinder gehören dabei der umstrittenen Islamischen Föderation Berlin e. V.[144] an, die den Ruf hat, dem Islamischen Fundamentalismus nahezustehen. Nun fordern diese Eltern einen islamischen Religionsunterricht der Islamischen Föderation an der entsprechenden Schule.

Die Schulleitung und die anderen Eltern machen sich große Sorgen, da in Berlin der Religionsunterricht nicht staatlich mitverantwortet wird und lehnen das Anliegen ab.

Rechtliche Beurteilung

Da Berlin nicht der Regelung des Art 7.3 unterliegt, gilt hier der Religionsunterricht als Sache der Kirchen und Religionsgemeinschaften.[145] Dies trifft auch für den islamischen Religionsunterricht zu. Für die Einführung des islamischen Religionsunterrichts liegt aber ein doppeltes Urteil – einmal in Bezug auf Art 7.3 (Verwaltungsgericht Berlin) und einmal in Bezug auf das Berliner Schulrecht (Oberverwaltungsgericht Berlin) – vor: So urteilte das Verwaltungsgericht Berlin, dass die Islamische Föderation keinen Antrag auf eigenen Religionsunterricht stellen dürfe und sprach ihr in Bezug auf Art 7.3 eine klare Organisationsstruktur und ein klar definiertes unterscheidbares Bekenntnis ab, wohingegen das Oberverwaltungsgericht Berlin im Sinne des Berliner Schulgesetzes argumentierte, dass sich die Islamische Föderation nicht »streng zu einer bestimmten Glaubensrichtung innerhalb der betreffenden Religion bekenne[n] und von anderen abgrenze[n]«[146]. Zudem gebe es keine verfassungsrechtlichen Bedenken gegen die Einführung des islamischen Religionsunterrichts. Diese Entscheidung wurde vom Bundes-

---

144 Die Islamische Föderation Berlin gilt als Berliner Landesverband der als extremistisch geltenden türkischen Gemeinschaft Millî Görüs (IGMG). Vgl. dazu auch: Wie Islamisten ganz legal Berlins Schulen unterwandern. Allahs fünfte Kolonne, http://www.spiegel.de/sptv/a-165999.html (letzter Zugriff: 23.06.2018).
145 Vgl. § 13, Abs. 1 Satz 1 SchulG.
146 Avenarius/Füssel, Schulrecht, 122.

verwaltungsgericht bestätigt,[147] sodass seit dem Schuljahr 2001/2002 Berliner Schulen jeweils für zwei Stunden in der Woche ihre Räume für den Islamunterricht der Islamischen Föderation zur Verfügung zu stellen haben. Die Schulbehörden haben dabei – wie auch bei den anderen Formen des Religionsunterrichts – keinen Einfluss auf die Inhalte des Religionsunterrichts.

Schulleitungen, Eltern oder Lehrkräfte haben in Berlin kein Recht, einen staatlich mitverantworteten islamischen Religionsunterricht zu verlangen.

Religionspädagogische Einschätzung

Das Urteil des Oberverwaltungsgerichts Berlin hat für viel Aufsehen gesorgt, da Art 7.3 ansonsten keine Anwendung findet, nun aber für unterschiedliche Argumentationen herangezogen wird:

»Auffällig ist, dass das OVG Berlin den für das Land Berlin maßgeblichen Begriff der Religionsgemeinschaft mit dem in Art. 7 Abs. 3 GG gleichsetzt, obwohl diese Vorschrift in Berlin gerade nicht gilt, während das Bundesverwaltungsgericht (E110, 326 [337]) meint, dass der Begriff der Religionsgemeinschaft in Art. 7 Abs 3 GG nicht im Wege eines Gesetzbefehls des Bundes dem gleichlautenden Begriff im Berliner Schulgesetz zugrunde zu legen sei.«[148]

Am Religionsunterricht der Islamischen Föderation in Berlin nehmen aktuell ca. 5 500 SuS teil, insbesondere im Grundschulbereich. Auch wenn das Berliner Schulgesetz den Unterricht der »Islamischen Föderation« legitimiert, sind die geltenden Lehrpläne dieses Unterrichts nicht ohne weiteres zugänglich, gleiches gilt für die

---

147 Vgl. VG Berlin, InfAuslR 1998, 353; OVG Berlin, DVBl. 1999, 554; BVerwGE 110, 326.
148 Avenarius/Füssel, Schulrecht, 123, FN 73. Vgl. auch: Wolfgang Bock, Islamischer Religionsunterricht? Rechtsfragen, Länderberichte, Hintergründe, Tübingen 2007, 2. Auflage, sowie Reiner Tillmann, Islamischer Religionsunterricht in Berlin. Anmerkungen zu einem langjährigen Rechtsstreit, RdJB 1999, 471.

beruflichen Qualifikationen der dieses Fach unterrichtenden Lehrerinnen und Lehrer.«[149]

> **Rechtsfall 48** Konversion zum Islam
>
> Zwei evangelische Schüler einer 9. Klasse sind so fasziniert vom Islam, dass sie gerne zu diesem konvertieren möchten. Sie befragen den islamischen Religionslehrer, wie sie Muslime werden können, und sie möchten fortan auch gerne am islamischen Religionsunterricht teilnehmen. Der Religionslehrer erklärt ihnen viel zum Islam und ist dazu bereit, sie bei ihren Konversionsbemühungen zu unterstützen. Eines Tages bittet er einen weiteren Schüler seines Religionskurses dazu, damit zwei männliche Zeugen vorhanden sind und die beiden Schüler zum Islam übertreten können.

Rechtliche Beurteilung
Eine islamische Religionslehrkraft, die einen staatlichen Lehrauftrag an einer öffentlichen Schule hat, kann in der Schule oder im Religionsunterricht keine Konversion vornehmen. Dies widerspricht dem staatlichen Erziehungs- und Bildungsauftrag mit der Verpflichtung zur religiös-weltanschaulichen Neutralität (Überwältigungsverbot).

Religionspädagogische Einschätzung
Offen sind die Beweggründe sowohl der Jugendlichen als auch die des Religionslehrers. Es spricht wenig für die Identifikation des islamischen Religionslehrers mit dem staatlichen Lehrauftrag, wenn er in den Schulräumen tatsächlich eine Konversion durchführen möchte.

Wenn die Schüler ernsthaft an einer Konversion interessiert sind, sollten sie sich an den örtlichen Imam/die Moschee wenden und dort nachfragen. Bei einer Konversion zum Islam muss man in vollem Bewusstsein vor zwei männlichen Zeugen auf Arabisch die Scha-

---

[149] Vgl. Homepage der Islamischen Föderation Berlin: http://www.if-berlin.de/religionsunterricht.html (letzter Zugriff: 23.06.2018).

hada sprechen, die Glaubensformel: »Ich bezeuge, dass es keinen Gott gibt außer Gott und dass Mohammed sein Gesandter ist.« Die Beschneidung ist keine Bedingung für eine Konversion.

> **Rechtsfall 49** Alevitischer Religionsunterricht
>
> An einem Düsseldorfer Gymnasium findet seit drei Jahren islamischer Religionsunterricht statt. Die Eltern, SuS, Schulleitung und das Kollegium haben sich mit dem islamischen Religionsunterricht gut arrangieren können und die anfänglichen Vorurteile haben sich gelegt.
>
> Doch mit der Aufnahme einiger alevitischer Eltern und Kinder ändert sich diese Situation. Nun werden die Inhalte des islamischen Religionsunterrichts infrage gestellt. Ein alevitisches Elternpaar möchte nicht, dass seine Kinder weiterhin den islamischen Religionsunterricht besuchen. Denn sie glauben, dass die islamische Lehrkraft einseitig die sunnitische Auffassung des Islam vertritt und verkündet. Daher bestehen die Eltern darauf, dass alevitischer Religionsunterricht an der Schule eingerichtet wird. Die Schulleitung versucht, die Eltern zu beruhigen, da sie sehr stolz auf die reibungslose Einführung des islamischen Religionsunterrichts ist und keine Schwierigkeiten möchte, doch die Eltern tragen ihre Forderung auch dem Schulamt vor.

§ Rechtliche Beurteilung

Da es mittlerweile in den Bundesländern Bayern und Nordrhein-Westfalen (seit 2008/2009), Baden-Württemberg und Hessen (seit 2009/2010) alevitischen Religionsunterricht als ordentliches Unterrichtsfach gibt,[150] können die Eltern den Antrag auf dessen Einführung stellen, wenn je nach Bundesland 8–12 SuS dieses Bekennt-

---

150 Bereits 1998 wurden im Hamburger »Religionsunterricht für alle« alevitische Themen aufgenommen und in Berlin erhielten die SuS ab 2002 einen Alevitischen Religionsunterricht. Vgl. http://www.deutsche-islam-konferenz.de/DIK/DE/Magazin/IslamBildung/AlevitischerRU/alevitischer-unterricht-node.html (letzter Zugriff: 23.06.2018).

nisses die Schule besuchen und dies wünschen.[151] Denn nach Auffassung aller vier Bundesländer erfüllt die Alevitische Gemeinde Deutschlands (AABF) die Voraussetzung einer Religionsgemeinschaft nach GG Art 7.3.

Wenn nun tatsächlich 12 SuS des alevitischen Bekenntnisses den Religionsunterricht wünschen und die Eltern dies beantragen, muss die Schulleitung dem Ansinnen der Eltern entsprechen und sich darum bemühen, eine entsprechende Lehrkraft einzustellen.

Religionspädagogische Einschätzung
Innere Differenzierungen nach verschiedenen Konfessionen bzw. Glaubensrichtungen gibt es wie in allen Religionen (z. B. im Christentum die konfessionellen Richtungen evangelisch, katholisch, orthodox) auch im Islam: Neben der sunnitischen und der schiitischen Richtung gibt es die alevitische, die seit dem Mittelalter vorwiegend in der Türkei beheimatet ist. Für Anhänger des Alevitismus sind die meisten der für die Sunniten geltenden Ge- oder Verbote nicht relevant.

Die Einführung des alevitischen Religionsunterrichts ist eindeutig zu befürworten und als Bereicherung anzusehen. Zudem liegt für die alevitische Religion ein eigener Lehrplan vor.[152] Eine enge Zusammenarbeit der Religionslehrkräfte ist des Weiteren wichtig, zudem eine Aufklärungsarbeit der Eltern und SuS, damit diese die Unterschiede verstehen lernen.

---

151 Vgl. Isamel Kaplan, Alevitischer Religionsunterricht an den Schulen – eine Herausforderung für die Alevitische Gemeinde Deutschland, in: Aaron Schart/Andreas Obermann (Hg.), Kompetenz Religion. Religiöse Bildung im Spannungsfeld von Konfessionalität und Pluralität, Nordhausen 2010, 199f.
152 Bayern: Lehrplan Alevitischer Religionsunterricht an bayerischen Grundschulen, Klasse 1–4, München 2008; Nordrhein-Westfalen: Kernlehrplan Alevitische Religionslehre für die Sekundarstufe I, Düsseldorf 2012; Baden-Württemberg: Bildungsplan 2016 Alevitische Religionslehre an der Grundschule, Stuttgart 2016.

Kapitel 2.5　　　10 Rechtsbeispiele zu Religionsunterricht und Inklusion

Rechtsfall 50　Inklusion und Konfessionalität

Eine Realschule im Ruhrgebiet wird zu einer Inklusionsschule als Schwerpunktschule. Die Schulleitung und das Kollegium beschäftigen sich intensiv mit der Umstrukturierung und erarbeiten ein pädagogisches Konzept. Darin soll auch die Aufhebung des konfessionellen Religionsunterrichts ein Programmpunkt sein, da zur Inklusion die Überwindung auch der konfessionellen Differenzen gehöre. Die Fachschaften Evangelische und Katholische Religionslehre wehren sich allerdings dagegen und plädieren weiter für den konfessionellen Religionsunterricht.

Rechtliche Beurteilung

Das Konzept der »Inklusion« ist ein schulpädagogisches Konzept, welches zwar mit einem weiten Inklusionsbegriff in der Tat die Aufhebung konfessioneller Differenzen beabsichtigen kann und die von einigen Religionspädagogen auch gefordert wird,[153] aber rechtlich nicht Art 7.3 tangiert, in welchem die Übereinstimmung mit den Grundsätzen der Religionsgemeinschaften gefordert wird. Es liegt daher keine rechtliche Basis vor, den konfessionellen Religionsunterricht aufzuheben. Im Gegenteil: Insbesondere der Religionsunterricht kann den Forderungen einer inklusiven Bildung gerecht werden, wie es im 9. Schulrechtsänderungsgesetz heißt:

»Schülerinnen und Schüler, die auf sonderpädagogische Unterstützung angewiesen sind, werden nach ihrem individuellen Bedarf besonders gefördert, um ihnen ein möglichst hohes

---

[153] Zum Beispiel wird die Konfessionalisierung des Religionsunterrichts als »fragwürdig« angesehen (Annebelle Pithan, Evangelische Bildungsverantwortung: Inklusion, https://www.comenius.de/themen/Inklusion/Inklusion2011.php?bl=830 (letzter Zugriff: 23.06.2018).

Maß an schulischer und beruflicher Eingliederung, gesellschaftlicher Teilhabe und selbstständiger Lebensgestaltung zu ermöglichen.«[154]

Religionspädagogische Einschätzung

Argumentativ kann dem Ansinnen entgegnet werden, dass im Religionsunterricht – insbesondere im evangelischen – die SuS anderer Konfessionen und Religionen jederzeit willkommen sind. Denn gerade innerhalb des konfessionellen Religionsunterrichts haben die unterschiedlichen Bekenntnisse sowie Daseinsorientierungen ihre Berechtigung und werden nicht eingeebnet.[155] So wird ein inklusiver Religionsunterricht »bekenntnisorientiert und dialogisch zugleich«[156] sein. Demnach kann die Fachschaft auch betonen, dass konfessioneller Religionsunterricht die eigene religiöse Identität stärken kann und dadurch ein sinnvoller Dialog mit anderen Konfessionen und Religionen möglich ist. Insbesondere für die Ausbildung einer eigenen Position und einer notwendigen Differenzkompetenz in Bezug auf andere Religionen und Weltanschauungen ist die religiöse Binnenperspektive notwendig, die dann mit der Außenperspektive changieren kann.[157]

In der Praxis hat sich ein konfessioneller Religionsunterricht insbesondere als inklusiver Religionsunterricht bewährt. Theologische Grundgedanken (Achtung und Würde des Einzelnen, Schöpfungstheologie, ein Leib – viele Glieder, Gal 3,28 etc.) evozieren didaktische und methodische Prinzipien, die einem inklusiven Religionsunterricht gerecht werden können (z. B. das didaktische Prinzip der Binnendifferenzierung, performative Didaktik, Erzählen mit allen Sinnen im Religionsunterricht). Denn gerade im Religionsunterricht

---

154 § 2, Abs. 5, des 9. Schulrechtsänderungsgesetzes.
155 Vgl. Christian Grethlein, Praktische Theologie, Berlin/Boston 2/2016, 383.
156 Friedrich Schweitzer, Die Moderne und Religionen. Kooperativer Religionsunterricht als Zukunftsmodell, in: Bülent Ucar/Martina Blasberg-Kuhnke/Arnulf von Scheliha (Hg.), Religionen in der Schule und die Bedeutung des Islamischen Religionsunterrichts, Osnabrück 2011, 79–89.
157 Vgl. Stefanie Pfister/Matthias Roser, Religiöse Sonderwege. Weltanschauliche Orientierungskompetenz für Religionslehrkräfte, Göttingen 2018, z. B. 7–13.

besteht eine selbstverständlich inkludierende Gemeinschaft ohne Diskriminierung und Stigmatisierung mit Beachtung und Förderung der Stärken und Ressourcen aller Teilnehmenden.

> **Rechtsfall 51** Diakonisches Lernen
>
> An einer Dortmunder Realschule findet seit vier Jahren im Religionsunterricht das Projekt »Diakonisches Lernen«[158] statt. Bei dem Projekt besuchen die SuS des Evangelischen Religionsunterrichts mehrere Wochen lang regelmäßig in Kleingruppen eine nahgelegene Werkstatt für Menschen mit kognitiver Einschränkung. Dabei werden Gespräche geführt, gemeinsam Produkte erstellt und die SuS reflektieren ihre Erfahrungen. Seitdem die Schule aber Inklusionsschule ist, sieht sich der engagierte Religionslehrer vor eine neue Herausforderung gestellt: denn nun besuchen zwei Schülerinnen mit dem Förderschwerpunkt geistige Entwicklung ebenfalls die Klasse und damit auch den Religionsunterricht. Der Religionslehrer stellt sich die Frage: Kann unter diesen Voraussetzungen das Projekt »Diakonisches Lernen« wie bisher durchgeführt werden? Falls ja, wie werden die zwei Schülerinnen innerhalb des Projektes eingebunden? Und wie geht die Schule bzw. die Klasse mit der Situation um?

§ Rechtliche Beurteilung
Inhalte und Themen des Religionsunterrichts sind vom Konzept der Inklusion nicht betroffen bzw. stehen zu diesem nicht in Widerspruch, sodass der Fachlehrer weiterhin das Thema »Diakonisches Lernen« so praxisnah durchführen kann und die beiden Schülerinnen mit Förderbedarf – je nach ihren Fähigkeiten – aktiv teilhaben können.

---

158 Diakonisches Lernen bedeutet, dass SuS über einen längeren Zeitraum bzw. auch wiederholt in einer diakonischen Einrichtung arbeiten. Dabei dokumentieren sie diese Tätigkeit in Lerntagebüchern oder in Form von Berichten, präsentieren und reflektieren mit den anderen SuS ihre Ergebnisse. Vgl. Harry Noormann, Diakonische Bildung. Lernen am Ernstfall in Schule und Konfirmandenunterricht, in: Loccumer Pelikan (2009) 2, 53–57.

Zudem gilt der Index für Inklusion – als Instrument für eine inklusive Qualitätsentwicklung – mit entsprechenden Indikatoren auf mehreren Ebenen einer Institution:[159] So geht es zunächst um das Schaffen von »inklusiven Kulturen« (»Gemeinschaft bilden«, »Inklusive Werte verankern«), einhergehend mit der Etablierung »inklusiver Strukturen« (»Schule für alle«, »Unterstützung für Vielfalt organisieren«) und »inklusiver (didaktische und methodischer) Praktiken« im Unterricht. Insbesondere in einer inklusiven Schule gehört daher das »Diakonische Handeln« – als Hilfe zum Leben – zum Konzept und Alltag des Schullebens unmittelbar dazu.

Religionspädagogische Einschätzung
Die pädagogisch geforderte Inklusion ermöglicht hier sogar ein diakonisches Handeln direkt vor Ort, innerhalb der Schulklasse. Der Fokus der Unterrichtsplanung und der Vorbereitung wird lediglich ein anderer: So können z. B. die beiden Schülerinnen mit dem Förderschwerpunkt geistige Entwicklung nach ihren Fähigkeiten und Fertigkeiten gemeinsam mit der Klasse das Projekt planen. Dabei werden die Schülerinnen jedoch in ihren differenten, insbesondere auch eingeschränkten Fähigkeiten und Fertigkeiten wahrgenommen.

Hier erfolgt das diakonische Handeln somit in zwei Kontexten: einmal weiterhin explizit außerhalb der Klasse, zum andern durch die Inklusion der beiden Schülerinnen innerhalb der Klasse, wobei die beiden SuS mit Förderbedarf jedoch nicht Objekte eines diakonischen Handelns der anderen sind, sondern mündig an dem Projekt teilnehmen und dieses aktiv mitgestalten können.

Rechtsfall 52 Förderschwerpunkt Lernen

An einem Gymnasium besucht seit der Einführung des Konzepts Inklusion ein Schüler mit dem Förderschwerpunkt Lernen die 10. Klasse und damit auch den Religionsunterricht. Nun ist der

---

159 Tony Booth/Mel Ainscow, Index für Inklusion, – Lernen und Teilhabe in der Schule der Vielfalt entwickeln. Übers., für deutschspr. Verhältnisse bearb. u. hrsg. v. Ines Boban/Andreas Hinz, Wittenberg 2003; Dies., Index für Inklusion, http://www.eenet.org.uk|resources/docs/Index%20German.pdf (letzter Zugriff: 23.06.2018).

Religionslehrer gefordert, einen Förderplan zu erstellen, Leistungsüberprüfungen zu erarbeiten und seinen Unterricht didaktisch und methodisch umzustellen, damit der Schüler am Ende des Schuljahres einen dem Hauptschulabschluss vergleichbaren Abschluss erwerben kann. Doch selbst die minimalen Vorgaben für einen vergleichbaren Abschluss scheint der Schüler nicht erreichen zu können. Der Religionslehrer fühlt sich von der Aufgabe überfordert und sucht sich Hilfe. Doch der zuständige Inklusionshelfer wird nur in den Hauptfachstunden eingesetzt und die Schulleiterin sagt: »Ach, Herr X, Sie haben doch so viel Erfahrung, das bekommen Sie schon hin!«

§ Rechtliche Beurteilung

Da ein Schüler mit dem Förderschwerpunkt Lernen oder Geistige Entwicklung den im Gesetz vorgegebenen Schulabschluss der Allgemeinen Schule – hier die Hochschulreife – nicht erreichen kann, muss er zu einem Abschluss eigener Art geführt werden: »Im Förderschwerpunkt Lernen ist der Erwerb eines dem Hauptschulabschluss gleichwertigen Abschlusses möglich.«[160] Diese Zieldifferenz liegt zum Beispiel nicht vor, wenn es ein Schüler mit körperlichem oder motorischem Förderschwerpunkt – ohne z. B. Förderbedarf Lernen – wäre, dieser müsste zielgleich unterrichtet werden.

Für den oben genannten Schüler bedeutet dies, dass er auch noch zwei Jahre länger an der Schule bleiben darf: »Eine Schülerin oder ein Schüler kann den zehnjährigen Bildungsgang im Förderschwerpunkt Lernen um bis zu zwei Jahre überschreiten, wenn dies zum Erwerb des Abschlusses nach Absatz 3 führen kann.«[161]

Erst wenn ein Schüler nach dieser Zeit und »nach dem Ausschöpfen aller Möglichkeiten sonderpädagogischer Förderung« nicht mehr gefördert werden kann, kann unter Umständen die Schulpflicht ausgesetzt werden.[162]

---

160 § 12, Abs 4, 9. Schulrechtsänderungsgesetz.
161 § 35, Abs 7 AO-SF (Ausbildungsordnung Sonderpädagogische Förderung).
162 § 40, Abs 2, 9. Schulrechtsänderungsgesetz.

Religionspädagogische Einschätzung
Tatsächlich sollte der Religionslehrer mit seinen Fragen nicht allein gelassen werden. In einer Arbeitsgruppe »Inklusion« haben sich z. B. die Mitglieder der Schulkonferenz, die Schulleitung und alle Fachlehrer und die Inklusionsbeauftragten der Schule gemeinsam darum zu bemühen, wie man diesem Schüler gerecht werden kann.

Für finanzielle und personelle Ressourcen sind das Schulamt und die Bezirksregierung als Ansprechpartner zuständig.

Insgesamt ist die Schule im Rahmen einer Schulentwicklungsplanung verpflichtet, ein inklusives Bildungskonzept zu entwickeln, welches bedarfsgerecht auf die SuS eingehen kann. Dieses Konzept ist stets weiterzuentwickeln, anzupassen und zu modifizieren. Für die Erstellung des Konzepts und die Verwirklichung ist der Inklusionsordner der Bezirksregierung Münster hilfreich, der frei im Netz zugänglich ist.[163]

Der Förderplan muss gemeinsam mit einem Inklusionsbeauftragten nach einer umfassenden Person-Umfeld-Analyse erstellt werden, und die Lernangebote und Ziele sollten sich unterhalb der curricularen Vorgaben der Klasse befinden, damit ein erfolgreiches Lernen ermöglicht wird.

Da SuS mit dem Förderschwerpunkt Lernen oft Probleme mit der Wahrnehmung, der Merkfähigkeit, der Aufmerksamkeit, dem Lerntempo oder der Ausdrucksfähigkeit haben, benötigen sie »Unterstützung beim Aufbau eines positiven Selbstwertgefühls und einer realistischen Selbsteinschätzung.«[164] Dies kann insbesondere im inklusiven Religionsunterricht realisiert werden, da hier die alltägliche Lebensorientierung und -gestaltung gefördert wird und der Mensch einen Wert und seine Würde – unabhängig von dem »Wert« in der Leistungsgesellschaft – vor Gott erfahren kann.

---

163 Http://www.bezreg-muenster.nrw.de/zentralablage/dokumente/schule_und_bildung/inklusion/inklusionsordner/Inklusionsordner_komplett.pdf (letzter Zugriff: 23.06.2018).
164 Ministerium für Schule und Weiterbildung des Landes Nordrhein-Westfalen, 2013, http://www.bezreg-muenster.nrw.de/zentralablage/dokumente/schule_und_bildung/inklusion/inklusionsordner/Inklusionsordner_komplett.pdf, 2 f. (letzter Zugriff: 23.06.2018).

Didaktisch-methodisch ist es wichtig, dass die elementaren Lerninhalte des Religionsunterrichts für den Schüler mit dem Förderbedarf Lernen anschaulich und klar gegliedert sind. Zudem ist eine transparente Struktur des Tages, des Unterrichts, der Materialien und Ordnung vonnöten. Auch Rituale, z. B. zu Beginn und Ende des Religionsunterrichts (Eingangs- und Abschiedsritual) sind wichtig. Die Erschließung der Lerninhalte sollte handlungsorientiert und in Anknüpfung an die Lebenswelt erfolgen und die Grenzen des Arbeitsgedächtnisses stets bedacht werden, sodass stete Wiederholungen und induktives Lernen sehr wichtig sind. Gerade das Lernen in der Gruppe oder das Lernen an computergestützten Programmen kann die Aufnahmekapazitäten steigern. Beim unterrichtlichen Handeln sollte begleitendes Sprechen möglich sein.

Rechtsfall 53 Gebete und Handyklingeln

Zum schulpädagogischen Konzept der Inklusion gehören auch die sogenannten »Auffangklassen«, die »Internationalen Vorbereitungsklassen«, »Sprachfördergruppen«, »Willkommensklassen« etc., die für Flüchtlinge meist jahrgangsübergreifend eingerichtet werden. Eine junge Kollegin übernimmt an einem Gymnasium eine solche »Internationale Vorbereitungsklasse« als Klassenlehrerin. Am ersten Schultag sind alle SuS sehr aufgeregt, scheinen aber hoch motiviert. Bis zum ersten Handyklingeln: denn auf einmal fangen zu einer bestimmten Uhrzeit sehr viele Handys in der Klasse gleichzeitig an zu klingeln. Die Kinder geben der Lehrerin zu verstehen, dass die Handys an die Gebetszeit erinnern. Sie wollen ihre Gebetsteppiche ausrollen, was die Lehrerin wiederum verbietet.

Neben den weinenden Kindern hat die Lehrerin nun das Problem, dass sich noch am gleichen Nachmittag die Eltern bei der Schulleitung beschweren und sich auf GG Art 4 berufen.

Rechtliche Beurteilung
Rechtlich können sich die Eltern und SuS in der Tat auf GG Art 4.1 und 4.2 berufen: »Die Freiheit des Glaubens, des Gewissens und die Freiheit des religiösen und weltanschaulichen Bekenntnisses

sind unverletzlich. Die ungestörte Religionsausübung wird gewährleistet.« So wurde einer Klage eines muslimischen Schülers gegen das Gebetsverbot seiner Schule stattgegeben:

»Das Grundrecht der Religionsfreiheit nach Art. 4 Abs 1 und 2 GG erstrecke sich nicht nur auf die innere Freiheit, zu glauben, den Glauben zu bekennen. Hierzu gehöre insbesondere auch das Beten. Da für einen strenggläubigen Muslim die Gebetszeiten einen hohen Stellenwert hätten, dürfe von ihm nicht erwartet werden, grundsätzlich nur außerhalb der Schulzeit zu beten. Allerdings könne er für sein Gebet nur die unterrichtsfreie Zeit in Anspruch nehmen; auch dürfe hierdurch der Schulbetrieb nicht unzumutbar beeinträchtigt werden.«[165]

Verschiedene schulorganisatorische und schulpädagogische Gründe sprechen konkret gegen das Gebet im Unterricht und dürften zum Verbot angeführt werden: der kurzzeitige Ausschluss des Schülers vom Bildungsangebot, das »Gestörtfühlen« anderer SuS durch das Klingeln der Handys und allgemein durch das Gebet,[166] die Verbindung des Gebets mit aufwändigen zeremoniellen Waschungen sowie entstehende Streitereien um die Form der Ausübung des Gebets (mit oder ohne Kopftuch, Jungen und Mädchen gemeinsam), die zur Beeinträchtigung des Schulfriedens führen könnten. Daher darf die Schule – in Abstimmung mit der Bezirksregierung – ein Gebetsverbot im Unterricht und ggf. auch in der Schule aus-

---

165 Avenarius/Füssel, Schulrecht, 138. Vgl. Urteil vom 29.09.2009, NVwZ-RR 2010, 189; DVbl. 2010, 132. Die Entscheidung wurde durch das OVG Berlin-Brandenburg in der Berufungsinstanz mit der Begründung aufgehoben, dass dadurch die Glaubensfreiheit anderer SuS, die Elternrechte, der Schulfrieden und die Religionsfreiheit eingeschränkt werden würden. Zugleich hat das Gericht die Revision beim BVG zugelassen. Vgl. z. B. Urteil vom 27.5.2010. Vgl. Avenarius/Füssel, Schulrecht, 138.
166 Im Jahr 2011 fühlten sich z. B. an einem Berliner Gymnasium einige SuS gestört, weil ein muslimischer Schüler mit mehreren Mit-SuS auf dem Schulflur Jacken ausgebreitet und nach muslimischem Ritus gebetet hatte.

sprechen.[167] »Rechtlich wird zwischen Schulfrieden und Religionsfreiheit abgewogen.«[168]

Damit würde ein Gebetsverbot für den Unterricht möglich sein, da es nicht die Religionsausübung an sich verhindern würde. Wenn die Schule es allerdings über den Unterricht hinaus verbieten wollte, müsste sie dieses Anliegen erst mit der Schulleitung und der Bezirksregierung abstimmen.

Religionspädagogische Einschätzung

Auch wenn das Handyklingeln zum Gebet und das Gebet selber im Unterricht untersagt werden, könnten sich die Eltern weiterhin darum bemühen, dass ihre Kinder an der Schule beten dürfen. Vorausgesetzt sie beten in der Pause, stören dadurch nicht die anderen und lassen die traditionellen aufwändigen Waschungen weg, wenn diese in der Schulzeit und in den Räumen nicht zu realisieren sind.

Die Eltern könnten z. B. einen Antrag auf einen eigenen Gebetsraum stellen. Eingeklagt werden kann ein Gebetsraum allerdings nicht.

Optimal wäre es, wenn – insbesondere an einer inklusiven Schule – ein Gebetsraum für muslimische SuS eingerichtet werden könnte. Sollte dies nicht möglich sein, könnte die Schule auch darüber nachdenken, wie ein Gebet in den Pausen dennoch möglich sein kann (z. B. in bestimmten Gebetsbereichen).

---

167 An dem Wuppertaler Johannes-Rau-Gymnasium wurde 2017 das Schulgebet und der Gebetsraum verboten, weil der Schulfrieden nachhaltig durch solche Streitereien in einem zuvor eigens eingerichteten Gebetsraum gefährdet war.

168 Helene Pawlitzki, Gebetsverbot an Wuppertaler Schule. Schulfrieden schlägt Religionsfreiheit. *Dürfen Schulen ihren muslimischen Schülern das »sichtbare Beten« verbieten, wie es ein Gymnasium in Wuppertal getan hat? Ja, findet die Bezirksregierung. Ein Schulrechtler und ein Bildungs- und Integrationsexperte sehen das genauso,* http://www.rp-online.de/nrw/panorama/schulfrieden-schlaegt-religionsfreiheit-aid-1.6648883 (letzter Zugriff: 23.06.2018).

Rechtsfall 54 Gewalt in der Schule

An einer Realschule kommt es während des Religionsunterrichts immer wieder zu Autoritätsproblemen zwischen der Religionslehrerin und dem 16-jährigen Schüler mit emotionalem und sozialem Förderbedarf. Entweder hört der Schüler nicht auf die Anweisungen oder er rennt einfach hinaus oder er bedroht andere Mit-SuS, dass sie ihm die Hausaufgaben für die nachfolgenden Fächer machen oder ihm seinen Platz aufräumen oder ihm etwas vom Bäcker – selbstverständlich auf deren Kosten – kaufen sollen. Die Religionslehrerin hat schon mehrfach mit der Klassenlehrerin gesprochen, doch bislang sind keine Maßnahmen erfolgt, da die Klassenlehrerin immer wieder beteuert, wie schwer es der Junge doch in seinem Leben hatte und dass sich solche Vorfälle nur im Religionsunterricht häufen würden. Sie wirft der Kollegin fehlende Kompetenz im Umgang mit diesem Schüler vor. In jedem anderen Fach lege der Schüler dagegen vorbildliches Verhalten an den Tag. Die Religionslehrkraft schickt regelmäßig Briefe zur Information (»Tadel«) an die Eltern, ohne dass weitere Konsequenzen durch die Klassenlehrerin oder den Schulleiter erfolgen. Das Verhalten des Schülers ändert sich jedoch nicht.

Eines Tages reicht es der Religionslehrerin, als sie sieht, wie der Junge ein Mädchen bedroht und ihm den Arm nach hinten dreht und dabei lacht. Als sie ihn ermahnt und ihn auffordert, mit ihr gemeinsam zur Schulleitung zu gehen, stellt er sich ihr in den Weg, hebt drohend die Hand und ruft: »Passen Sie bloß auf, wie Sie mit mir reden. Da können Sie noch was erleben!« Die Lehrerin lässt ihn gehen und geht zur Schulleitung, weil sie nicht mehr weiterweiß.

Rechtliche Beurteilung

Mit dem Drangsalieren der Mit-SuS und zudem mit der erfolgten Bedrohung der Lehrkraft liegt eine pädagogische Grenzsituation vor, die es von der Schule zu ahnden gilt, auch ohne dass die Klassenlehrkraft dies unterstützen mag. Für die Schülerin gilt, dass sie Anzeige erstatten darf, da hier auch ein Tatbestand im Sinne einer Körperverletzung vorliegt (§ 223, Abs 1 des Strafgesetzbuches). Auch wenn bei der Lehrkraft keine Körperverletzung oder direkte

Beleidigung, aber eine subjektive Betroffenheit vorliegt, gilt: »Wenn sich eine Person betroffen fühlt, dann ist sie es auch und Hilfe ist nötig.«[169] Die Lehrkraft sollte zudem dem Schulleiter ein zeitnah erstelltes Protokoll (Zeit, Ort, beteiligte Personen, Zeugen, Tathergang, wörtliche Zitate der Beteiligten) über das Verhalten des Schülers vorlegen. Zudem sollte sie auch die vorhergehenden Taten des Schülers aufführen und auf die Kopien in der Akte verweisen.

In einer pädagogischen Konferenz/Teilkonferenz, d. h. mit den in der Lehrerkonferenz gewählten Mitgliedern, kann nun aufgrund der Schwere des Fehlverhaltens eine Ordnungsmaßnahme angewandt werden. Dabei muss die Reihenfolge der Ordnungsmaßnahme[170] eingehalten werden. Zudem muss dargelegt werden, dass andere erzieherische Maßnahmen nach § 53 Abs 1 SchulG[171] nicht gewirkt haben, denn Ordnungsmaßnahmen sind nur zulässig, wenn die

---

169 Bezirksregierung Münster (Hg.), Gewalt gegen Lehrkräfte, Münster 2017, 11, http://www.bezirksregierung-muenster.de/zentralablage/dokumente/schule_und_bildung/gesundheit_krisenmanagement_an_schulen/arbeitsschutz_an_schulen/gewalt_gegen_lehrkraefte_neuaflage.pdf (letzter Zugriff: 23.06.2018).

170 Exemplarisch für NRW: Erteilung eines schriftlichen Verweises (§ 53 Abs 3.1 SchulG), die Überweisung in eine parallele Klasse oder Lerngruppe (§ 53 Abs. 3. 2 SchulG), der vorübergehende Ausschluss vom Unterricht von einem Tag bis zu zwei Wochen und von sonstigen Schulveranstaltungen (§ 53 Abs. 3.3 SchulG), die Entlassung eines nicht mehr schulpflichtigen Schülers (§ 53 Abs. 4 SchulG), die Androhung der Entlassung (§ 53 Abs. 3.4 SchulG), die Entlassung von der Schule (§ 53 Abs. 3.5 SchulG), die Androhung der Verweisung von allen öffentlichen Schulen des Landes (§ 53 Abs. 3.6 SchulG), die Verweisung von allen öffentlichen Schulen des Landes (§ 53 Abs. 3.7 SchulG).

171 Erzieherische Einwirkungen bzw. Maßnahmen: das erzieherische Gespräch, die Ermahnung, Gruppengespräche mit Schülerinnen, Schülern und Eltern, die mündliche oder schriftliche Missbilligung des Fehlverhaltens, der Ausschluss von der laufenden Unterrichtsstunde, die Nacharbeit unter Aufsicht nach vorheriger Benachrichtigung der Eltern, die zeitweise Wegnahme von Gegenständen, Maßnahmen mit dem Ziel der Wiedergutmachung angerichteten Schadens und die Beauftragung mit Aufgaben, die geeignet sind, das Fehlverhalten zu verdeutlichen. Bei wiederholtem Fehlverhalten soll eine schriftliche Information der Eltern erfolgen, damit die erzieherische Einwirkung der Schule vom Elternhaus unterstützt werden kann. Bei besonders häufigem Fehlverhalten einer/eines SuS oder gemeinschaftlichem Fehlverhalten der Klasse oder Lerngruppe soll den Ursachen für das Fehlverhalten in besonderer Weise nachgegangen werden. § 53 NRW SchulG.

Erziehungsmaßnahmen nicht mehr ausreichen. D. h., hier muss die Religionslehrkraft darlegen, dass sie vorherige Erziehungsmaßnahmen, z. B. die Ermahnung, ein Gespräch mit den Eltern, schriftliche Information an die Eltern, ergriffen hat, diese jedoch nicht gewirkt haben.

In der Teilkonferenz können der Schüler und sein Erziehungsberechtigter zu dem Tatbestand Stellung beziehen. Er kann auch einen Schüler oder Lehrer seines Vertrauens hinzuziehen. Der Konferenz gehört auch ein Vertreter der Schulpflegschaft und des Schülerrats an, sofern der Schüler nicht widerspricht.

Religionspädagogische Einschätzung

Leider liegt in diesem Rechtsfall ein manchmal anzutreffender Tatbestand der fehlenden Kollegialität vor, da die Religionslehrkraft nicht mit der Unterstützung der Klassenlehrerin rechnen kann. Dennoch ist es wichtig, dass die Lehrkräfte mit der Schulleitung zusammenarbeiten. Daher gilt, dass nicht nur eine rechtliche Interventionsmaßnahme geschieht, sondern auch eine Interventionsmaßnahme auf der persönlichen Ebene, z. B. sollten die Beratungslehrerin der Schule oder die Schulleitung Unterstützung anbieten, auf die Bedürfnisse der Lehrkraft eingehen, ob sie z. B. in der nachfolgenden Stunde überhaupt in den Unterricht gehen kann. Zudem ist eine offene Kommunikation wichtig, da sich solche Vorfälle auch bei anderen Kollegen ereignet haben können und damit das Kollegium sensibilisiert wird, frühzeitig Gewaltbereitschaft von SuS wahrzunehmen.[172]

Rechtsfall 55 Handeln in pädagogischen Grenzsituationen

Ein Schüler mit emotionalem und sozialem Förderbedarf besucht auch den Religionsunterricht einer inklusiven Grundschule. Jede Stunde schlägt er um sich, beißt und tritt andere Kinder, schlägt manchmal seinen Kopf auf den Tisch oder an die Wand und hat auch schon mehrfach Gegenstände durch den Raum geworfen.

---

172 Vgl. Lehrer NRW, Jahressonderdruck. Ihre Lehrer NRW Personalräte beraten Sie gern!, Münster 2017, 22–23.

Obwohl die Lehrerin seine Akte gelesen hat und Verständnis für seine schwierige Familiensituation hat, weiß sie nicht, wie sie mit ihm umgehen soll, wenn die Inklusionshelferin nicht da ist. Sie ist mit ihm hoffnungslos überfordert, zudem möchte sie auch den anderen Kindern gerecht werden, die gerne und aktiv am Religionsunterricht teilnehmen. Eines Tages eskaliert die Situation: Der Schüler wirft nun mit einem Stuhl und prügelt auf ein anderes Kind ein. Dann rennt er mit einem spitzen Bleistift auf die Lehrerin zu, sodass diese befürchtet, dieser könnte sie damit stechen. Die Lehrerin schafft es, den Jungen zu packen, sie dreht ihn um und hält ihn von hinten am Arm fest, sodass dieser den Bleistift fallen lässt. Er tritt aber weiter um sich, um die anderen Kinder zu treffen.

Da der Schüler weiter um sich schlägt und tritt, behält die Lehrerin den Griff bei. Sie ruft schnell einem anderen Schüler zu, den Kollegen aus dem Nebenraum zu holen. Der festgehaltene Schüler ruft unterdessen laut: »Lass mich los! Hilfe! Du darfst mich nicht anpacken!«

Als der Kollege kommt, bringen sie gemeinsam den Jungen zur Schulleitung, die die Eltern sofort anruft.

Die Lehrerin atmet auf. Ihrer Meinung nach ist noch einmal alles gut gegangen. Sie überlegt gemeinsam mit der Schulleitung, wie mit dem Jungen in Zukunft verfahren werden soll.

Doch am nächsten Tag erfährt sie, dass die Eltern sie wegen Körperverletzung (§ 223 StGB bzw. § 340 StGB) im Rahmen einer Dienstaufsichtsbeschwerde angezeigt haben. Der Junge musste zudem ins Krankenhaus, sein Arm war vom Griff der Lehrerin blau angelaufen.

Rechtliche Beurteilung

Die Lehrerin befand sich in einer pädagogischen Grenzsituation, sodass die Anwendung körperlicher Kraft zulässig war. Pädagogische Grenzsituationen sind Situationen, in denen das Kind nicht mehr auf den Lehrer hört, sich selbst oder andere verletzt, in Gefahrensituationen (z. B. wenn das Kind auf das Schulhofdach klettern will), bei Notwehr oder Nothilfesituationen, bei

Sachbeschädigung oder wenn es sich in Rage bzw. unkontrollierte Wut gebracht hat.[173]

»Physische wie auch psychische Einwirkung auf Schülerinnen und Schüler werden durch Lehrerinnen und Lehrer im Zusammenhang des Erziehungsauftrags der Schule, des besonderen Erziehungsauftrags in entsprechenden sonderpädagogischen Förderschwerpunkten, des individuellen sonderpädagogischen Förder- und Erziehungsplans, der Schulregeln sowie im Rahmen der Gefahrenabwehr für Personen und Gegenstände professionell und gezielt ausgeübt.«[174]

Da die Lehrerin eine Eskalation vermeiden muss, musste sie auch unter Einsatz körperlicher Kräfte handeln. Eine Dienstaufsichtsbeschwerde wird zwar geprüft werden, doch vermutlich wird das Verfahren aufgrund keines hinreichenden Tatverdachtes (§ 170 Abs. 2StPO) eingestellt werden. Als Rechtfertigungsgrund kann sowohl die Notwehr – Abwehr eines Angriffs gegen einen selbst – als auch die Nothilfe – Abwehr eines Angriffs auf einen anderen – angegeben werden (§ 32 Abs 2 StGB). Dieser Rechtfertigungsgrund würde jedoch nicht gelten, wenn die Gefahr in Form von aggressivem Verhalten für die Lehrerin oder die Klasse bereits abgeebbt ist, wenn die Lehrerin also den Schüler in dem festen Griff bis zur Schulleitung schleppen würde: »Ist der Angriff nicht mehr gegenwärtig, ist Notwehr/Nothilfe nicht mehr zulässig.«[175]

Religionspädagogische Einschätzung
In Zukunft sollte die Religionslehrerin darauf bestehen, dass die Inklusionshelferin immer dabei ist, damit sie nicht noch einmal alleine in diese pädagogische Grenzsituation kommt.

---

173 Vgl. Gemeindeunfallversicherungsverein Westfalen-Lippe/Bezirksregierung Detmold (Hg.), Lehrerinnen und Lehrer in pädagogischen Grenzsituationen. Handlungssicherheit bewahren, zurückgewinnen, erlangen, Detmold 2007, 13–16.
174 Ebd., 17.
175 Ebd., 31.

Zudem braucht dieser Schüler zusätzlich einen Ausweichraum, wenn er wieder in Rage gerät. Dieser ist ebenfalls zu beantragen und im Budget einer inklusiven Schule enthalten.

Zudem kann in diesem Fall hilfreich sein, eine schriftliche Vereinbarung zu treffen, in der die Eltern bzw. Erziehungsberechtigten sich damit einverstanden erklären, dass Lehrer »in bestimmten, immer wiederkehrenden Situationen vorher festgelegte Maßnahmen anwenden dürfen. Es ist dabei angezeigt, Situation und Maßnahme/ Eingriff möglichst genau zu beschreiben.«[176] Über diese Vereinbarung und getroffenen Verhaltensmaßnahmen sind auch die Kollegen, die in dieser Klasse unterrichten, zu informieren.

Rechtsfall 56 Zielgleiches und zieldifferentes Unterrichten

Im Religionsunterricht einer 9. Klasse eines Gymnasiums befinden sich zwei Schülerinnen mit Förderbedarf, eine mit dem Förderbedarf Sprache, die zielgleich beschult wird, die andere mit dem Förderbedarf Geistige Entwicklung, die zieldifferent unterrichtet wird. Beide Schülerinnen schaffen es nicht mehr, inhaltlich und sprachlich mit den anderen SuS der Klasse mitzuhalten, obwohl sich die Religionslehrerin mit Differenzierungsmaterialien und mit zahlreichen unterschiedlichen didaktischen und methodischen Zugängen (basal-perzeptiv, konkret-handelnd, taktil-kinästhetisch, anschaulich-modellhaft, haptisch, auditiv etc.) bemüht. Da die Inklusionshelferin vom Stunden- und finanziellen Budget der Schule her nur in den Hauptfächern anwesend sein kann, muss die Religionslehrerin eine Lösung finden, damit die beiden Schülerinnen nicht nur irgendwie beschäftigt werden. Sie bittet zwei andere Schülerinnen, dass diese sich um die beiden kümmern und ihnen bei den Aufgaben helfen sollen, gibt ihnen teilweise andere Aufgaben und arbeitet mit dem Religionskurs inhaltlich weiter.

---

176 Ebd., 32.

Rechtliche Beurteilung

Die Schülerin mit dem Förderschwerpunkt Sprache, welche zielgleich unterrichtet wird, sollte im Kursverband bleiben und nicht getrennt unterrichtet werden. Hier kann zwar eine andere Schülerin helfen, diese darf aber nicht dazu angehalten werden, fortwährend zu helfen, da sich dies auch auf ihre eigene Benotung auswirken könnte.

Die Schülerin mit dem Förderschwerpunkt Lernen wird zieldifferent unterrichtet. Somit bleibt sie rechtlich bis zum Ende der Schulpflicht (10. Schuljahr einschließlich) Schülerin des Gymnasiums. Dabei gibt es zwei Modelle für zieldifferente Schüler am Gymnasium:

»a) Die Schule entwickelt ein Modell, nach dem die zieldifferent geförderten Schülerinnen und Schüler nach der Primarstufe bis zum Ende der Vollzeitschulpflicht in der Sekundarstufe I des Gymnasiums unterrichtet werden, unbeschadet ihrer Teilnahme an außerschulischen Praktika. Individuell und nach Maßgabe des individuellen Förderplans der einzelnen Schülerinnen und Schüler entscheidet die Klassenkonferenz, welches Schuljahr ggfs. zweimal absolviert wird. Auch sind Modelle denkbar, in denen der einzelne Schüler, die einzelne Schülerin von Beginn an in einzelnen Fächern zur besseren individuellen Förderung jeweils durch die Klassenkonferenz dem Unterricht unterschiedlicher Klassen(-stufen) zugeordnet wird.

b) Das Gymnasium kooperiert mit anderen nahe gelegenen Schulen der Sekundarstufe I oder einem Berufskolleg der Region, sodass die Schülerinnen und Schüler einen gewissen Teil ihres 10. Schulbesuchsjahrs an einem anderen schulischen Lernort, einen weiteren in Praktika außerhalb der Schulen und noch einen weiteren Stundenanteil in verschiedenen Lerngruppen des Gymnasiums als Stammschule verbringen.«[177]

Beide Modelle können auch miteinander kombiniert werden.

---

[177] Www.schulministerium.nrw.de/docs/Schulsystem/Schulformen/Gymnasium/Inklusion-am-Gymnasium/Kontext/FAQ-Liste_Gy_Inklusion/FAQ-3_Gy_Inklusion/index.html (letzter Zugriff: 23.06.2018).

Zieldifferent unterrichtete SuS erhalten Berichtszeugnisse, wobei die Fachlehrer aus jedem Fach kurz den Inhalt und die Mitarbeit schildern. Meist führt die sonderpädagogische Fachkraft dann die Einzelberichte zu einem Bericht zusammen.

Religionspädagogische Einschätzung
Da die Schülerin den gymnasialen Abschluss nicht erreichen wird, ist es sinnvoll »etwa ab dem 8. Schulbesuchsjahr Brücken ins Arbeitsleben zu schaffen. Auf dieser Seite werden dazu Hilfestellungen angeboten und sukzessive weiter ergänzt.«[178] So kann sich die Religionslehrkraft, zusammen mit der Klassenlehrkraft und der Berufsberatungslehrkraft darum bemühen, Kontakte zu einem Berufskolleg bzw. Ausbildungsstätten herzustellen, Bildungsangebote zu unterbreiten etc. Hier könnte die Schülerin auch fächerübergreifendes Projektlernen und/oder Praktika absolvieren.

Rechtsfall 57 Förderbedarf Sehen

Die Klasse 4 an einer Grundschule nimmt im Zuge von Inklusion einen neuen Schüler auf, welcher den Förderbedarf Sehen hat, da er nahezu erblindet ist. Im Religionsunterricht steht nun das Thema Wunder an, wobei die Religionslehrerin mit der »Heilung des Blinden Bartimäus (Mk 10,46–52)« beginnen wollte. Als sie von dem Neuzugang erfährt, wird sie nachdenklich und vermutet, dass dieses Thema ein ungünstiges Einstiegsthema für diesen neuen Schüler ist. Sie befürchtet, dass der Schüler die Wundergeschichte wortwörtlich verstehen und für sich ebenfalls Heilung erwarten wird. Da der Schüler jedoch zielgleich unterrichtet wird, kann sie ihn auch nicht zeitweise vom Unterricht ausschließen.

---

178 Https://www.schulministerium.nrw.de/docs/Schulsystem/Schulformen/Gymnasium/Inklusion-am-Gymnasium/index.html (letzter Zugriff: 23.06.2018).

Rechtliche Beurteilung

Die Religionslehrerin ist dazu verpflichtet, den schulinternen Lehrplänen zu folgen, da diese in der Fachkonferenz festgelegt wurden. Sie könnte aber das Thema mit dieser Begründung auch zeitlich etwas verschieben. Dennoch kann das Thema nicht einfach entfallen, wenn es in den schulinternen Curricula verankert ist. Sollte jedoch die gesamte Fachkonferenz entscheiden, dass dieses Thema brisant oder schwierig ist, ist dies eine andere Voraussetzung und könnte dazu führen, dass es nicht mehr – in dieser Klasse – unterrichtet wird.

Religionspädagogische Einschätzung

Die Geschichte von der Heilung des Blinden Bartimäus kann auch in inklusiven Klassen, in denen sich SuS mit körperlich-motorischem Förderbedarf befinden, unterrichtet werden. Zum einen dürfte die Sorge unbegründet sein, dass der Schüler die Wundergeschichte für sich problematisch assoziieren wird. Meist können Kinder mit Behinderungserfahrungen mit allen Themen und Situationen besser umgehen, wenn man diese nicht eigens betont und hervorhebt. Dies ist auch der Grundgedanke der Inklusion. Zum andern kann die Lehrkraft bei der Perikope zum blinden Bartimäus mit den SuS gemeinsam folgende Themen als elementare Strukturen der fachdidaktischen elementarisierenden Perspektive[179] herausarbeiten: »Ablehnung/Angenommen werden«; »auf dem Weg sein/abseits vom Weg stehen«; »sitzen/in Bewegung geraten«; »blind sein/sehend werden«; »Nachfolgen« bzw. Ausrichten des Lebens an Orientierungsidolen/Vorbildern; »das Gesicht erlangen«, d. h., in Jesus den göttlichen Retter erkennen und alles hinter sich lassend das Leben an ihm ausrichten; Mut zu Veränderungen; Kampf gegen Widerstände; erbarmungsvolle Zuwendung; die Frage danach, was man sich von Jesus für sich, für andere oder für das Leben wünscht, wenn man in der Situation des sich alles Wünschenden wäre. Diese Themen können auch in einem Religionskurs, in dem sich ein Blinder befindet, herausgearbeitet werden und wertvolle Gesprächsimpulse bieten.

---

179 Vgl. Stefanie Pfister/Matthias Roser, Fachdidaktisches Orientierungswissen für den Religionsunterricht, 53–62.

Rechtsfall 58 Unterricht mit Hochbegabten

Den Religionsunterricht einer 5. Klasse einer Realschule besucht auch eine Schülerin, die sich bei allen Themen rasch langweilt, immer als erste alle Antworten weiß, im Buch vorarbeitet, ihre Mappe exzellent führt und der Lehrerin quasi zuarbeitet. Im Gespräch mit der Klassenlehrerin stellt sich heraus, dass die Eltern ihre Tochter auf Hochbegabung haben testen lassen, was positiv bestätigt wurde.[180] Nun fordern die Eltern, die absolut keinen Schulwechsel zum Gymnasium möchten, dass im Zuge von Inklusion ihre Tochter regelmäßig Zuwendung erhält und eine Umstrukturierung des Unterrichts erfolgt. Für den Religionsunterricht fordern sie, dass ihre Tochter den Religionsunterricht der 7. Klasse besucht, da sie schon alle Themen der 5. Klassen kennen und sich dementsprechend langweilen würde.

Rechtliche Beurteilung

Auch wenn das Merkmal Hochbegabung im Zuge von Inklusion weniger thematisiert wird, haben die Eltern recht, wenn sie für ihre hochbegabte Tochter inklusive Maßnahmen wünschen, da die Schule dazu verpflichtet ist, die schulischen Strukturen an die individuellen Bedürfnisse von hochbegabten Lernenden anzupassen.[181] Bei der Akzeleration wird das Curriculum schneller durchlaufen, z. B. durch Überspringen einer oder mehrerer Jahrgangsstufen oder vorzeitige Einschulung.[182] Es ist auch möglich, dass eine fachspezifische Akzeleration bzw. das Drehtürmodell erfolgt, d. h., dass das Fach Religion der Klasse 5 tatsächlich übersprungen wird. Für den Religionskurs gilt, dass dieser individuell als Fach übersprungen werden könnte.

---

180 Zur Definition und Diagnostik von Hochbegabung vgl. Anja Bettina Dehn/ Ina Günther/Amelie Reh, Merkmal Hochbegabung, in: Matthias von Saldern (Hg.), Inklusion II. Umgang mit besonderen Merkmalen (Schule in Deutschland 7), Norderstedt 2013, 21–44.
181 Vgl. Aiga Stapf, Hochbegabte Kinder. Persönlichkeit, Entwicklung, Förderung, München 2010, 228.
182 Vgl. Eva Stumpf, Förderung bei Hochbegabung, Stuttgart 2012, 91; vgl. auch Dehn/Günther/Reh, Merkmal Hochbegabung, 30–34.

Es sollte jedoch zunächst die nächsthöhere Klasse sein, nicht von vornherein zwei Klassen.

Religionspädagogische Einschätzung
Die fachspezifische Akzeleration bzw. das Drehtürmodell bietet viele Vorteile, z. B. der Verbleib in der Ausgangsklasse, die Erhöhung der Lernmotivation, die Steigerung des Selbstvertrauens etc., aber auch Nachteile, wenn die neue Lerngruppe die jüngere Schülerin nicht akzeptiert oder wenn sich Themen doppeln. Dies erfordert daher eine enge Absprache zwischen den Fachkollegen. Zudem ist es organisatorisch recht schwierig, da der Fachunterricht der beiden Klassen oftmals parallel stattfinden muss.

Eine andere mögliche Maßnahme ist das *Enrichment*, also »die Bereicherung des bestehenden Lehrplans durch die Bereitstellung weiterführender Aktivitäten«.[183] Bei dem horizontalen Enrichment wird den SuS Lernstoff zu ihnen unbekannten Themen zur eigenständigen Erarbeitung zur Verfügung gestellt, bei dem vertikalen Enrichment erfolgt eine intensivere Auseinandersetzung mit bereits bekannten Lerninhalten.[184] Eine häufige Enrichment-Maßnahme sind auch die Arbeitsgemeinschaften[185] oder die Plus-Kurse[186], bei denen die SuS einige Stunden zusätzlich zum Regelunterricht in leistungsheterogenen Lerngruppen gefördert werden. Auch Wettbewerbe, welche regelmäßig von den Kirchen oder Pädagogischen Instituten für das Fach Religion ausgeschrieben werden, können die Motivation steigern. Zudem können die Projekte gut im regulären Religionsunterricht erarbeitet werden. Diese Enrichment-Maßnahmen können mit vorübergehend separierenden Fördermaßnahmen kombiniert werden, z. B. mit den von Lehrkräften betreuten »Pull-out-Programmen«, bei denen die SuS für einige Stunden aus dem Unterricht herausgenommen werden und an Projekten oder an Wettbewerbsvorbereitungen teilnehmen.[187]

---

183 Dehn/Günther/Reh, Merkmal Hochbegabung, 34.
184 Vgl. Stumpf, Förderung bei Hochbegabung, 93.
185 Vgl. Astrid Fortenbacher, Hochbegabung bei Vor- und Grundschulkindern. Verhaltensmerkmale, Risiken, Förderung, Saarbrücken 2006, 84.
186 Vgl. Stumpf, Förderung bei Hochbegabung, 96.
187 Vgl. Stumpf, Förderung bei Hochbegabung, 97.

Optimal wäre daher eine offene Eingangsstufe einer Schule, bei der SuS in jahrgangsgemischten Klassenverbänden lernen.[188] Zudem ist gemeinsam mit den Eltern zu überlegen, ob nicht durch Maßnahmen im Unterricht die Unterforderung vermieden wird, z. B. durch das Bereitstellen von herausfordernden und anspruchsvollen Lernsituationen, durch individuelle Rückmeldungskultur, die sich an den individuellen Fortschritten ausrichtet, durch Aufgabenwahlfreiheit, Projektlernen, Einladen und Besuch anderer Lerngruppen zur Vorstellung der Ergebnisse, durch Anregen zum Denken auf höherem Abstraktionsniveau, durch das Einbringen des eigenen fundierten Fachwissens etc.

Rechtsfall 59   Inklusion und Schulgottesdienste

Bei der Vorbereitung zum Schulgottesdienst macht sich der Religionslehrer des 6. Jahrgangs einer Hauptschule viele Gedanken, weil er im Zuge von Inklusion auch einen Schüler im Religionskurs hat, der noch keinen diagnostizierten Förderbedarf hat, jedoch das Merkmal ADHS aufweist. Dies bedeutet bei ihm, dass er keine fünf Minuten aufmerksam zuhören oder stillsitzen kann. Schon im Religionsunterricht erweist sich dies als besonders schwierig, aber aufgrund von bewegten Pausen und von vielen kreativen Elementen, Unterrichtsmethoden wie Gallery Walk, dem Einführen des offenen Arbeitens und zahlreicher Unterrichtsgänge ist es dem Religionslehrer gelungen, den Schüler gut zu integrieren. Weil der Gottesdienst zugleich der Einschulungsgottesdienst der neuen 5er-SuS ist und auch die Schulleitung anwesend sein wird, macht sich der Religionslehrer große Sorgen und überlegt, den Schüler nicht mit in die Kirche zu nehmen. Er fragt sich, ob ein Schüler mit ADHS überhaupt als Schüler der Inklusion gilt oder ob er das auch allgemein mit schlechtem Benehmen begründen und ihn daher in der Schule lassen kann. Doch dieser freut sich schon sehr auf den Schulgottesdienst …

---

188 Vgl. Dehn/Günther/Reh, Merkmal Hochbegabung, 33–34.

Rechtliche Beurteilung
Der Schüler kann nicht vom Schulgottesdienst ausgeschlossen werden, dies spricht gegen § 4 GG, die positive Religionsfreiheit. Zudem ist der Schulgottesdienst eine Schulveranstaltung, an der die Teilnahme aber freiwillig ist. Auch der Grundgedanke von Inklusion beinhaltet die gleichberechtigte Behandlung aller Lernenden, also auch der SuS mit der Diagnose ADHS.[189] D. h., der Religionslehrer muss diesen Schüler mit geeigneten Maßnahmen unterstützen, sodass er adäquat am Schulgottesdienst teilnehmen kann.

Religionspädagogische Einschätzung
Dem Religionslehrer sollte bewusst sein, dass Probleme oftmals bei schriftlichen Aufgaben, beim Schreiben oder Lesen als eine »Störung in der Ausführung des Wissens«[190] oder im feinmotorischen Bereich auftreten können. Den Kindern ist es oft nicht bewusst, dass sie mit ihrem Verhalten stören, daher sollte der Religionslehrer Situationen und Lernumgebungen schaffen, die weniger störanfällig sind. Für diesen und sicherlich auch für andere SuS könnte ein »bewegter Gottesdienst« konzipiert werden, bei dem Bewegung und Gesang oder Tanz wichtige Elemente sind. Die Redeanteile sind dann kurz, die einzelnen Gottesdienstelemente können durch Anspiele, Szenen, Mitmach-Wortverkündigung mit Fragen und Antworten, Platzwechsel, Segens-Stationen in verschiedenen Ecken der Kirche etc. interessant und abwechslungsreich gestaltet werden. Der Schüler kann direkt vorne oder neben der Lehrkraft sitzen, damit er gut im Blick ist und auch das Geschehen gut im Blick hat und nicht abgelenkt wird. Die Inhalte des Gottesdienstes sollten visualisiert sein, leise Musik könnte im Hintergrund laufen. Sollte es dennoch schwierig für den Schüler sein, am Schulgottesdienst teilzunehmen, kann eine Sitzecke für ihn eingerichtet werden, in welcher er sich z. B. auf ein Kissen setzen und von dort aus dem Geschehen folgen und sich dort aber zugleich mit anderen Dingen,

---

189 Zur Diagnostik und zum Begriff vgl. Simone Fischer/Lisa Fricke/Katharina Wilken, Merkmal AD(H)S, in: von Saldern (Hg.), Inklusion II, 45–68.
190 Annette Schröder, ADS in der Schule. Handreichungen für Lehrerinnen und Lehrer, Göttingen 2006, 58.

z. B. Liedblättern, Gegenständen zum Thema des Gottesdienstes passend beschäftigen oder eine Kreativarbeit basteln kann.[191] Sitzbälle können ebenfalls hilfreich sein, auf denen dann aber auch andere SuS sitzen dürfen.[192] Allerdings sollte der Umgang mit Sitzbällen zuvor bekannt und eingeübt sein.

Kapitel 2.6   8 Rechtsbeispiele zu riskanten Fällen in Religionsunterricht und Schule[193]

Rechtsfall 60   Suizid und Suizidgefahr

Im Religionsunterricht der 10. Klasse wird das Thema »Tod und Leben« besprochen. Die SuS sprechen auch über den sogenannten Freitod und warum ein Suizid nicht infrage kommen sollte, dass es immer Möglichkeiten und Hoffnungen für das Leben geben sollte. Eine 17-jährige Schülerin hält sich bei der gesamten Thematik sehr zurück und einmal murmelt sie während der Diskussion leise etwas vor sich hin.

Die Lehrkraft fragt sie nach der Stunde, ob sie einmal zusammen reden möchten und was sie von dem Thema hält. Die Schülerin schaut zuerst auf den Boden, dann der Lehrkraft ins Gesicht und sagt: »Sie haben doch keine Ahnung vom Leben. Sie wissen doch gar nicht, wie es uns wirklich geht. Auch die anderen wissen nichts, aber ein Suizid kann auch eine Lösung sein, wenn es nicht weitergeht.«

---

191 Vgl. Simone Fischer/Lisa Fricke/Katharina Wilken, Merkmal AD(H)S, in: von Saldern (Hg.), Inklusion II, 55.
192 Vgl. Schröder, ADS in der Schule, 63.
193 Mit dem Begriff »riskante« Rechtsfälle sind (in Anlehnung an Kristian Fechtner/Thomas Klie (Hg.), Riskante Liturgien, Stuttgart 2011) außergewöhnliche Fälle gemeint, die außerhalb des Regelfalles, jenseits der Routine liegen, bei denen es um besondere Gefährdungen und Unglückslagen (Suizidgefahr, Gewalt, Tod usw.) geht und z. B. Präventions- oder Interventionsarbeit oder eine Aufarbeitung des Geschehens erforderlich sind, die zugleich ein riskantes Unterfangen darstellen.

Die Lehrkraft ist betroffen, sie nimmt die Schülerin mit zur Beratungslehrkraft. Die Schülerin fühlt sich in die Ecke gedrängt, sie sagt: »Ich meinte das doch nicht so. Ich nehme alles wieder zurück. Und bitte sagen Sie meinen Eltern nichts …«

§ Rechtliche Beurteilung

Zunächst einmal hat die Lehrkraft richtig gehandelt, indem sie die noch vage formulierte Äußerung zu einem möglichen Suizid der Schülerin ernst nimmt und unverzüglich reagiert. Denn viele Suizidversuche von SuS machen sich im Vorfeld durch Äußerungen oder Verhaltensauffälligkeiten bemerkbar. Auch wenn die meisten Suizidäußerungen von Jugendlichen nicht zu einem Suizidversuch führen, ist jede Suizidäußerung oder eine suizidale Handlung – auch das sogenannte »Ritzen« – ernst zu nehmen. Immerhin sterben in Deutschland zurzeit täglich drei Kinder bzw. Jugendliche durch Suizid und die Anzahl der Suizidversuche ohne tödlichen Verlauf liegt um ein Vielfaches höher.

Nun ist es wichtig, dass sie bzw. die Beratungslehrkraft die Dringlichkeit und Ernsthaftigkeit der Äußerungen prüft, z. B. ob es konkrete Ansichten gibt, grafische Darstellungen von Tod und Sterben, Briefe, Interneteintragungen oder sogar einen konkreten Ort und Zeitpunkt. Es ist auch richtig, dass sie die Schülerin nicht alleine lässt und die Beratungslehrkraft hinzuzieht. Gleichzeitig ist aber auch eine Überforderung und Dramatisierung zu vermeiden, d. h., nicht nur eine Suizidäußerung, sondern auch eine deutlich ausgesprochene Lebensbejahung sollte ernst genommen werden, wenn die Lehrkraft erkennen kann, dass die Schülerin diese deutlich vertritt.

In jedem Fall sollten der Schülerin zuverlässige Gesprächsangebote eröffnet und bei einem konkreten Suizidgedanken der Kontakt zu einer Expertenhilfe (z. B. der Krisenbeauftragten der Schulpsychologie oder einer anderen fachlichen Beratungsstelle) vermittelt werden.

Des Weiteren ist über eine geeignete Form der Kontaktaufnahme mit Eltern oder Erziehungsberechtigten zu beraten. Dazu sollte die Schülerin jedoch befragt werden, damit sie sich nicht überwältigt fühlt, was ein weiteres Anvertrauen verhindern würde. Bei einer akuten Gefährdung sollen sich die Eltern und die Schülerin mit einer örtlichen oder regionalen kinder- und jugendpsychiatrischen Ambulanz in Verbindung setzen.

Religionspädagogische Einschätzung
Insbesondere Religionslehrkräfte gelten als Vertrauenspersonen und werden daher oft von SuS in brisanten Situationen angesprochen. Sollten sich SuS nicht direkt äußern, gibt es auch etliche nonverbale Hinweise auf eine krisenhafte Entwicklung, wenn SuS z. B. häufiger schwänzen oder gleichgültig und demotiviert, traurig, vernachlässigt oder zurückgezogen wirken. Kolleginnen und Kollegen berichten vielleicht von drastischem Leistungsabfall, von häufigen Krankmeldungen oder sonstigen Auffälligkeiten, die als Indizien gelten könnten.[194]

Die Religionslehrkraft sollte versuchen, weiter in einem Vertrauensverhältnis zur Schülerin zu stehen und mit ihr Gespräche zu führen. Zugleich sollte sie auf geschulte Beratungslehrkräfte oder die Schulpsychologin verweisen und mit diesen vertrauensvoll zusammenarbeiten. Der Schülerin sollte sie versichern: »Ich verspreche dir, dass ich nichts veranlassen werde, ohne es vorher mit dir abzusprechen.«

> **Rechtsfall 61** Tod eines Schülers
>
> Der Religionslehrer eines Oberstufenkurses wird auf dem Weg zum Unterricht von dem Schulleiter aufgehalten und informiert, dass ein Schüler des Religionskurses in der Mittagspause durch eine Fahrt mit einem Auto gegen die Turnhallenmauer offensichtlich versucht habe, sich das Leben zu nehmen. Es sei zuvor auch eine Abschiedsmail an die Eltern und an die Schule verfasst worden.
>
> Der Schulleiter verweist darauf, dass er bereits die Rettungskräfte und die Eltern informiert habe und dass der Schüler gute

---

194 Siehe Heidrun Bründel, Jugendsuizidalität und Salutogenese. Hilfe und Unterstützung für suizidgefährdete Jugendliche, Stuttgart 2004. Ebenso: Dies., Notfall Schülersuizid. Risikofaktoren – Prävention – Intervention, Stuttgart 2014.

Überlebenschancen habe, aber schwer verletzt sei. Am Ort des Unfalls seien bereits geeignete Maßnahmen zur Abschirmung anderer SuS bzw. Zuschauer getroffen worden und Erste Hilfe werde auch geleistet, Augenzeugen würden im Büro des Schulleiters warten, die Polizei würde ebenfalls gleich erscheinen. Der Krankenwagen sei soeben eingetroffen. Nun sei es Aufgabe der Religionslehrkraft, den Religionskurs über die Situation zu informieren.

»Was soll ich denen denn sagen? Und was darf ich überhaupt sagen?«, fragt der Religionslehrer bestürzt und ringt selber um Fassung, da er den Schüler gut kannte.

»Sie machen das schon!«, erwidert die Schulleitung. »Der Schulpsychologe ist auch schon informiert und wird heute im Laufe des Nachmittages eintreffen! Ich verlasse mich auf Sie, dass Sie sich um die SuS kümmern, damit die jetzt nicht durchdrehen.«

Rechtliche Beurteilung

Die Sofortreaktion des Schulleiters – Alarmierung der Eltern, der Polizei und der Rettungskräfte, Erste-Hilfe-Maßnahmen, Benachrichtigung des Schulpsychologen, Abschirmung des Verletzten, Separierung der Augenzeugen etc. – ist adäquat. Denn es handelt sich in diesem Fall schulrechtlich um eine »Problem- und Notlage«[195].

Im nächsten Schritt muss das Krisenteam der Schule – zusammengesetzt z. B. aus einer Beratungslehrkraft, einer seelsorgerlich tätigen Lehrkraft, einem Mitglied der Schulleitung, Gefahrenbeauftragte, Leitung der Streitschlichter-AG, Sekretärin, SV-Lehrkräfte, Brandschutzbeauftragte etc. – eine erste Lagebesprechung durchführen und das weitere Vorgehen klären.

Der Religionslehrer sollte auf dem Weg zur Klasse von einem Mitglied des Krisenteams begleitet werden, allein schon aus dem Grund, dass er selber emotional betroffen ist. Falls dies nicht möglich ist, sollte das Krisenteam mit ihm das Verhalten und den Informationsgehalt besprechen und sich davon überzeugen, dass die Religionslehrkraft dieser Aufgabe auch gewachsen ist, ggf. ist eine andere Lehrkraft als Begleitung zu empfehlen.

---

195 Runderlass des Schulministeriums Nordrhein-Westfalen vom 02.05.2017.

Es ist gut, wenn die SuS des Religionskurses rasch eine Ansprechperson erhalten, da sie das Recht auf Information haben, und es ist auch gut, dass dies der ihnen vertraute Religionslehrer ist und nicht eine fremde Person.

Der Schulleiter muss zeitnah die Schulaufsichtsbehörde, den Schulträger und die amtliche Pressestelle informieren. Gegebenenfalls muss das Jugendamt informiert werden, wenn ein Verdacht besteht, dass eine familiäre Belastung zur Gefährdung geführt haben könnte.

Religionspädagogische Einschätzung

Bei der Gesprächsführung ist es wichtig, dass die Religionslehrkraft authentisch ist und durchaus auch ihre eigene Betroffenheit zeigt. Die SuS würden ohnehin merken, wenn sich die Lehrkraft nur mühsam zusammenreißt. Eine Ausnahmesituation erfordert zwar eine professionelle Stabilität der Lehrkraft, jedoch ist es nicht notwendig, die eigenen Gefühle und vielleicht Tränen zurückzuhalten. Gerade im Religionsunterricht wird ohnehin des Öfteren über Persönliches, über Gedanken und Gefühle und über Themen wie Tod und Trauer gesprochen. Diese gleichsam fachspezifische Gesprächsfähigkeit kann in solchen Notlagen eine große Hilfe sein.

Wichtig ist zudem, dass der Religionslehrer nicht versucht, die offensichtliche Tatsache eines Suizidversuchs zu verschleiern oder gar zu verleugnen. Die Abschiedsmail wird ohnehin schon auf digitalem Wege den SuS im Wortsinn, in Auszügen oder ganz vorliegen, da die Informationsgeschwindigkeit in sozialen Netzwerken rasant ist.

Um Gerüchten vorzubeugen, ist es wichtig, die SuS ebenso wahrheitsgemäß wie sensibel zu informieren. Wahrheitstreue muss aber nicht bedeuten, dass man über alle bekannten Details – z. B. über den Schweregrad der Verletzung – berichtet. Wichtig ist vielmehr, in einem möglichst angemessenen Gesprächssetting (z. B. Stuhlkreis) SuS zunächst selber erzählen zu lassen, was sie gesehen oder gehört haben, und Raum für Gefühle zu geben und Trauerreaktionen (z. B. Tränen) zuzulassen. Bei etwaigen Schuldgefühlen der SuS sind klare Grenzen zu setzen und deutlich zu machen, dass es in dieser akuten Lage um Hilfe und Unterstützung für die Gruppe und um den Zusammenhalt als Schulgemeinde geht. Die Lehrkraft kann anbieten, ein Gebet zu sprechen, das die SuS, wenn sie mögen, mitvollziehen können. Auch Minuten des bewussten gemeinsamen Schweigens können hilfreich sein, ebenso die Form des seelsorgerlichen Kurzgespräches.[196]

> **Rechtsfall 62** Konfrontation mit familiärer Gewalt
>
> Im Religionsunterricht einer 7. Klasse geht es um das Thema »Streit, Konflikte, Lösungen«. Dabei entspinnt sich eine hitzige Diskussion über familiäre Gewalt: Was ist darunter zu verstehen, wann fängt sie an und wo hört sie auf, soll z. B. eine gelegentliche Ohrfeige erlaubt sein oder nicht? Welche Formen psychischer Gewalt, welche Beratungsmöglichkeiten gibt es?
>
> Dabei meldet sich eine Schülerin und erzählt offen – im Religionskurs herrscht immer das vertrauliche Prinzip, dass keiner etwas hinausträgt –, dass sie schon des Öfteren von ihrem Vater geschlagen wurde, dass sie dies aber meist verstehen kann, da ihr Vater viele Probleme mit seiner Arbeitslosigkeit hat und dass sie »eigentlich damit ganz gut klar kommt«.
>
> Nach der Unterrichtsstunde nimmt die Religionslehrkraft die Schülerin beiseite.

Rechtliche Beurteilung
Im Jahr 2005 wurde der § 8a SGB VIII (Achtes Buch Sozialgesetzbuch = Kinder- und Jugendhilfegesetz), d. h. der Schutzauftrag für Kinder und Jugendliche, deutlich konkretisiert und verstärkt. Am 01.01.2012 trat das Bundeskinderschutzgesetz (KiSchG) in Kraft, welches sich auf den § 8a bezieht und diesen weiter präzisiert.[197] Dem-

---

196 Vgl. z. B. Hans-Martin Gutmann/Birgit Kuhlmann/Katrin Meuche, Das seelsorgerliche Kurzgespräch im Arbeitsfeld Schule, in: Praxisbuch Schulseelsorge, Göttingen 2014, 59–74.
197 »Diese zentrale Aufgabe unseres Rechtsstaates ist im Grundgesetz durch das in GG Art 6.2, Satz 2 begründete ›Staatliche Wächteramt‹ sowie durch die staatliche Schutzpflicht für die Persönlichkeitsentfaltung und Persönlichkeitsentwicklung von Kindern und Jugendlichen in GG Art 2.1 i.V.m. Art 1.1 verankert. Gleichzeitig ist diese staatliche Verantwortung auch eine völker-

nach muss bei Verdacht auf Kindeswohlgefährdung oder Gewalt in der Familie (körperliche Gewalt, Vernachlässigung, Misshandlung etc.) die Lehrkraft – in Absprache mit der Schulleitung – sofort tätig werden. Sollten sogar deutlich sichtbare Verletzungen zu erkennen sein, sollte die Lehrkraft umgehend Kontakt mit dem Jugendamt/ Allgemeinen sozialen Dienst (ASD) aufnehmen. Sollte das Jugendamt nicht zu erreichen sein, ist die Polizei zu informieren: »Die Sorge für das Wohl der Schülerinnen und Schüler erfordert es, jedem Anschein von Vernachlässigung oder Misshandlung nachzugehen. Die Schule entscheidet rechtzeitig über die Einbeziehung des Jugendamtes oder anderer Stellen.«[198] D. h., die Schule hat immer die Verpflichtung im Sinne des Kindes tätig zu werden (vgl. § 42 Abs 6 SchulG NRW).

Die Schülerin ist über die eingeleiteten Maßnahmen zu informieren, bei akuten körperlichen Verletzungen gilt es zudem, eine erfahrene Kinderarztpraxis/Kinderklinik zur medizinischen Expertise einzubeziehen und auf eine rechtsmedizinische Dokumentation zu dringen.

Alle weiteren Vorgehensweisen sind mit der Schulleitung und dem Jugendamt abzusprechen. So hat sich die Schulleitung auszutauschen u. a. mit der Schulaufsichtsbehörde, der Bezirksregierung und dem Jugendamt. Bei gravierenden Anhaltspunkten für eine Kindeswohlgefährdung ist es auch möglich, dass das Kind gegen den Willen oder ohne Wissen der Erziehungsberechtigten durch das regionale Jugendamt in Obhut genommen werden kann (vgl. § 42 SGB).

---

rechtliche Verpflichtung, die sich aus dem Übereinkommen der Vereinten Nationen über die Rechte des Kindes ergibt. Demnach verpflichten sich alle Mitgliedsstaaten der Vereinten Nationen in Art 3.2 den Schutz und die Fürsorge für das Kind zu gewährleisten, die für sein Wohlergehen erforderlich sind, sowie in Art 18.2 zu einer angemessenen Unterstützung der Eltern in ihrer Erziehungsaufgabe.« Anke Hein, Das Gesetz zur Stärkung eines aktiven Schutzes von Kindern und Jugendlichen (Bundeskinderschutzgesetz BKiSchG) – Konsequenzen und Herausforderungen aus schulischer Sicht, in: Sigrid A. Bathke u. a., Kinderschutz macht Schule. Handlungsoptionen, Prozessgestaltungen und Praxisbeispiele zum Umgang mit Kindeswohlgefährdungen in der offenen Ganztagsschule, 10–15, hier: 10, https://www.schulministerium.nrw.de/docs/Schulsystem/Prävention/Kinderschutz/Kinderschutzbroschuere-2013.pdf (letzter Zugriff: 23.06.2018).

198 § 42 Abs. 6 SchulG NRW.

Religionspädagogische Einschätzung
Wichtig ist, dass der Schülerin eine Vertrauensperson, z. B. die Religionslehrkraft bzw. Klassenlehrkraft, zur Seite gestellt wird, die verlässlich anwesend ist und das weitere Vorgehen erklärt und koordiniert. Diese Person sollte keine weiteren Fragen zu den Gewaltvorfällen in der Familie stellen, nur das Erstgespräch sollte mit allen Informationen von ihr dokumentiert worden sein.

Da häufig innerhalb der Familie ein Redeverbot über die Gewalt/Vernachlässigung besteht und Kinder in einem Loyalitätskonflikt zu ihren Eltern stehen, werden sie oftmals die geschehenen Handlungen bagatellisieren, leugnen oder alle Aussagen wieder zurücknehmen, sobald das Jugendamt eingeschaltet werden könnte. Wenn die Gefahr besteht, dass das Kind sämtliche Aussagen zurücknimmt, kann auch zunächst nur mit der schulpsychologischen Kraft bzw. dem Jugendamt – ohne Information/Einbezug der Eltern – gesprochen werden. Sobald jedoch die Ausmaße der Gewaltvorfälle absehbar sind, wird das Jugendamt die Eltern einbeziehen müssen. D. h., die das Kind begleitende Religionslehrkraft sollte dies von Anfang an transparent machen, damit das ihr erbrachte Vorschussvertrauen nicht ausgenutzt scheint. Ein anfänglich schnell geäußertes Versprechen im Sinne von »Keine Sorge, ich sage es niemandem« kann von ihr nicht eingehalten werden.

Es besteht auch bei einem vereinzelten Vorkommnis ohne akute Gefahr (z. B. bei einem Erlebnis) durchaus die Möglichkeit der engen Begleitung durch das Jugendamt, welches sich mit der Religionslehrkraft austauscht. So kann vereinbart werden, dass sich das Kind umgehend bei der zuständigen Lehrkraft oder beim Jugendamt im Fall einer weiteren Gewalttat melden muss. Das Kind ist aber regelmäßig zu befragen, wie die häusliche Situation aussieht und es sollte in der Schulakte vermerkt werden. Allerdings sollte diese Maßnahme die Ausnahme sein, kann aber auch einen vertrauensvollen Schutzrahmen bieten.

Das Thema »Gewalt in der Familie« könnte auch weiterhin Thema im Religionsunterricht sein. Hier hat die Religionslehrkraft die Aufgabe, auf örtliche Beratungsangebote aufmerksam zu machen und z. B. auch Notfalltelefonnummern (z. B. Sorgentelefon) herauszugeben. »Verbindlichkeit, Vertraulichkeit und Verlässlichkeit« sind die »Grundlagen jeder Beratung in psychosozialen Problem-, Not-

und Gefährdungslagen.«[199] Zu Verbindlichkeit, Vertraulichkeit und Verlässlichkeit können Religionslehrerinnen und -lehrer aufgrund ihrer fachlichen und personalen Kompetenzen oftmals einen wertvollen Beitrag leisten.

> **Rechtsfall 63** Verarbeitung von Todesnachrichten
>
> Der Religionslehrer einer 11. Klasse erfährt noch vor der ersten Unterrichtsstunde von der Schulleitung, dass am Nachmittag zuvor ein Schüler seines Kurses tödlich verunglückt ist. Bisher weiß noch niemand etwas über die genauen Umstände.
>
> Die Schulleitung bittet den Religionslehrer, der die Klasse in der 1. Stunde unterrichten soll, den SuS vom Tod des Mitschülers zu berichten. Der Klassenlehrer ist an diesem Tag nicht da, aber eine Fachkollegin soll den Religionslehrer begleiten. Die Kollegin jedoch sagt, dass sie weder die Klasse gut kenne, noch den Schüler gut gekannt habe und überlässt ihm die ersten Worte. Sie ist aber bereit, mit ihm in die Klasse zu gehen.
>
> Dem Religionslehrer ist etwas mulmig zumute, aber er macht sich auf den Weg in die Klasse. Dort gibt es bereits Unruhe und die ersten Gerüchte machen sich breit.
>
> Alle verstummen jedoch, als der Religionslehrer eintritt.

Rechtliche Beurteilung

Die Schulleitung entscheidet in Absprache mit der Schulbehörde über konkrete Maßnahmen. So werden z. B. psychosoziale Versorgungsangebote zusammen mit dem Krisenteam und der schulpsychologischen Beratungsstelle geplant, die Familie wird telefonisch oder persönlich vom Schulleiter kontaktiert und ein Kondolenzschreiben wird zeitnah verfasst. Der Schulleiter sollte ein Informationsschreiben an die Schulgemeinde aufsetzen.

Der reguläre Unterricht sollte an dem ersten Tag ein freiwilliges Angebot sein. Wichtig ist es jedoch, dass der Schulvormittag nicht ohne Struktur erfolgt, Prüfungen sollten verschoben werden.

---

199 Runderlass des Schulministeriums Nordrhein-Westfalen vom 02.05.2017.

Nach dem Gespräch der beiden Lehrkräfte mit der Klasse sollten Einzel- und Gruppengespräche angeboten werden.

Religionspädagogische Einschätzung

Insbesondere die Religionslehrkraft bietet im Sinne einer Mimesis den SuS ein Bewältigungsmodell dar. Sie kann durch ihre Fach- und Gesprächskompetenz einen wichtigen Beitrag dazu leisten, dass die Klasse und die Schulgemeinde mit der schwierigen Situation angemessen umgehen können: Gespräche sollten authentisch geführt werden, Gefühle dürfen Raum haben, Betroffenheit darf gezeigt werden. Im Religionsunterricht geht es ohnehin oftmals nicht um »richtig« und »falsch«, sondern um authentisches Sprechen auch über schwierige und oftmals nicht hinreichend beantwortbare Fragen. Niemand sollte daher Angst haben, etwa »das Falsche« zu sagen.

Vorsicht allerdings ist bei Gerüchten geboten: Ihnen sollte kein Raum gegeben werden, sondern im Blick auf das Geschehene sollten sich alle Akteure um klare Information und Versachlichung bemühen. Wenn momentan vielleicht erst wenig zur Sachlage bekannt ist, kann gut darauf verwiesen werden, dass in den nächsten Tagen weitere Informationen folgen werden.

Für die SuS ist es wichtig, dass am ersten Tag und in der darauffolgenden Zeit ein unaufdringliches Gesprächsangebot, z. B. mit der Religions- oder der Beratungslehrkraft oder einer Schulpsychologin – am besten in einem geschützten Raum –, besteht. Wichtig ist hier, dass die Kapazitäten der Notfallseelsorge, Gemeindepfarrer, Vertreter anderer Religionen genutzt werden, sodass die SuS immer die Möglichkeit einer Ansprechperson haben.

Trauerrituale können gemeinsam mit den SuS besprochen und organisiert werden, z. B. eine Gedenkminute, ein gemeinsamer Gang an den Todesort/die Unfallstelle, das Anlegen eines Kondolenzbuches. Für manche SuS ist es auch wichtig, dass eine Erinnerung an den Verstorbenen eine Zeitlang im Gebäude ermöglicht wird, z. B. ein Stuhl/Tisch mit einem Bild, einer Kerze, einem Kreuz etc., an dem die SuS persönliche Gegenstände bzw. Blumen niederlegen können. Auch der feste Platz des Verstorbenen kann eine begrenzte Zeit freigehalten werden und an dem Platz können persönliche Gegenstände abgelegt werden. Man kann Luftballons mit Wünschen/Briefen versehen und gen Himmel steigen lassen, einen Erinnerungsgottesdienst mit Fotos und Erzählungen vorbereiten und andere Gedenk- oder Trauerveranstaltungen in der Schule planen und ggf. mit den Hinterbliebenen absprechen.

Dies alles kann die Religionslehrkraft mit dem entsprechenden Religionskurs organisieren und gestalten.

Wichtig ist schließlich, die SuS darauf aufmerksam zu machen, dass Trauer unterschiedliche Formen annehmen kann. Die Jugendlichen sollen sich zu nichts gezwungen fühlen müssen. Die SuS, die keine Trauer empfinden, weil sie z. B. keinen Kontakt zu dem Mitschüler hatten, sollen sich nicht zur Trauer genötigt fühlen.[200]

Rechtsfall 64 Gesundheitliche Gefährdung

Ein 16-jähriger Schüler gehört mit seiner Familie zu den Zeugen Jehovas.[201] Immer öfter fehlt er im Laufe des Schuljahres am Gymnasium und eines Tages erfährt die Religionslehrerin, dass er schwer erkrankt ist. Die Religionslehrerin wundert sich jedoch, dass kein Krankenhausaufenthalt anberaumt wird. Im Gespräch mit der Klassenlehrerin erfährt sie, dass diese lediglich handschriftliche Entschuldigungen der Eltern, jedoch kein Attest von einem Arzt oder von einem Krankenhaus erhalten hat.

Die Klassen- und die Religionslehrerin bitten die Eltern und den Sohn zum Gespräch und versuchen die Hintergründe zu erfahren. Nach etlichem Hin und Her geben die Eltern zu, dass ihr Sohn eigentlich eine medizinische Behandlung, genauer eine Bluttransfusion benötigen würde. Doch sie würden aus religiösen Gründen keine Bluttransfusion tolerieren und hätten diese daher für ihr Kind abgelehnt. Dies geschehe auf Wunsch ihres Sohnes, der dies auch bestätigt. Sie berufen sich auf GG Art 4.1.

---

200 Siehe Ministerium für Kultur, Jugend und Sport des Landes Baden-Württemberg (Hg.), Vom Umgang mit Tod und Trauer in der Schule, Handreichung für Lehrkräfte, Erzieherinnen und Erzieher, 2008.
201 Vgl. zum Begriff »Religiöser Sonderweg« und zu den Zeugen Jehovas allgemein: Pfister/Roser, Religiöse Sonderwege, 46–55.

Rechtliche Beurteilung

Das Verhalten der Eltern ist von religiöser Überzeugung geprägt und könnte daher in der Tat in den Rechtsbereich von GG Art 4.1 fallen, jedenfalls wenn es um einen Erwachsenen gehen würde, der selber eine Bluttransfusion ablehnt. Auch das Recht auf Selbstbestimmung würde eine Entscheidung eines Erwachsenen legitimieren (vgl. GG Art 2.1).

Doch da es sich in diesem Fall um ein minderjähriges Kind handelt, kann das Kindeswohl gefährdet sein, sodass hier eine Grenze des Elternwillens vorliegt. Eine Kindeswohlgefährdung liegt dann vor, wenn sich ohne eine Bluttransfusion ernsthafte gesundheitliche Folgeschäden ergeben könnten oder das Kind sterben würde.[202]

Dies können weder die Lehrkräfte noch die Eltern adäquat entscheiden. Daher sind sofort die Schulleitung, das Jugendamt und das zuständige Familiengericht zu informieren. Die klinische Sozialarbeit kann die notwendige Vermittlung zwischen Arzt/Ärztin und Eltern vornehmen.

Sollten die Eltern beratungsresistent sein, kann das Jugendamt kurzfristig einen Eingriff in das elterliche Sorgerecht vornehmen, wobei dies aber kein kompletter Entzug der elterlichen Sorge sein wird, sondern ausschließlich den rechtsgültigen Ersatz der Einwilligung der Eltern zur Bluttransfusion betrifft. Aber selbst dieser Eingriff in die elterliche Sorge kann sich erübrigen, wenn die Eltern der Behandlung nach einem Gespräch mit dem Arzt schließlich doch zustimmen.[203]

Im Notfall ist der Arzt/die Ärztin ohnehin – auch ohne Einwilligung der Eltern – handlungsfähig.[204]

---

202 Vgl. http://www.ethikkomitee.de/downloads/leitlinie_sa_zj.pdf (letzter Zugriff: 23.06.2018).
203 Vgl. http://www.ethikkomitee.de/downloads/leitlinie_sa_zj.pdf (letzter Zugriff: 23.06.2018).
204 Dennoch gibt es mitunter auch eigens Zusatzerklärungen in Aufklärungsbögen von Krankenhäusern, in denen die Eltern unterschreiben können, dass ein Notstand bei einer Operation dem Arzt rechtlich die Möglichkeit einräumen würde, eine Bluttransfusion auch ohne Gerichtsbeschluss und gegen Elternwillen zu verabreichen.

Ausnahmen von dieser Regelung können sich allerdings ergeben, wenn bei einem minderjährigen Kind eine »natürliche Einsichtsfähigkeit« vorliegt – und darunter könnte der 16-jährige Gymnasiast fallen, d. h.,

»wenn der Minderjährige nach Auffassungsgabe, Beurteilungsvermögen und Reifeentwicklung in der Lage ist, eine ärztliche Aufklärung entgegenzunehmen, zu verstehen und die Konsequenzen seiner Entscheidung zu erfassen. [...] Der behandelnde Arzt überprüft die Einwilligungsfähigkeit des minderjährigen Patienten unter Nutzung möglichst zahlreicher entscheidungsrelevanter patientenbezogener Erkenntnisquellen. Richtungweisend sind z. B. die Vorbildung, das Interesse und die Aufmerksamkeit sowie die Qualität der Begründung für die Haltung des Patienten. Es kann durchaus empfehlenswert sein, das Gespräch mit dem Jugendlichen im Beisein eines anderen Mitarbeiters zu führen. [...] Es sollte besonders streng geprüft werden, dass keine direkte Beeinflussung der Willensentscheidung des Jugendlichen stattgefunden hat (z. B. durch die Eltern oder andere Zeugen Jehovas). Es muss eine eigenständige Entscheidung sein und nicht etwa eine formelhafte Wiedergabe. Es reicht auch nicht aus, wenn der Patient lediglich einen von ihm unterschriebenen einschlägigen Vordruck der Zeugen Jehovas zum Therapieverzicht vorlegt. Die Entscheidung über die Einwilligungsfähigkeit und ihre Hintergründe sind sorgfältig zu dokumentieren. [...] Bei Zweifeln an der Einwilligungsfähigkeit kann ein Jugendamt bzw. ein Familiengericht eingeschaltet werden, um die Überprüfung und die Verantwortung für die Feststellung der Einsichtsfähigkeit zu übernehmen. [...] Ist der minderjährige Patient jedoch zweifelsfrei einwilligungsfähig, zählt für den weiteren Behandlungsverlauf bei der Erklärung zum Therapieverzicht allein die Entscheidung des Patienten. Die Sorgeberechtigten haben dann bezüglich der Einwilligung zur Behandlung keine Entscheidungsbefugnis mehr. [...] Lehnt der einwilligungsfähige Minderjährige die Transfusion ab, ist dies zu respektieren. Nach ausreichender Aufklärung, ausreichender Berücksichtigung von ggf. möglichen Behandlungsalternativen und expliziter Erklärung zum Therapieverzicht kann die Transfusion von Blut bzw. das Verabreichen von Blutprodukten in rechtmäßiger Weise unterlassen werden, auch wenn daraus Gesundheitsschäden erwachsen oder der Tod eintritt.«[205]

Religionspädagogische Einschätzung
In dem genannten Fall ist die Religionslehrerin aufgrund ihrer Fürsorgepflicht dazu aufgefordert, sich – in Abstimmung mit der Klassenleitung und der Schulleitung – unverzüglich an das Jugendamt und das Familiengericht zu wenden, da eine aktuelle Kindeswohlgefährdung zu vermuten ist. Dann wird der Fall von diesen jeweiligen Institutionen übernommen.

Im Religionsunterricht der Schule sollten Themen wie »religiöse Sonderwege« (Sekten, religiöse Minderheiten usw.) thematisiert werden und gehören in vielen Bundesländern ohnehin zum Curriculum. Dabei gilt es, auch die Differenzen zur eigenen Konfession und mögliche Konfliktsituationen (Teilnahme an Klassenfahrten und an schulischen Veranstaltungen) deutlich zu benennen, um Lösungen finden zu können. Obwohl aus der eigenen Perspektive manche Einstellungen befremdlich und sonderbar erscheinen, wie z. B. in diesem Fall das religiös motivierte Ablehnen von Bluttransfusionen, sollte darauf geachtet werden, dass über solch merkwürdig anmutende Einstellung sachlich und respektvoll gesprochen wird. Nicht selten kommt es vor, dass am Religionsunterricht SuS teilnehmen, die aufgrund ihrer familiären Situation mit solchen religiösen Organisationen und Lehren zu tun haben. Sie müssen den schulischen Unterricht als Ort erleben, an dem sie ihnen bislang vielleicht nicht bekannte, aber wichtige Information und Aufklärung bekommen, die sie in ihrer eigenen Urteils- und Handlungskompetenz voranbringen.

Rechtsfall 65 Cyber-Mobbing

Als die Religionslehrerin in den Raum tritt, kommen zwei Mädchen in Tränen aufgelöst zu ihr. Sie reden wild durcheinander, es ginge um Beschimpfungen auf WhatsApp, zudem sei ein Foto auf Instagram

---

205 Http://www.ethikkomitee.de/downloads/leitlinie_sa_zj.pdf (letzter Zugriff: 23.06.2018).

mit beleidigenden Bemerkungen eingestellt worden. Die Mädchen wollen der Lehrerin die entsprechenden Screenshots zeigen, doch diese versucht erst einmal für Ruhe in dem Raum zu sorgen. Alle stehen in Grüppchen zusammen, unbeteiligt scheint keiner zu sein. Schließlich ruft ein Mädchen: »Die sind doch selber schuld, wenn sie Nacktfotos von sich eingestellt haben.«

Rechtliche Beurteilung
Cyber-Mobbing ist eine neue und spezielle Form von Mobbing bzw. Gewalt: Via Handy (Smartphone) und sozialen Netzwerken kommt es vor, dass Mit-SuS durch Worte oder Bilder belästigt, bedroht oder diffamiert werden. Das Besondere an dieser Form von Diffamierung und Gewalt besteht darin, dass sie auf elektronischem Weg schnell verbreitet und ein mitunter großer und unbekannter Personenkreis Empfänger und Zeuge wird, aber der Täter/die Täterin zumeist anonym bleibt.

Obwohl Cyber-Mobbing selbst kein Strafbestand ist, können darin andere Strafbestände impliziert sein: z. B. Beleidigung (§ 185 StGB), üble Nachrede (§ 186 StGB), Verleumdung (§ 187 StGB), Gewaltdarstellung (§ 131 StGB), Verletzung der Vertraulichkeit des Wortes (§ 201a StGB), Verletzung des persönlichen Lebensbereiches durch Bildaufnahmen (§ 201 StGB), Nachstellung (§ 238 StGB), Nötigung (§ 240 StGB), Bedrohung (§ 241 StGB) und das verletzte Recht am eigenen Bild (§ 22, 33 KUG).

Die Lehrkraft sollte zunächst den Sachverhalt klären, indem sich alle Beteiligten, in diesem Fall scheinbar die ganze Gruppe, dazu äußern. Rasch wird deutlich werden, wer Täter und wer Opfer ist.

Bei gravierenden Fällen sollte der Medienträger der Schulleitung – im Falle einer etwaigen Anzeige der Polizei – zwecks Beweissicherung übergeben werden. Bei Verdacht auf eine Straftat darf nur die Polizei oder Staatsanwaltschaft gegen den Willen der SuS bzw. der Eltern die Daten einsehen, d. h., weder die Lehrkraft noch die Schulleitung dürfen das Handy einfach durchsuchen, es sei denn, die SuS zeigen freiwillig die Bilder/Äußerungen etc.

Ein Protokoll mit den Aussagen, Äußerungen, Bildern etc. sollte zeitnah erstellt werden. Zudem soll der Geschädigte weitere Beleidigungen etc. protokollieren bzw. ausdrucken. Ein Löschen der Äußerungen ist nicht ratsam, da zunächst die Polizei die Daten einsehen sollte.

Erzieherische bzw. Ordnungsmaßnahmen sollten gemeinsam mit der Schulleitung erfolgen.[206]

Religionspädagogische Einschätzung
Es ist wichtig, dass in der Klasse bzw. dem Kurs eine pädagogische Aufarbeitung zum Thema »Cyber-Mobbing/Umgang mit eigenen und fremden Daten im Netz« erfolgt. Eigens geschulte SuS, die sogenannten Medienscouts, können diese Aufklärungsarbeit leisten. Ebenfalls sollten geschulte Fachkräfte wie Schulpsychologen, Fachkräfte für Schulsozialarbeit, Beratungslehrkräfte etc. hinzugezogen werden.

Innerhalb der Klasse bzw. der Schulordnung ist ein Verhaltenskodex zu erarbeiten. Ein gutes Vertrauensverhältnis ermöglicht das Sich-Anvertrauen gegenüber der Religionslehrkraft, daher sollte dieses weiter gewahrt bleiben.

Die Religionslehrkraft sollte die Konsequenzen der Handlungen mit den SuS besprechen, indem sich diese in die jeweilige Situation hineinversetzen.

Beim sogenannten »Sexting«[207], dem Einstellen von eigenen, intimen Fotos oder Aufnahmen, ist die betroffene Person an die Schulpsychologische Beratungsstelle bzw. an die Beratungslehrkraft der Schule zu verweisen, damit eine adäquate Beratung erfolgt. Es muss deutlich auf die Gefahren und den sorgfältigen Umgang mit eigenen Fotos hingewiesen werden und die Eltern sind ebenfalls einzubeziehen.

Gemeinsam kann den Gründen nachgegangen werden, warum die eigenen intimen Daten veröffentlicht werden. Oftmals gehen

---

206 Weitere Handlungsempfehlungen: http://servicebureau.de/materialien/cyberbullying-broschure/ (letzter Zugriff: 23.06.2018); MSW NRW (Hg.), https://lehrerfortbildung-bw.de/st_recht/urheber/urh/homep/mobbing/handlungsempfehlungen_mobbing.pdf (letzter Zugriff: 23.06.2018).
207 Der Begriff »Sexting« setzt sich aus den beiden Wörtern »sex« und »texting« zusammen, d. h., die SuS tauschen selbst produzierte intime Bilder oder Videos über das Handy, Instant Messenger oder Social-Media-Plattformen aus.

die SuS davon aus, dass die Daten z. B. wirklich nur privat oder nur kurz sichtbar sind, wie von manchen der am digitalen Markt vertretenen Messaging-Diensten behauptet wird. Doch auch dort bleiben die Daten nach dem Verschicken und kurzem Aufleuchten weiter gespeichert.

»Nachhaltige Bildungspolitik setzt auf Prävention«[208], deshalb sind Schulen angehalten, »eine Präventionskette«[209] zu bilden. Zu dieser überfachlichen Aufgabe kann der Religionsunterricht einen wertvollen Fachbeitrag leisten. Nicht zuletzt in den Lehrplanthemen des Religionsunterrichts wie »Ich und die anderen«, »Mann und Frau«, »Liebe, Partnerschaft und Sexualität« sollte mit den SuS offen über die Gefahren dieser neuen Mobbingform gesprochen werden.

Rechtsfall 66 Selbstverletzungen

An einem warmen Sommertag sieht die Religionslehrerin, dass eine ihrer Schülerinnen unterhalb der hoch aufgekrempelten Ärmel zahlreiche frische Schnittverletzungen in der Armbeuge und am Unterarm hat. Sie kann zudem erkennen, dass dort auch schon älteres, vernarbtes Gewebe ist. Als die Schülerin den Blick ihrer Religionslehrerin merkt, zieht sie rasch die Ärmel der Bluse hinunter und weicht dem Blick aus.

Nach der Unterrichtsstunde bittet die Religionslehrkraft die Schülerin zum Gespräch.

Die Schülerin findet dies lächerlich und weist auf die Gruppe: »Die machen es doch alle, wir schicken uns die Fotos sogar gegenseitig zu.«

Rechtliche Beurteilung
Es handelt sich hier um selbstverletzendes Verhalten, auch Autoaggression genannt. Damit wird die Verletzung des eigenen Körpers (z. B. Verwundung durch Kratzen, Ritzen, Schneiden oder Brennen) bezeichnet.

---

208 Runderlass des Schulministeriums Nordrhein-Westfalen vom 02.05.2017.
209 Ebd.

Zunächst einmal ist es wichtig, dass die Lehrkraft nicht fassungslos, verständnislos oder mit Fragen nach dem Grund reagiert, sondern mit Verständnis, dass die betroffene Schülerin zurzeit unter starkem Druck stehen muss. Denn das Ritzen ist Ausdruck eines seelischen Notstandes und ein eindeutiges Zeichen einer kritischen Entwicklung.[210]

Bei akuten Selbstverletzungen, die behandelt werden müssen, ist unverzüglich – in Absprache mit der Schulleitung und den Eltern – der Notarzt oder die Rettungsleitstelle zu informieren.

In jedem Falle ist die Schülerin kinder- und jugendpsychiatrischer Hilfe anzuvertrauen.

In diesem Fall kommt erschwerend hinzu, dass es in dem Kurs anscheinend »Mode« geworden ist, sich zu ritzen, sodass zwischen den SuS zu differenzieren ist, die wirkliche Probleme haben, und denen, die es einmalig zum »Ausprobieren« gemacht haben. Hier ist eine sensible Aufklärungs- und Differenzierungsarbeit vonnöten. Beispielsweise kann die Lehrkraft die eher vereinzelt Ritzenden in regelmäßigen Abständen befragen, ob sie es wieder getan haben. Dies ist in der Schulakte zu vermerken. Bei einer Wiederholung sind weitere Maßnahmen einzuleiten.

Religionspädagogische Einschätzung

Das allgemeine Gefühl, welches mit dem Ritzen oft einhergeht, wie Unverstandensein, sich nicht wertvoll fühlen, Versagensängste, Konflikte mit Bezugspersonen, Gedanken von Gleichgültigkeit etc., kann auch allgemein als Thema der »Ich-Identität« im Religionsunterricht aufgegriffen werden. Dabei kann den SuS vermittelt werden, dass sie sich auch »unperfekt« von Gott und den Mitmenschen angenommen fühlen dürfen.[211]

---

210 Solches Verhalten resultiert aus psychischen Problemen oder Krankheiten und tritt zumeist während der Pubertät, mithin während der Sek I auf, bei Mädchen deutlich häufiger als bei Jungen.
211 Sofort einsetzbare Kopiermaterialien sind z. B. in dem Arbeitsheft zu finden: Stefanie Pfister, Ich gegen mich!? Kopiervorlagen zum Thema Selbstverletzung, Selbstbewusstsein, Identität. Sekundarstufe I, Göttingen 2009.

Rechtsfall 67 Gewaltandrohungen

Während einer Klausur im Religionsoberstufenkurs entdeckt die Religionslehrkraft, dass ein Schüler mit einem Handy hantiert und sogar ins Internet geht. Sie kassiert umgehend das Handy ein und bittet den Schüler nach Klausurabgabe zum Gespräch. Sie erklärt ihm, dass die Arbeit nur teilweise – alles Geschriebene bis zur Handyabgabe sei ungültig – gewertet werden kann und dass wegen dieses Täuschungsversuchs noch Ordnungsmaßnahmen erfolgen werden.

Der Schüler jedoch fängt eine Diskussion an. Er würde es nicht einsehen, schließlich habe er nur seinem Freund eine WhatsApp geschrieben, die Lehrkraft könne dies auch gerne im Chatverlauf einsehen. Es könne nicht sein, dass die Arbeit nicht vollständig gewertet werden würde. Die Religionslehrerin merkt, dass sie mit einer Erklärung nicht mehr weiterkommt, da der Schüler zunehmend laut und aggressiv wird und bittet ihn schließlich, mit ihr direkt zur Schulleitung zu gehen. Da baut sich der Schüler vor ihr auf, kommt ihr sehr nah, droht mit seiner Faust und sagt: »Passen Sie auf, wie Sie mir reden. Das lasse ich mir nicht gefallen. Sie werden noch was erleben!«

Geschockt lässt die Religionslehrerin den Schüler gehen ...

Rechtliche Beurteilung

In jedem Fall sind Gewaltandrohungen immer ernst zu nehmen und nicht aus Schamgefühl etwa zu bagatellisieren. Aggression oder Gewalt gegen Lehrkräfte kann sich durch Beleidigungen, Sachbeschädigungen, Körperverletzung, psychische Gewalt (z. B. die erfolgte Androhung) äußern. Die Lehrerin hätte auch den Polizeinotruf tätigen können, falls sie z. B. befürchtet, dass der Schüler ihr draußen auflauert.

Falls sie dies nicht macht, sollte sie ein lückenloses Protokoll zur Klärung der Sachlage anfertigen, Zeugen benennen und der Schulleitung umgehend Bericht erstatten. Das Krisenteam der Schule ist bei Befürchtung der Verschärfung der Konfliktlage einzuberufen, sodass das weitere Vorgehen gemeinsam besprochen werden kann. Es sollte überprüft werden, ob es Hinweise im Vorfeld gab, z. B. aktuelle Konflikte, bereits erfolgte Ordnungsmaßnahmen etc.

Der Schüler sollte – im Rahmen der Allgemeinen Dienstordnung (ADO) – zeitnah eine Suspendierungsmaßnahme mit sofortiger Wirkung und dabei erfolgten Betreuungsmöglichkeiten in der Schule mit Aufgabe und täterbezogenen Maßnahmen wie Zusammenarbeit mit Eltern, Jugendhilfe oder ggf. eine Gefährderansprache durch die Polizei erhalten. Eine Erziehungs- bzw. Ordnungsmaßnahme sollte gemäß § 53 SchulG erfolgen. Eine Strafanzeige kann bei Überschreitung der strafrechtlichen Schwelle notwendig sein.

Religionspädagogische Einschätzung

Gewalt gegen Lehrkräfte nimmt zu und ist kein Einzelfall mehr. Oft werden diese Vorfälle aber weder den Kollegen noch der Schulleitung oder gar der Polizei angezeigt, da dies immer mit einem Schamgefühl bzw. dem Gefühl des angeblichen Autoritätsverlusts verbunden sein kann.

So ist neben der zeitnah erfolgten Ordnungsmaßnahme wichtig, dass die Schulleitung das Sicherheitsbedürfnis der Lehrkraft ernst nimmt und mit ihr gemeinsam überlegt, ob sie in der Lage ist, den Schüler in den Tagen nach der Reintegration zu unterrichten. Zudem sollte die Schulleitung der Lehrkraft den Rücken stärken und ihr Vorgehen, ihre Gefühle etc. nicht hinterfragen.

Für die Lehrkraft ist es wichtig, dass sie sich bewusst macht, dass sich viele Fälle von psychischer Gewalt/Bedrohung/Provokation und Aggression nicht gegen die Person, sondern gegen die professionelle Funktion, die Lehrerrolle, richten. Dies kann ggf. zu einem gewissen Maß an Distanz und Gelassenheit führen, sodass das Erleben nicht auf die emotionale bzw. persönliche Ebene bezogen wird. Jede Schule sollte ein »schuleigenes Beratungskonzept als Teil ihres Schulprogrammes […] entwickeln und ein schulisches Team für Beratung, Gewaltprävention und Krisenintervention einrichten«.[212] Zum einen kann sich die betroffene Religionslehrkraft an dieses Beratungsteam wenden, zum anderen können sich Religionslehrerkräfte aufgrund ihrer fachlich-thematischen Ressourcen und kommunikativen Kompetenzen gewinnbringend in die Entwicklung und Fortschreibung eines solchen Beratungskonzepts einbringen.

---

212 Runderlass des Schulministeriums Nordrhein-Westfalen vom 02.05.2017.

Kapitel 2.7   17 Rechtsbeispiele zu weiteren relevanten Aspekten des Religionsunterrichts

Rechtsfall 68   Gideon-Bibeln in der Schule

In einer Hauptschule sind die Haushaltsmittel knapp. Für den Religionsunterricht können daher keine Bibeln mehr angeschafft werden. Der engagierte Religionslehrer möchte jedoch die bibelkundlichen Kenntnisse der SuS fördern. Aber den Eltern der SuS ist die Anschaffung einer Bibel nicht mehr zuzumuten, sie mussten in diesem Schuljahr schon einen Atlas und ein Englischbuch als Eigenanteil finanzieren. Zudem steht bald die Klassenfahrt an.

Da erhält der evangelische Religionslehrer das Angebot des Gideonbunds,[213] er könne kostenlos einen Klassensatz von Neuen Testamenten erhalten. Er nimmt dieses Angebot gerne an und verteilt die Bibeln umgehend an die SuS.[214]

Auch der katholische Kollege findet diese Idee großartig und nimmt die Gideon-Testamente in Empfang.

§ Rechtliche Beurteilung

Grundsätzlich muss rechtlich für ein Lernmittel in der Schule eine Zulassung vorliegen: »Lernmittel dürfen an Schulen nur eingeführt werden, wenn sie zugelassen sind.«[215] Eine Gideon-Bibel stellt aber kein zugelassenes Lernmittel dar.

Weiter verbietet es das Schulgesetz, dass SuS einseitig beeinflusst werden.[216] Dieser Verdacht könnte ggf. beim evangelikalen Gideonbund gegeben sein.

---

213 Der Gideonbund gilt als evangelikale internationale Vereinigung, gegr. 1899, in Deutschland seit 1956. Die zumeist männlichen Mitglieder verteilen Millionen Bibeln und Neue Testamente in Hotels, Krankenhäusern, Kasernen, Justizvollzugsanstalten, Schulen und Universitäten.
214 Vgl. zum umfassenden Angebot der aktuellen Gideon-Bibeln: https://gideons.de/unser-angebot/unsere-bibeln (letzter Zugriff: 23.06.2018).
215 Zulassung von Lernmitteln, RdErl. des Ministeriums für Schule, Jugend und Kinder v. 03.12.2003 (ABl. NRW. 2004, 9).
216 Vgl. § 2, Abs 7 SchulG NRW.

Doch seit dem Runderlass des Ministeriums NRW vom 28.09.1995 wird eine Verteilung von Gideon-Bibeln für evangelische SuS zugelassen.[217] Im Katholischen Religionsunterricht ist dies zu unterlassen. Das Verteilen von Bibeln vor der Schule oder im Evangelischen Religionsunterricht durch Gideonbund-Mitarbeiter wäre demnach zwar zulässig, die Schulleitung muss aber darüber vorher informiert werden.

Religionspädagogische Einschätzung
Der Religionslehrer darf die Annahme der Gideon-Testamente dennoch nicht eigenmächtig entscheiden, sondern sollte zunächst das Gespräch mit der Schulleitung und ggf. mit dem Schulamt suchen.

Die Erzdiözese München und Freising gibt zudem folgende, weitere praktische Handlungsempfehlungen:

»im Bereich der öffentlichen Schulen ist eine allgemeine Verteilaktion aus folgenden Gründen kritisch zu betrachten: – öffentliche Schulen sind in Bezug auf Religiosität ein neutraler Raum, daher ist hier der Religionsfreiheit und dem religiösen Pluralismus Rechnung zu tragen, – die Aktion wäre folglich allenfalls im Bereich des Religionsunterrichts anzusiedeln, – da in der Schule i. d. R. Schulbibeln vorhanden sind und im katholischen Unterricht mit der Einheitsübersetzung gearbeitet wird, im evangelischen Unterricht die Lutherübersetzung zum Einsatz kommt, sollte der Einsatz der Gideon-Ausgabe kritisch überdacht werden, – allgemein ist es sinnvoll, dass die Lehrkräfte die Schülerinnen und Schüler darüber informieren, um was für eine Aktion es sich handelt, wer für die Verteilaktion verantwortlich ist und wie man mit unerwünschten Angeboten umgehen kann, – eine Extrastunde für die Bibelverteilung sollte nicht eingeplant werden, – im Sinne der Ökonomie und Ökologie sollten nur die Schülerinnen und Schüler eine Bibel erhalten, die sie auch haben wollen – es ist zu schade um das Geld und das Material, wenn die Bibel nachher im Mülleimer landet, – eine missionarische

---

217 Runderlass vom 28.9.1995-Az.: IC 2.30–40/48 Nr. 89/95 (n.v.).

Tätigkeit ist in jedem Falle zu unterbinden; die Schule und vor allem der Unterricht dürfen dafür nicht missbraucht werden, – an katholischen Konfessionsschulen ist die Aktion nicht dienlich und hat zu unterbleiben.«[218]

Insgesamt sollte die Verteilung der Testamente daher auch im Religionsunterricht kritisch gesehen und gründlich bedacht werden. Die Annahme der Testamente sollte eine Ausnahme bleiben und den Eltern und SuS auch so – am besten schriftlich – erklärt werden.

Religionspädagogisch gilt es zu bedenken, dass der Gideonbund die Testamente hinten mit einem Bekenntnisschreiben versehen hat: »Ich bekenne, dass ich ein Sünder bin, und glaube, dass der Herr Jesus Christus für meine Sünden am Kreuz gestorben und zu meiner Rechtfertigung auferstanden ist. Ich nehme ihn jetzt an und bekenne ihn als meinen persönlichen Erretter.«[219] Darunter können die SuS ihre Namen und das Datum eintragen. Wenn die Lehrkraft dieses Bekenntnisschreiben nicht aus den Testamenten entfernen kann, ohne dass diese beschädigt werden, bliebe die Möglichkeit, dass die Testamente als Klassensatz in der Schule/Klassenraum bleiben und nicht in den persönlichen Besitz der SuS übergehen. Dadurch würde jeder Vorwurf einer Missionierung von SuS ausgeschlossen werden.

Des Weiteren sollte man auch bedenken, dass das Alte Testament nicht mit abgedruckt ist, was eine einseitige Sichtweise darstellt und für einen notwendigen jüdisch-christlichen Dialog wenig förderlich ist.

Wenn sich die Religionslehrkraft an die für die Schule zuständige Kirche bzw. das Landeskirchenamt wendet, wird sie möglicherweise auch eine Bibelspende erhalten können.

---

218 Homepage der Erzdiözese München und Freising. Fachbereich Weltanschauungsfragen. Informationen zu religiösen und weltanschaulichen Strömungen, https://www.weltanschauungsfragen.de/informationen/informationen-a-z/informationen-g/gideonbund-und-die-sog-gideon-bibel/ (letzter Zugriff: 16.06.2018).
219 Vgl. die letzte Buchseite der Gideon-Testamente.

Rechtsfall 69 Kirchenaustritt und Wiedereintritt

Ein Religionslehrer an einer Düsseldorfer Grundschule erlebt persönlich eine schwierige Zeit: Zuerst wird seine Frau sehr schwer krank, dann verstirbt sie völlig unerwartet. Er steht nun mit seinen drei Kindern alleine da und ist völlig überfordert. Er hadert auch mit Gott und zieht für sich die Konsequenz, aus der Kirche auszutreten.

Als er kurzerhand aus der Kirche ausgetreten ist, erfährt er, dass damit auch seine Vokation erlischt und er somit keinen Religionsunterricht erteilen darf. So erkundigt er sich bei der zuständigen Kirche, ob er nicht auch ohne Kirchenmitgliedschaft Religionsunterricht erteilen kann. Doch sein Ansinnen wird abgelehnt.

Ihm wird der Wiedereintritt in die Kirche nahegelegt. Zudem wird er zu einer fünftägigen Vokationstagung mit anschließender feierlicher Übergabe der Vokationsurkunde eingeladen.

Der Religionslehrer ist zwar bereit, wieder in die Kirche einzutreten, aber er sieht nicht ein, warum er an einer Vokationstagung teilnehmen soll.

§ Rechtliche Beurteilung

In der Tat erlischt mit dem Austritt aus der Kirche die kirchliche Bevollmächtigung, die Vokationsurkunde muss zurückgegeben werden und der Religionslehrer darf keinen Religionsunterricht mehr erteilen.[220] Auch wenn er erklärt hätte, dass er nicht mehr bereit wäre, Religionsunterricht zu erteilen, wäre diese erloschen.

Beamtenrechtliche Nachteile erwachsen ihm aber nicht daraus, wenn er keinen Religionsunterricht mehr erteilt, da er verstärkt in seinem anderen Fach oder an einer anderen Schule eingesetzt werden kann.

---

220 Siehe z. B. die Gemeinsame Vokationsordnung der Evangelischen Kirche im Rheinland, der Evangelischen Kirche von Westfalen und der Lippischen Landeskirche vom 11.05.2001/29.03.2001/13.12.2000, § 5: »Die kirchliche Bevollmächtigung erlischt […] mit dem Austritt aus der evangelischen Kirche« [Informationen 42]. Siehe auch Timmer 203.

Für den Wiedereintritt in die Kirche – i. d. R. sind die Austrittsbescheinigung, der Personalausweis und die Geburtsurkunde notwendig – muss er zunächst ein Wiedereintrittsgespräch entweder mit dem Pfarrer/der Pfarrerin seiner Ortsgemeinde oder mit dem Pfarrer/der Pfarrerin einer Wiedereintrittsstelle führen. Es kann sich ein Gottesdienstbesuch mit Abendmahl anschließen. Der Wiedereintritt ist nicht mit Kosten verbunden. Das Finanzamt und der Arbeitgeber müssen über den Wiedereintritt informiert werden.

Mit dem Wiedereintritt in die Kirche erhält die Lehrkraft nicht automatisch die Vokation zurück. Ggf. muss die Lehrperson – um die Vokation wieder zu erhalten – ein Gespräch mit dem zuständigen Vertreter des Landeskirchenamts führen sowie an einer Vokationstagung mit Gottesdienst teilnehmen.

Religionspädagogische Einschätzung
Da der Religionslehrer überstürzt gehandelt hat und mit seiner Lebenssituation verständlicherweise überfordert war, hätte ihm nicht sofort die Vokation entzogen werden müssen. Ein Gespräch mit der Schulleitung und der Kirche wäre sicherlich sinnvoller gewesen, um diese Situation zu verhindern. Es hätte vereinbart werden können, dass der Lehrer für einen befristeten Zeitraum auf die Rechte aus der kirchlichen Bevollmächtigung verzichtet, ohne dass die Rechtsfolgen wie Abgabe der Vokation und Zurückgabe der Urkunde eintreten müssen.

Unter Umständen könnte als individuelle Regelung die zweite Vokationstagung entfallen. In jedem Fall sind ein Gespräch mit einem Vertreter des zuständigen Landeskirchenamtes, seelsorgerliche Unterstützung sowie ein Gottesdienst mit der Übergabe der Vokation sinnvoll und ratsam.

Rechtsfall 70 Religionslehrkräfte und die Leitung von Schulgottesdiensten

An einer Grundschule in Münster finden regelmäßig Schulgottesdienste statt. Der nächste Einschulungsgottesdienst wird von der Fachschaft Religion gemeinsam mit dem Pfarrer sorgfältig geplant. Zu Beginn des Schuljahres erfahren jedoch die Religionslehrer, dass der Pfarrer erkrankt ist und den Gottesdienst nicht durchführen kann. Auch eine Vertretung steht zurzeit nicht zur Verfügung, weil an vielen Münsteraner Grundschulen zeitgleich ein Einschulungsgottesdienst stattfindet. Der Kirchenraum allerdings würde zur Verfügung stehen. Die engagierte und vozierte Fachschaftsvorsitzende der Grundschule traut sich zu, den Gottesdienst wie geplant durchzuführen, alle Kollegen unterstützen sie in ihrem Anliegen. Doch im Gespräch mit einem anderen Pfarrer erfährt sie, dass sie weder Eröffnung und Anrufung, Wortverkündigung, Bekenntnis noch Sendung und Segen übernehmen dürfe, da sie nicht ordiniert sei.

§ Rechtliche Beurteilung
Der Schulgottesdienst gilt als öffentlicher Gottesdienst. Zu dessen Leitung gehört auch die Beauftragung zu einer öffentlichen Verkündigung. Würde eine kleine religiöse Feier in der Schule – als sogenannter religiöser Eckpunkt oder eine Hausandacht – stattfinden, würde das Priestertum aller Gläubigen, welches durch die Taufe erworben wird, genügen. Doch in der Tat bedürfen »öffentliche Gottesdienste […] einer eigenen Beauftragung für die öffentliche Wortverkündigung,«[221] welche bei einem/einer Gemeinde- oder Schulpfarrer/in gegeben ist.

Da sich die Vokation in den meisten Landeskirchen nur auf den Lehrauftrag in der Schule bezieht und seltener auf die Bevollmächtigung von Schulgottesdiensten,[222] müssten sich die Lehrkräfte – jedenfalls für den Teil der Wortverkündigung – in der entsprechenden Landeskirche absichern.

Die liturgischen Elemente des Gottesdienstes wie Eröffnung und Anrufung, Bekenntnis, Sendung und Segen dürfen jedoch von der Religionslehrkraft und den SuS ohne Einschränkung übernommen werden.

---

221 Bernhard Dressler, Schulgottesdienst feiern. Eine Orientierungshilfe der Liturgischen Konferenz, Gütersloh 2012, 28.
222 Die Bevollmächtigung zur Wortverkündigung bzw. zum Leiten von Schulgottesdiensten ist in der Ev. Kirche Mitteldeutschlands, in der Badischen Landeskirche, in der Ev. Kirche von Hessen-Nassau sowie in der Bayerischen Landeskirche Bestandteil der Vokation. Siehe Timmer 209 f.

Religionspädagogische Einschätzung
In der Praxis führen Religionslehrkräfte regelmäßig und mit Erfolg Schulgottesdienste durch. Um Rechtssicherheit zu bekommen, ist es wünschenswert, dass nicht nur in einzelnen Landeskirchen die Vokation mit der ausdrücklichen Erlaubnis zur Leitung von Schulgottesdiensten verbunden wird.

Rechtsfall 71 Das Kruzifix im Klassenzimmer

Ein Klassenlehrer, der zugleich Religionslehrer seiner neuen 5. Klasse an einem bayerischen Gymnasium ist, bringt im Klassenraum ein farbenfrohes Kreuz neben der Tafel an, da auch der Religionsunterricht in seinem Raum stattfinden wird und ihm ohnehin der christliche Glaube sehr wichtig ist.

Die SuS stellen das Kreuz nicht infrage, sie haben andere Sorgen an ihren ersten Schultagen an der neuen Schule.

Doch am ersten Elternabend, der auch in dem Raum stattfindet, wundern sich einige nicht christliche Eltern über das Kreuz. Sie fühlen sich persönlich angegriffen und berufen sich auf GG Art 4.1. Sie verlangen, dass das Kreuz sofort abgehängt wird.

Der Klassenlehrer ist verzweifelt. Am nächsten Tag geht er zur Schulleitung und bespricht mit ihr den Fall.

Rechtliche Beurteilung
Der »Kruzifix-Beschluss« hat in den 90er Jahren für viel Aufsehen gesorgt, da das Bundesverfassungsgericht zu dem Schluss kam, dass das Anbringen eines Kreuzes in den Unterrichtsräumen einer staatlichen Schule in der Tat gegen GG Art 4.1 verstoßen würde.[223] Es seien zwar nicht generell christliche Bezüge verboten, doch diese sollten auf ein Minimum beschränkt werden. Das Anbringen eines Kreuzes würde jedoch die zulässige religiös-weltanschauliche Ausrichtung der Schule überschreiten, da das Kreuz ein spezifisches Glaubenssymbol der Christen sei.[224]

---

223 Vgl. BVerfGE 93,1 vom 16.5.1995.
224 Vgl. BverfGE 93, 1 (18).

Diese Entscheidung wurde jedoch angefochten,[225] weil das Kreuz keinen Zwangscharakter habe. Zudem stehe dem Gericht »im religiös neutralen Staat keine Definitionsmacht hinsichtlich der Bedeutung des Kreuzes«[226] zu, sondern den Kirchen aufgrund des Selbstbestimmungsrechts religiöser Inhalte.[227] Darüber hinaus sei ein Kreuz lediglich »Kultur- und Bildungsfaktor« und ein Symbol der christlich geprägten abendländischen Kultur.[228] Formal wurde dem Bundesverfassungsgericht vorgeworfen, dass es sich über das föderalistische Prinzip hinwegsetzen würde, da die Länder aufgrund ihrer Kulturhoheit dies doch alleine entscheiden könnten.[229]

Kurz danach hat Bayern eine Regelung getroffen, nach der in den Klassenräumen ein Kreuz hängen darf, aber eine Widerspruchsmöglichkeit z. B. durch die Erziehungsberechtigen (ggf. durch ein Mehrheitsverfahren erfragbar) gegeben ist.[230]

2011 hat zudem der Europäische Gerichtshof für Menschenrechte festgelegt, dass ein Kreuz im Klassenzimmer keine Grundrechte verletze.[231] Meist wird die Entscheidung den einzelnen Ländern und damit den einzelnen Schulen bzw. Schulträgern überlassen, was teilweise dazu führt, dass Schulen mitunter auf die Anbringung eines Kreuzes verzichten, um kein Ärgernis zu erregen.

---

225 Vgl. Peter Bandura, Das Kreuz im Schulzimmer, BayVBl. 1996, 33; Ernst Benda, Wirklich Götterdämmerung in Karlsruhe?, NJW 1995, 2470; Winfried Burger/Stefan Huster (Hg.), Der Streit um das Kreuz in der Schule. Zur religiös-weltanschaulichen Neutralität des Staates, Baden-Baden 1998. Vgl. zahlreiche weitere – dieses Urteil ablehnende – Literatur in: Avenarius/Füssel, Schulrecht, 131, Anm. 106.
226 Avenarius/Füssel, Schulrecht, 131.
227 Vgl. GG Art 140 i.V.m. WRV Art 137.3.
228 Vgl. dazu besonders Martin Heckel, Das Kreuz im öffentlichen Raum. Zum »Kruzifix-Beschluss« des Bundesverfassungsgerichts, DVbl. 1996, 465.
229 Vgl. Avenarius/Füssel, Schulrecht, 131 in Bezug auf Heckel, 459.
230 BayEUG Art 7.3, eingefügt durch Gesetz vom 21.12.1995 (GVBl, 850).
231 Vgl. Spiegel online, Kruzifixe in Europas Schulen sind rechtens, https://www.zeit.de/gesellschaft/2011-03/egmr-italien-kruzifix-grundrecht (letzter Zugriff: 23.06.2018).

Religionspädagogische Einschätzung

Der Klassen- und Religionslehrer sollte die Sorgen der Eltern ernst nehmen und ihnen seine gute und unaufdringliche Absicht erläutern.

Sollten die Eltern mehrheitlich jedoch auch dann nicht mit dem Kreuz einverstanden sein, ist dieses zu entfernen. Dies legt – neben dem pädagogischen Überwältigungsverbot – auch die problematische Gewaltgeschichte christlicher Kirche (Stichwort Kreuzzüge) nahe.

> **Rechtsfall 72** Schulgebete
>
> An einer christlichen Gemeinschaftsschule finden regelmäßig Schulgebete, jeweils am Montagmorgen direkt nach der Begrüßung statt. Bisher haben sich die SuS daran nicht gestört. Doch mittlerweile messen immer weniger SuS dem Gebet eine Bedeutung bei und verlangen, dass es wegfällt.
>
> Doch der Klassenlehrer weist darauf hin, dass sie nicht unbedingt teilnehmen müssten. Zugleich signalisiert er, dass er es sich doch wünschen würde, dass sie teilnehmen. Dies sei gemeinschaftsfördernd und wertebildend. Da er ihr Klassenlehrer ist, nehmen die SuS das Gebet weiter in Kauf. Sie befürchten eine schlechtere Position in der Klasse.
>
> Einige Eltern beantragen daraufhin bei der Schulleitung ein Einstellen des Schulgebets. Dies würde doch ohnehin niemanden mehr interessieren.

 Rechtliche Beurteilung

Zwar hatte der Hessische Staatsgerichtshof im Jahr 1979 ein Schulgebet für unzulässig gehalten, wenn ein Schüler oder ein Erziehungsberechtigter widerspricht,[232] doch das Bundesverfassungsgericht hat gemeinsam mit dem Bundesverwaltungsgericht ein überkonfessionelles Gebet zugelassen. Die SuS müssen

---

232 HessStGH, NJW 1966, 31.

aber die Möglichkeit haben, am Gebet freiwillig teilzunehmen oder eben nicht teilzunehmen.[233]

Religionspädagogische Einschätzung
Die SuS dürfen auf keinen Fall das Gefühl vermittelt bekommen, dass der Lehrer das Gebet von ihnen erwartet. Vielmehr muss die Freiwilligkeit des Betens zum Ausdruck gebracht werden. Dies wird je nach Raumsituation anders aussehen. Auf jeden Fall darf es zu keiner Diskriminierung der nicht am Gebet Teilnehmenden kommen.

Rechtsfall 73 Religionsunterricht und Evolutionstheorie

Eine Schülerin besucht die 8. Klasse eines Gymnasiums in Baden-Württemberg. Ihren Lehrern ist schon lange aufgefallen, dass sie öfter in der Schule fehlt. Bisher haben ihre Lehrer noch nicht reagiert, da sie immer entschuldigt war und sonst sehr aktiv im Unterricht mitarbeitet. Allerdings fällt Biologie aus dem Rahmen, da sie sich in diesem Fach kaum bis gar nicht beteiligt.

Im Gegensatz zum Religionsunterricht: Hier hat sie bisher noch nie gefehlt und macht sonst auch immer sehr engagiert mit. Vor vier Wochen begann ihre Klasse mit dem Thema Schöpfung. Ihr Religionslehrer und die Biologielehrerin haben sich für einen fächerübergreifenden Unterricht entschieden. Neben den Schöpfungsgeschichten aus der Bibel wird daher die Evolutionstheorie in den Religionsunterricht eingebunden.

Vor drei Wochen musste der Religionslehrer feststellen, dass die Schülerin nun auch im Religionsunterricht fehlt. Die Eltern werden zu einem Gespräch bestellt.

Doch die Eltern erscheinen nicht zum Gespräch, sie schicken einen Brief, in dem sie erklären, dass ihre Tochter aufgrund ihres christlichen, bibeltreuen Glaubens nicht an einem Unterricht teilnehmen kann, in dem Gott und seine Allmächtigkeit als Schöpfer nicht ausreichend gewürdigt bzw. absichtlich verleugnet werden. Sie bitten die Schulleitung, ihre Tochter vom Religionsunterricht,

---

233 BVerfGE 52, 223; BVerwGE 44, 196; OVG Münster, SPE 718 Nr. 5.

wenn das Thema Evolution einbezogen wird, und im Biologieunterricht beim entsprechenden Thema freizustellen.[234]

Rechtliche Beurteilung

Eine Freistellung vom Biologieunterricht, z. B. bei bestimmen Themen, ist rechtlich nicht möglich.

Vom Religionsunterricht dagegen könnte sich die Schülerin, da sie religionsmündig ist, abmelden. Doch eine teilweise Befreiung bei bestimmten Themen ist nicht möglich.

Religionspädagogische Einschätzung

Für die Lehrkraft ist es wichtig, sich mit den Kernanliegen evangelikaler Glaubensformen auseinanderzusetzen.

Zugleich muss die Lehrkraft darauf hinweisen, dass die Inhalte des Religionsunterrichts durch die Bezugswissenschaft der Theologie bestimmt werden und nicht durch evangelikale Glaubensansichten, die konträr zur Bezugswissenschaft stehen können. Dies muss sie im Unterricht deutlich machen.

Dennoch sollte Raum für die persönliche Glaubensüberzeugung der Schülerin gegeben werden. Die Glaubensüberzeugungen können auch zur Diskussion gestellt werden, ohne dass die Lehrkraft die Klasse gegen die Schülerin aufbringt.

Rechtsfall 74 Evangelikale Schülerinnen und Schüler

Den evangelischen Religionsunterricht an einem Gymnasium in Hessen besucht auch eine evangelikal geprägte Schülerin. Sie nimmt aktiv und rege am Religionsunterricht teil und fällt durch ihr ausgeprägtes Bibelwissen auf. Bei Diskussionen beteiligt sie sich intensiv und bringt ihre persönliche Glaubensüberzeugung regelmäßig ein, ohne jedoch die anderen überzeugen zu wollen.

Doch eines Tages – beim Thema »Christ sein heute« – wirkt sie auf einmal sehr entschlossen, ihre Glaubensansicht einzubringen.

---

234 Vgl. Fallbeispiel von Julia Peter, Die Protagoras-Schule, in: Stefanie Pfister/Matthias Roser, Religiöse Sonderwege, 146–160.

Sie wirft ihren Mit-SuS und auch der Religionslehrkraft vor, dass alle nur Namenschristen seien. Sie wüssten doch gar nicht, was es bedeute, erlöst und wiedergeboren zu sein.

Nach der Stunde bittet der Religionslehrer die Schülerin zum Gespräch. Sie lässt sich aber auf gar kein Gespräch ein, sondern fordert, dass sie in einer der nächsten Stunden vor der Klasse einmal »Zeugnis geben« dürfe bzw. von ihrem Bekehrungserlebnis zu Jesus Christus, ihrem Heiland, erzählen könne.

Der Lehrer fühlt sich überrumpelt und willigt ein. Nach dem Gespräch ist er aber unsicher, ob dies im Rahmen des Religionsunterrichts überhaupt zulässig ist.

Zudem fühlt er sich auch nicht genug auf das sogenannte »Zeugnis-Geben« vorbereitet.

Rechtliche Beurteilung

Da im evangelischen Religionsunterricht Angehörige anderer Konfessionen und Religionen willkommen sind, können diese auch ihre Glaubensperspektiven einbringen. Dies kann durchaus für den Religionsunterricht gewinnbringend sein. Doch die Lehrkraft hat darauf zu achten, dass die Glaubensfreiheit der anderen SuS gewahrt bleibt.

Dazu kann gehören, dass die Lehrkraft die anderen SuS der Klasse ermutigt, ebenfalls »Zeugnis zu geben« › wobei sich die Evangelische Kirche in ihrem »Zeugnis-Geben« an die reformatorischen Prinzipien gebunden sieht: »Die reformatorischen Leitworte allein durch den Glauben, allein durch das Wort, allein die Schrift sind zwar auf Eindeutigkeit und Unverwechselbarkeit aus, sie sind aber mit einem Exklusivismus des alleinigen Wahrheitsbesitzes nicht zu verwechseln.«[235]

Religionspädagogische Einschätzung

Wichtig ist, dass die anderen SuS verstehen, dass eine Konversion (Bekehrung/Wiedergeburt/Entscheidung für den Glauben an Jesus Christus) nicht unbedingt Bestandteil des christlichen Glaubens ist und nicht als generelle Voraussetzung für das Christsein gelten darf.

---

235 Vgl. https://www.ekd.de/II-Religiose-Vielfalt-und-evangelische-Identitat-564.htm (letzter Zugriff: 08.03.2017).

Die Lehrkraft und die anderen SuS haben deutlich davon Abstand zu nehmen, wenn sie selbst oder andere als »bloße Namenschristen« oder als »nicht erlöst« bezeichnet werden. Tendenzen evangelikalfundamentalistischer Sonderwege, ihre eigene Konversion und die nachfolgende »Konversionshermeneutik« als grundlegend für ihr »Seelenheil« anzusehen, können dazu führen, dass sie sich als die »Auserwählten Gottes« und andere als nicht »teilhaftig an der Herrlichkeit Gottes« betrachten. Dies kann entweder dazu führen, dass diese SuS sich komplett von dem für sie »weltlichen« Unterrichtsgeschehen distanzieren oder sich dazu gezwungen sehen, der Klasse »Zeugnis zu geben« und diese zu missionieren. Konkret kann es bedeuten, dass diese SuS ihre Lerngruppe auf die Erlösung in Jesus Christus hinweisen, auf die Möglichkeit, die Sünde vor Jesus Christus zu bekennen, sich zu bekehren und damit das »Heil zu erlangen«.

Hier ist die Lehrkraft aufgefordert, darauf zu verweisen, dass es sich bei der Annahme des Einzelnen durch Gott um ein unverdientes Geschenk handelt und nicht um ein durch religiöse Leistung zu erwerbendes Gut.

Der Dialog mit evangelikalen SuS kann auch als gewinnbringend betrachtet werden. So beschreibt Rita Klindworth-Budny, Schulpastorin eines Gymnasiums, die Begegnung wie folgt:

»Im Lauf der Jahre habe ich zunehmend schätzen gelernt, wenn die kirchlich distanzierten Schülerinnen und Schüler Lernchancen durch ihre ›frommen‹ Mitschülerinnen und Mitschüler bekommen. In der Begegnung mit deren Haltungen können sie ihre eigene (oft ebenso fundamentalistische) antireligiöse Haltung wahrnehmen und reflektieren und eine tolerantere Haltung gegenüber Christen einüben (dies vor allem in den zweistündigen Oberstufenkursen, die von eher naturwissenschaftlich orientierten Schülerinnen und Schülern belegt werden).«[236]

---

236 Rita Klindworth-Budny, Wie gehe ich in meinem Religionsunterricht mit sehr »frommen«, fundamentalen christlichen Schülerinnen und Schülern um? In: Loccumer Pelikan 4 (2013), 168–169.

Daher ist die evangelikale Schülerin auch unbedingt ernst zu nehmen, wenn sie dieses Bekenntnis für sich als grundlegend fordert und auch stolz darauf ist. Es sollte nicht vorschnell abgewertet werden.

> **Rechtsfall 75** Hinduistische Schülerinnen und Schüler
>
> Ein hinduistisches Mädchen, das regelmäßig am evangelischen Religionsunterricht teilnimmt, bittet den Klassen- und Religionslehrer, dass es am Lichterfest Diwali/Deepavali – welches der Göttin Lakshmi gewidmet ist – für einen Tag vom Unterricht freigestellt wird. Der Lehrer ist unsicher, da er das Fest überhaupt nicht kennt und bisher auch keine besondere hinduistische Religiosität bei dieser Schülerin festgestellt hat. Er vermutet, dass sie sich nur vor dem Englisch-Vokabeltest drücken möchte, der an dem Tag geschrieben wird und gibt ihr somit nicht frei.
>
> Die Eltern stellen daraufhin einen schriftlichen Antrag an die Schulleitung und hoffen, dass ihre Tochter freigestellt wird. Die Schulleitung findet das Fest in den Amtlichen Schulvorschriften jedoch nicht aufgeführt und verweigert eine Freistellung.
>
> Doch die Eltern geben immer noch nicht auf und wenden sich an das Schulministerium.

§ Rechtliche Beurteilung

Ein Antrag auf Beurlaubung aufgrund einer religiösen Feier (Kommunion, Konfirmation, Sabbatfeier, Opferfest etc.) sollte im Allgemeinen Erfolg haben, da das Grundgesetz die Freiheit der Religionsausübung garantiert (GG Art 4.2). In einem Runderlass des nordrhein-westfälischen Schulministeriums heißt es dazu:

»Wichtige Gründe, bei deren Vorliegen die Schulleiterin oder der Schulleiter eine Schülerin oder einen Schüler beurlauben kann, sofern wichtige schulische Gründe dem nicht entgegenstehen, sind insbesondere:

3.1 Persönliche Anlässe
(z. B. Erstkommunion und Konfirmation und vergleichbare Riten

in anderen Religionsgemeinschaften; Hochzeit, Jubiläen, Geburt, schwere Erkrankung und Todesfall innerhalb der Familie). Die Dauer der Beurlaubung richtet sich nach den Gegebenheiten des Einzelfalles. […]

3.3 Teilnahme an Veranstaltungen, die für die Schülerin oder den Schüler eine besondere Bedeutung haben, wie – religiöse Veranstaltungen […]«[237]

Ein Beurlaubungsgrund liegt besonders dann vor, wenn das Fest für die Schülerin eine besondere Bedeutung hat, sie der Religionsgemeinschaft tatsächlich angehört und wenn die entsprechende Religion die Heiligung des Feiertags vorschreibt:

»3.7 Religiöse Feiertage
Das Gebot der Feiertagsheiligung als verbindliche Glaubensüberzeugung einer bestimmten Religionsgemeinschaft und die Zugehörigkeit der Schülerin oder des Schülers zu dieser Religionsgemeinschaft müssen sich feststellen lassen. Eine Beurlaubung ist insbesondere an den im Serviceteil ›Termine‹ der BASS genannten religiösen Feiertagen möglich.«[238]

Der oben erwähnte Serviceteil der BASS umfasst sieben jüdische, vier islamische, 18 orthodoxe, 17 syrisch-orthodoxe, 29 Feiertage der Baháí und 14 alevitische Feiertage,[239] wird regelmäßig aktualisiert und ist online einsehbar.[240] Dass das hinduistische Fest hier nicht aufgeführt wird, liegt daran, dass das Fest nach dem Mond berechnet und damit nicht auf einen bestimmten Tag festgelegt wird.[241] Den-

---

[237] RdErl. d. Ministeriums für Schule und Weiterbildung v. 29.05.2015 (ABl. NRW, 354).
[238] RdErl. d. Ministeriums für Schule und Weiterbildung v. 29.05.2015 (ABl. NRW, 354).
[239] Stand: November 2017.
[240] Https://www.schulministerium.nrw.de/docs/Recht/Schulrecht/Erlasse/Religioese-Feiertage/Religioese-Feiertage.pdf (letzter Zugriff: 23.06.2018).
[241] Diwali beginnt immer am 15. Tag des Hindumonats Kartik (Ende Oktober/Anfang November), 20 Tage nach dem Fest Dashara, zu Beginn des Neumondes.

noch kann es als anerkanntes Fest des Hinduismus gelten. Die Schulleitung sollte sich diesbezüglich erkundigen und die Schülerin für einen Tag freistellen.

Bei einem mehr als einen Tag umfassenden Fest wird in der Regel auch nur eine Beurlaubung für einen Tag ausgesprochen: »Hierüber entscheidet die Schulleitung unter Berücksichtigung der jeweiligen Glaubensausrichtung.«[242]

Religionspädagogische Einschätzung
Damit in Zukunft mehrere Anträge der Eltern erspart bleiben, müsste die Schulleitung die BASS-Liste um die wichtigsten Feste der unterschiedlichen Konfessionen und Religionen der SuS ergänzen.

Bei Festveranstaltungen von »religiösen Sonderwegen« – z. B. Zeugen Jehovas, Mormonen etc. – sollte zuvor aber noch geprüft werden, ob es sich um eine Religionsgemeinschaft im Sinne des GG Art 4.1 und 4.2 handelt.

Rechtsfall 76 Besuch einer Moschee

Zum Thema »Weltreligionen« besucht der Oberstufenreligionskurs eines Gymnasiums in Bayern verschiedene Gebäude: eine katholische und eine evangelische Kirche, eine Synagoge und einen hinduistischen Tempel. Nun steht der Besuch in einer Moschee an. Doch die Eltern von zwei SuS verweigern partout die Teilnahme ihrer Kinder an der Exkursion des Religionsunterrichts. Sie befürchten eine islamistische Unterweisung und Indoktrination bei dem Moscheebesuch. Bei den anderen Exkursionen hatte es bisher keine Probleme gegeben, sodass der Religionslehrer irritiert ist. Er versteht zwar das Anliegen der Eltern, versucht sie aber zu überzeugen, indem er ihnen sagt, dass er dabei sein und darauf achten wird, wie der Moscheebesuch stattfindet.

Doch die Eltern lassen sich nicht beruhigen und stellen einen Antrag an die Schulleitung, dass ihre Kinder zum Zeitpunkt des Moscheebesuchs lieber den Unterricht in einer Parallelklasse besu-

---

[242] RdErl. d. Ministeriums für Schule und Weiterbildung v. 29.05.2015 (ABl. NRW, 354).

chen dürfen. Keinesfalls unterstützen sie die Idee des Religionslehrers. Bei den schriftlichen Aufgaben zum Thema »Islam« können ihre Kinder wieder am Religionsunterricht teilnehmen.

Rechtliche Beurteilung

Der Besuch einer Moschee sowie anderer Gotteshäuser gilt im Rahmen der Exkursion als Schulveranstaltung und kann nicht unter der genannten Begründung verweigert werden. Schließlich findet die Exkursion gemeinsam mit dem Lehrer statt, der anschließend mit den SuS etwaige irritierende Fragestellungen besprechen kann.

Zudem kann dadurch der Religionsunterricht das interreligiöse Lernen fördern.

Anders würde es aussehen, wenn die SuS zum Beispiel am Gebet mit teilnehmen müssten, dann wäre eine Weigerung nachzuvollziehen.

Religionspädagogische Einschätzung

Für die Planung eines Moscheebesuchs sind in der Tat einige Vorarbeiten des Religionslehrers wichtig: Zunächst sollte er genaue Erkundigungen über die Moschee und den Dachverband der Moschee einziehen und diese überprüfen.[243] Zudem sollte ein informierender Elternbrief oder bei weiteren Nachfragen auch Elternabend erfolgen, sodass alle Bedenken zuvor geäußert und Fragen geklärt werden können.

---

243 Als Lehrkraft sollte man mit dem Religionskurs nur eine Moschee besuchen, die Mitglied in einem Dachverband ist, der mit den Grundrechten der BRD in Einklang steht und die freiheitlich-demokratische Grundordnung vertritt. Große Dachverbände sind u. a. die Türkisch-Islamische Union der Anstalt für Religion e. V. – DITIB, der Zentralrat der Muslime in Deutschland e. V., der Verband Islamischer Kulturzentren e. V., die Islamische Gemeinschaft der schiitischen Gemeinden in Deutschland (IGS), der Islamrat für die Bundesrepublik Deutschland e. V. Darüber hinaus gibt es die Organisation Ahmadiyya Muslim Jamaat (AMJ, gegr. 1955). Die Moscheegemeinden des Zentralrats der Marokkaner in Deutschland e. V. sind bisher erst in weniger organisierten Strukturen zu finden. Beim Verband Alevitische Gemeinde Deutschland e.V ist zu beachten, dass er keine »Moscheen«, sondern Cem-Häuser als Versammlungsorte baut.

Im notwendigen Vorgespräch mit dem Vorsitzenden der Moscheegemeinde ist nachdrücklich zu klären, dass die SuS die Moschee in normaler Alltagskleidung ohne Kopfbedeckung besuchen dürfen. Es ist didaktisch-methodisch zu beachten, dass der Vorsitzende des Moschee-Vereins seinen Vortrag/seine Führung – sollte diese/r nicht ganz zu vermeiden sein – auf max. 15 Minuten begrenzt, damit der Moscheebesuch nicht langatmig wird. Zudem sollte die Lehrkraft das eigenständige Arbeiten in der Moschee ermöglichen. Wichtig ist, dass sich alle frei und uneingeschränkt – bei Einhaltung aller Regeln – in der Moschee bewegen dürfen, um die Aufgaben z. B. in Form eines Lerntagebuchs, adäquat erledigen zu können. Auch ein Rückzugs- bzw. Aufenthaltsort, z. B. zur Ablage der Taschen, für die Pausen und zum Essen und Trinken sollte gegeben sein. Dies ist gut realisierbar in der oft angegliederten Teestube – deren Besuch nebenbei einen lebendigen Eindruck von der Moschee als Ort der Begegnung vermittelt.

Die Nacharbeit im Religionsunterricht in der Schule ist außerordentlich wichtig, um noch offene Fragen zu klären. Hierzu könnten auch die Eltern der SuS eingeladen werden, sodass gemeinsam über den Besuch gesprochen werden kann.

Bei allem Respekt vor dem Glauben und der Moscheegemeinde soll Problematisches benannt werden, damit die SuS eine notwendige Differenzkompetenz ausbilden können. Bei der Exkursionsnachbesprechung sollten mögliche Irritationen der Lernenden, z. B. hinsichtlich der Rolle der Frau (Geschlechtertrennung in der Moschee) ernst genommen werden.[244]

Rechtsfall 77 Besuch eines Hindutempels

Der Religionskurs einer 8. Realschulklasse aus Kamen plant zum Thema »Weltreligionen« einen Besuch im hinduistischen Tempel in Hamm/Westfalen. Die Lehrerin und die SuS freuen sich schon sehr auf diese Exkursion.

---

244 Vgl. ausführlich: Stefanie Pfister, »Schuhe aus, leise sein, nicht lachen«. Ein Moscheebesuch mit dem Religionskurs sowie »Zehn Tipps für den Moscheebesuch«. Hintergrundwissen für Lehrerinnen und Lehrer, in: Religion 5–10, Heft 2 (2017), 8–11; 30 f.; weitere Materialien in: Religion 5–10, Materialheft 2 (2017), 3 f. sowie Exkursionstagebuch auf der DVD zum Materialheft.

Im Vorfeld klärt die Lehrerin die Besuchsregeln und erfährt dabei, dass die Klasse zwar eingeladen ist, den Tempel zu besuchen, dass aber diejenigen Mädchen, die zu dem Zeitpunkt ihre Periode haben – und die damit als unrein gelten – nicht den Tempel betreten dürften. Sie müssten dann draußen warten.

Die Religionslehrerin will die Regeln der Religion respektieren und versucht daraufhin – gemeinsam mit den Schülerinnen – einen Termin zu finden, an welchem keine ihre Periode hat, doch dies ist so schwierig, dass die Religionslehrerin kurz davor ist, das Anliegen aufzugeben. Da hat eine Schülerin die Idee, dass man das doch einfach verschweigen könne. Es müsse niemand im Tempel wissen, dass man die Periode habe, schließlich seien sie auch Christen und nicht Hindu.

Die Lehrerin stimmt zwar nachdenklich zu, fühlt sich aber bei der ganzen Sache nicht ganz wohl.

Rechtliche Beurteilung

Der Besuch des Hindutempels sollte im Rahmen einer Exkursion des evangelischen Religionsunterrichts ohne Einschränkungen möglich sein, da es im Christentum nicht als Diskriminierung angesehen wird, wenn eine Frau ihre Periode hat.

Dies ist nicht gleichzusetzen mit anderen »Auflagen« oder Regeln in anderen Gotteshäusern, wie z. B. das Ausziehen der Schuhe bei einem Moscheebesuch oder das Aufsetzen einer Kippa bei einem Besuch in einer Synagoge, sondern hier geht es um eine grundsätzliche – als diffamierend empfundene – Ausschließung.

Religionspädagogische Einschätzung

Die Religionslehrerin sollte von Beginn an offen mit dem Tempelpriester reden und diese Auffassung schildern.

Sollte den Mädchen dennoch ein Besuch verwehrt werden, sollte der Besuch ganz unterlassen werden. Hier sind dann Grenzen des interreligiösen Dialogs erkennbar und hinzunehmen.

Rechtsfall 78 Kopftuchverbot in der Schule

Die katholische Bekenntnisschule in Düsseldorf spricht ein allgemeines Kopftuchverbot für muslimische Schülerinnen aus. Da die katholische Schule im Umfeld sehr beliebt ist, nehmen die meisten Eltern und SuS die neue Hausordnung in Kauf und halten sich an das Kopftuchverbot.

Doch zwei Schülerinnen weigern sich, das Kopftuch in der Schule abzunehmen. Es sei ein Teil ihrer Identität und bisher habe es doch auch niemanden gestört. Auch ihre Eltern unterstützen das Anliegen ihrer Töchter, schließlich haben sie diese religiös erzogen.

Doch der Schulleiter bezieht sich auf den Bekenntnischarakter der Schule und droht die Schulentlassung an.

Rechtliche Beurteilung
Auch eine Bekenntnisschule, die oftmals eigene Regelungen für den Religionsunterricht, Schulgottesdienst etc. trifft, darf kein pauschales Kopftuchverbot für die Schülerinnen aussprechen.

Die Schülerinnen dürfen weiterhin die Schule besuchen und sie können ihr Kopftuch in der Schule tragen.

Eine intensive Aufklärungsarbeit zwischen den Eltern, den Schülerinnen und der Schulgemeinschaft ist vonnöten. Insbesondere muss ein Gespräch des Schulleiters mit den Eltern und den Schülerinnen stattfinden. Die Schulaufsicht kann den Prozess beratend begleiten.

Religionspädagogische Einschätzung
Die Religionslehrkräfte sollten – auch wenn es an der Schule bisher noch nicht zu solch einem Fall gekommen ist – die Gespräche mit ihren Religionskursen zu diesem Thema suchen und dieses nicht tabuisieren. Meistens sind die SuS ohnehin sehr tolerant und haben kein Problem mit dem Tragen eines Kopftuchs.

Das Gespräch dazu kann sich in einer Themenreihe »Religiöse Symbole in der Schule« oder »Wie viel Religion gehört in die Schule?« vertieft aufgegriffen werden.

Rechtsfall 79 Katholische Bekenntnisschulen

Ein muslimisches Elternpaar möchte gerne seine Tochter an einer staatlichen katholischen Bekenntnisgrundschule – eine in Nordrhein-Westfalen und Niedersachsen übliche Schulform, die aus staatlichen Mitteln finanziert wird – anmelden. Da die Schule einen sehr guten Ruf genießt, sind die Anmeldezahlen entsprechend hoch und der Schulleiter weist die Eltern darauf hin, dass er nicht garantieren könne, ihre Tochter aufzunehmen. Zudem betont er in dem Anmeldegespräch, dass dies eine katholische Grundschule sei und nicht katholische SuS keinen Anspruch auf Aufnahme in die Schule hätten. Die Eltern möchten jedoch unbedingt, dass ihr Kind angemeldet wird und fragen, ob es nicht noch eine Möglichkeit gebe. Der Schulleiter teilt den Eltern mit, dass eine Aufnahme möglich sei, wenn sie in dem Aufnahmevertrag unterschreiben würden, dass ihre Tochter am katholischen Religionsunterricht und an den regelmäßig stattfindenden Schulgottesdiensten teilnehmen würde. Nun sind die Eltern erst recht empört und weigern sich mit dem Verweis, dass eine staatliche Schule zur religiösen Neutralität verpflichtet sei. Sie suchen ihren Anwalt auf und legen eine Verfassungsbeschwerde ein …

Rechtliche Beurteilung
Nach dem Urteil des Bundesverfassungsgerichts darf eine staatliche katholische Bekenntnisgrundschule per Vertrag die Aufnahme von SuS von der Teilnahme am katholischen Religionsunterricht und der Schulgottesdienste abhängig machen und daher im Fall der Nichtzustimmung die Aufnahme verweigern.[245]

Dieses Urteil wurde Ende 2017 durch das BVerfG bei der Klage eines muslimischen Elternpaares aus Nordrhein-Westfalen gefällt, weil es den Bundesländern freisteht, entsprechende Schultypen einzurichten. Daher kann die Verfassungsbeschwerde zurückgewiesen werden.

---

245 Vgl. Bundesverfassungsgericht AZ: 1 BvR 984/17, in: Süddeutsche Zeitung, am 04.11.2017, 8.

Religionspädagogische Einschätzung
Der Schulleiter hätte bereits am Elterninformationsabend, auf den Schulflyern oder auf der Schulhomepage die Anmeldebedingungen nennen können, sodass die Eltern dies nicht überraschend hätten erfahren müssen.

> **Rechtsfall 80**   Konfessionell-kooperativer Religionsunterricht
>
> An einer Hauptschule in Nordrhein-Westfalen steigen die Abmeldezahlen für den konfessionellen Religionsunterricht seit Jahren kontinuierlich. Mittlerweile gibt es nur noch kleine Gruppen von 12–15 SuS. Zudem wurde auch vor zwei Jahren islamischer Religionsunterricht eingeführt, sodass die muslimischen SuS, die davor den evangelischen Religionsunterricht besucht haben, diesem fernbleiben. In der Fachkonferenz beschließen daher die evangelischen und katholischen Religionslehrkräfte die Einführung des konfessionell-kooperativen Religionsunterrichts an ihrer Schule und tragen dies am nächsten Tag direkt der Schulleitung vor. Diese lehnt das Ansinnen sofort ab und betont, dass dieser Religionsunterricht im Klassenverband doch in einer rechtlichen Grauzone liegen würde.

Rechtliche Beurteilung
Mit dem konfessionell-kooperativen Religionsunterricht liegt weder ein ökumenischer noch ein Religionsunterricht im Klassenverband in einer rechtlichen Grauzone vor. Sondern im konfessionell-kooperativen Religionsunterricht

»wird […] die Möglichkeit geschaffen, dass unter bestimmten […] Voraussetzungen für einen bestimmten Zeitraum gemischtkonfessionelle Lerngruppen gebildet werden, die im Wechsel von einer Lehrkraft des Unterrichtsfaches Evangelische Religionslehre und Katholische Religionslehre unterrichtet werden. Dabei muss gewährleistet sein, dass in qualifizierter Zusammenarbeit das konfessionelle Profil beider Kirchen im Religionsunterricht herausgestellt und bezeugt wird. Es ist festzuhalten, dass es sich auch bei einem so verstandenen konfessionell-kooperativen

Religionsunterricht um konfessionellen Religionsunterricht handelt. Da er rechtlich als Religionsunterricht der Religionsgemeinschaft gilt, der die unterrichtende Lehrkraft angehört.«[246]

Eine wichtige Voraussetzung für den konfessionell-kooperativen Religionsunterricht ist, dass Religion bereits für beide Konfessionen an der Schule angeboten wird. Dann müssen die Lehrkräfte aus den katholischen und evangelischen Lehrplänen ein Konzept erarbeiten, aus dem deutlich wird, wie sich die Lehrpläne aufeinander beziehen. Zudem muss gewährleistet sein, dass es im konfessionell-kooperativen Religionsunterricht eine evangelische und eine katholische Lehrkraft gibt. Eine schulrechtliche Basis liegt in der Erlassergänzung des Ministeriums für Schule und Bildung in Nordrhein-Westfalen seit dem Schuljahresbeginn 2018/2019 für Grundschulen und Schulen der Sekundarstufe I – für Berufskollegs ab 2020/2021 – vor.[247] Zudem setzt konfessionelle Kooperation eine Vereinbarung zwischen der örtlich zuständigen Landeskirche und dem örtlich zuständigen katholischen (Erz-)Bistum voraus. Organisatorisch ist es Pflicht, dass ein Fachlehrerwechsel regelmäßig stattfindet.

Die Schulleitung stellt mithilfe der Fachkonferenz bei der Schulaufsichtsbehörde einen Antrag auf konfessionell-kooperativen Religionsunterricht, wobei die Fachkonferenz (bzw. beide Fachkonferenzen) eine befürwortende Stellungnahme hinzufügt, die auf einem fachdidaktischen und fachmethodischen Konzept beruht (RdErl., Nr. 6.4.2). Darüber hinaus müssen die schulinternen Lehrpläne beider Fächer sowie der Beratungsnachweis in der Schulkonferenz und die Beschreibung der personellen Voraussetzungen vorgelegt werden.

---

246 Vereinbarung zwischen dem Erzbistum Paderborn, der Evangelischen Kirche von Westfalen, der Lippischen Landeskirche und der Ev. Kirche im Rheinland zur konfessionellen Kooperation im Religionsunterricht, 2. Möglichkeiten der konfessionellen Kooperation im Religionsunterricht, in: Erzbischöfliches Generalvikariat Paderborn (Hg.), Schulinformationen Paderborn 3 (2017), 52. Jahrgang, 8.
247 Vgl. MSW NRW (Hg.), https://www.schulministerium.nrw.de/docs/Schulsystem/Unterricht/Lernbereiche-und-Faecher/Religionsunterricht/Kontext/Informationen-zum-konfessionell-kooperativen-Religionsunterricht.pdf (letzter Zugriff: 23.06.2018).

Zudem bieten die kirchlichen Stellen kooperativ Fortbildungsveranstaltungen an, »damit die beteiligten Lehrerinnen und Lehrer konfessionsbewusst und konfessionssensibel unterrichten können. Die Teilnahme daran ist für das Einvernehmen der kirchlichen Oberbehörden [...] unverzichtbar und muss ihnen gegenüber dokumentiert werden.«[248]

Religionspädagogische Einschätzung
Inhaltlich soll sich der konfessionell-kooperative Religionsunterricht an dem Grundsatz »Gemeinsamkeiten stärken – Unterschieden gerecht werden« ausrichten. Die Fachlehrpläne sind aufeinander zu beziehen, wobei erste kirchliche Unterstützungsangebote und Fortbildungen vorliegen. Die Bischofskonferenz hat Empfehlungen vorgelegt,[249] in denen betont wird, dass mit dem didaktischen Prinzip der »wechselseitigen Perspektivübernahme« eine »gesprächsfähige Identität« der SuS möglich sei[250], sodass sie »durch die Begegnung mit der anderen Konfession angeregt« werden, »sich ihrer eigenen konfessionellen Prägung und Kirchenzugehörigkeit bewusst zu werden und diese zu reflektieren«[251].

Rechtsfall 81 Evangelische Kontaktstunde

In einer Grundschule in Lünen tritt ein Pfarrer an den Religionslehrer heran und bietet an, regelmäßig eine Kontaktstunde als dritte Religionsstunde im 3. Schuljahr zu erteilen. Dies würde die Verbindung zwischen Schule und Kirche stärken. Der Religionslehrer ist begeistert. Nach den ersten Kontaktstunden, in denen der Pfarrer mit seinem Religionskurs verschiedene Themen erarbeitet, sieht der Religionslehrer dies als Chance, sich zunehmend auch aus dem eigenen Unterricht herauszuziehen. Er bittet den Pfarrer

---

248 Vereinbarung, 3.
249 Vgl. Sekretariat der Deutschen Bischofskonferenz (Hg.), Die Zukunft des konfessionellen Religionsunterrichts. Empfehlungen für die Kooperation des katholischen mit dem evangelischen Religionsunterricht (Die deutschen Bischöfe; 103), Bonn 2016.
250 Ebd., 5.
251 Ebd., 22.

> darum, dass er auch zwei Stunden in der Woche kommen könne, worauf dieser ebenfalls sehr begeistert reagiert. Aus den beiden durch den Pfarrer übernommenen Unterrichtsstunden zieht sich der Religionslehrer zunehmend heraus, geht z. B. kopieren, einen Kaffee trinken, andere schulische Belange erledigen.

Rechtliche Beurteilung
Die katholische Seelsorgestunde und die evangelische Kontaktstunde in der Grundschule richten sich nach Nr. 7.22 WzAO-GS (BASS 13–11, Nr. 1.2) und stellen in nordrhein-westfälischen Grundschulen den Ersatz für die im dritten und vierten Schuljahr seit 1998 entfallene dritte wöchentliche Religionsstunde dar. Dabei haben die Gemeinden und die SuS die Möglichkeit, sich gegenseitig kennenzulernen. Die römisch-katholische Kirche nutzt die Kontaktstunde meist für den Kommunionsunterricht. Während der Kontaktstunde ist die Lehrkraft in der Tat nicht anwesend, obwohl es sicherlich angemessen ist, zur Begrüßung und zur Absprache einen engen Austausch und ebenfalls Kontakt zu pflegen. Es ist jedoch rechtlich unzulässig, wenn der/die Pfarrer/in die weitere Unterrichtsstunde der Lehrkraft übernimmt, da dies die regulären Unterrichtsstunden sind und nicht abgetreten werden können.

Religionspädagogische Einschätzung
Da die Religionslehrkraft und der Pfarrer offensichtlich eine enge Zusammenarbeit wünschen, könnte sich dies im Projektlernen manifestieren oder in einer Rallye zur Kirchenraumpädagogik münden, zum Besuch in der Kirchengemeinde oder zum Einladen der Kindergartenkinder in den Religionsunterricht führen. Es könnten z. B. gemeinsam Kreuze gestaltet werden, die dann in der Kirche ausgestellt und wiederum besucht werden können.

Rechtsfall 82 Orthodoxer Religionsunterricht

An einer Gesamtschule in Nordrhein-Westfalen wünschen sich einige Eltern, dass das Fach Orthodoxe Religionslehre eingerichtet wird. Bisher gab es immer den muttersprachlichen Ergänzungsunterricht in griechischer Sprache, doch die Eltern möchten nun auch einen Religionsunterricht, am liebsten in griechischer Sprache. Auch die Forderung von anderen Eltern nach einem syrisch-orthodoxen Religionsunterricht auf Syrisch wird laut.

Rechtliche Beurteilung

Seit 1985 gibt es in Nordrhein-Westfalen[252] und seit 1998 in Bayern, Hessen und Niedersachsen griechisch-orthodoxen Religionsunterricht.[253] In Baden-Württemberg und Rheinland-Pfalz wird die Einführung vorbereitet. Als religiöser Dachverband gilt die griechisch-orthodoxe Metropolie in Bonn, die unter der Führung des Ökumenischen Patriarchates in Konstantinopel steht, der unter den orthodoxen Kirchen als Erster unter Gleichen anerkannt wird.

»Orthodoxe Religionslehre bezeichnet einen Unterricht, an dem Schülerinnen und Schüler teilnehmen, die zu einem der Bistümer gehören, die gemeinsam die Orthodoxe Kirche in Deutschland bilden und die zur Orthodoxen Bischofskonferenz in Deutschland zusammengeschlossen sind. Dabei handelt es sich um folgende Diözesen: Griechisch-Orthodoxe Metropolie von Deutschland/das Exarchat von Zentraleuropa; Exarchat der orthodoxen Gemeinden russischer Tradition in Westeuropa; Ukrainische Orthodoxe Eparchie von Westeuropa; Metropolie der Griechisch-Orthodoxen Kirche von Antiochien für West- und Mitteleuropa (russ.-orthodox); Berliner Diözese der Russisch-Orthodoxen Kirche des Moskauer Patriarchats; Russische Orthodoxe Diözese des orthodoxen Bischofs von Berlin und Deutschland (Russisch-Orthodoxe Kirche im Ausland); Serbisch-Orthodoxe Diözese für Mitteleuropa; Rumänische Orthodoxe Metropolie für Deutschland, Zentral- und Nordeuropa; Bulgarische Diözese von West-

---

252 Vgl. BASS 12–05 Nr. 3 vom 28.06.1985 und in der Neufassung: 13.03.2009. Zu Beginn gab es in NRW den griechisch-orthodoxen Religionsunterricht in zwei Varianten: in deutscher Sprache sowie anknüpfend an den muttersprachlichen Ergänzungsunterricht in griechischer Sprache.
253 Vgl. VORIS 22410 01 00 40056 vom 29.06.1998.

und Mitteleuropa; Westeuropäische Diözese der Georgischen Orthodoxen Kirche.«[254]

Diesen Unterricht erteilen im Landesdienst beschäftige Lehrkräfte, die sich dazu schriftlich bereit erklärt und von der griechisch-orthodoxen Metropolie die Bevollmächtigung erhalten haben.[255] Die Unterrichtssprache ist allerdings Deutsch, nicht Griechisch, da dieser Religionsunterricht im Sinne der res mixta sowohl staatlich als auch orthodox-kirchlich verantwortet wird.

Die weiteren Eltern können auch syrisch-orthodoxen Religionsunterricht einfordern, der z. B. in Nordrhein-Westfalen mit Erlass des Ministeriums für Schule und Weiterbildung, Wissenschaft und Forschung seit dem Jahr 2000 stattfindet.[256] Die Bevollmächtigung der Lehrkräfte, die sich bereit erklärt haben, erfolgt gemäß § 31 Abs. 3 SchOG durch den syrisch-orthodoxen Kirchenkreis Nordrhein-Westfalen. Die syrisch-orthodoxen Lehrpläne[257] sind seit dem 01.08.2011 für die Klassen 5, 7 und 9 sowie zum 01.08.2012 auch für alle übrigen Klassen in Kraft.[258]

Religionspädagogische Einschätzung

Der syrisch-orthodoxe Religionsunterricht findet zwar auch auf Deutsch statt, allerdings wird die syrische Sprache stark gefördert, da sie als »Kult- und Kultursprache auch unter den Bedingungen der Diaspora immer kontinuierlicher Bestandteil syrisch-orthodoxer

---

254 MSW NRW (Hg.), Kernlehrplan für die Sekundarstufe I in Nordrhein-Westfalen, Orthodoxe Religionslehre, Düsseldorf 2011, 8.
255 Die förmliche Bevollmächtigung der Lehrkräfte gemäß § 32 Abs. 2 Satz 2 SchOG erfolgt durch die Griechisch-Orthodoxe Metropolie von Deutschland gemäß Gesetz vom 29.10.1974 (GV. NRW, 1062).
256 Vgl. RdERl. D. Ministerium für Schule und Weiterbildung, Wissenschaft und Forschung v. 05.05.2000 (ABl. NRW 158).BASS 12–05 Nr. 6.
257 Gemäß § 29 i.V.m. § 31 Abs. 2 SchulG (BASS 1–1).
258 Vgl. Auszug aus dem Amtsblatt des Ministeriums für Schule und Weiterbildung des Landes Nordrhein-Westfalen Nr. 5/11. Schulformübergreifende Unterrichtsvorgaben – Sekundarstufe I; Richtlinien und Lehrpläne; Kernlehrpläne für die Orthodoxe Religionslehre und die Syrisch-orthodoxe Religionslehre, RdErl. d. Ministeriums für Schule und Weiterbildung v. 06.04.2011–532–6.08.01.13–94570.

Religion, Geschichte und Kultur sowie die Grundlage innersyrischer Kommunikation«[259] gilt. Somit ist laut Lehrplan jedes Thema mithilfe der syrischen Sprache zu erschließen:

»Es kann so erforderlich sein, zentrale Begriffe und Phänomene des Syrischen selbst zum Gegenstand des Unterrichts zu machen und den Umgang mit syrischen Buchstaben und das wiedererkennende Lesen gesondert zu üben. Auf der lexikalischen Ebene ermöglicht Syrisch als integriertes Element des Unterrichts den Schülerinnen und Schülern sprachliche und konzeptuelle Verknüpfungen fortschreitend selbstständig nachzuvollziehen.«[260]

Insgesamt bleibt jedoch der »Sprachunterricht im syrisch-orthodoxen Religionsunterricht […] stets funktional auf das Verstehen des syrisch-orthodoxen Bekenntnisses bezogen.«[261]

Religionspädagogisch ist es zu begrüßen, dass an den Schulen, an denen es zahlreiche orthodoxe SuS gibt, auch orthodoxer Religionsunterricht erteilt wird. Im Blick auf die evangelischen und katholischen Kolleginnen und Kollegen kann es sich anbieten, mit den orthodoxen Lehrkräften zu kooperieren, z. B. in gemeinsamen Fachkonferenzen, gegenseitigen Einladungen in den Unterricht oder auch gemeinsamen Unterrichtsphasen; ebenso sind gemeinsame Erkundungen orthodoxer, evangelischer und katholischer Kirchenräume chancenreich. In jedem Fall sollte das am Ort und in der Schule vorhandene konfessionelle Spektrum wechselseitig genutzt und religionspädagogisch fruchtbar gemacht werden.

---

259 MSW NRW (Hg.), Kernlehrplan für die Sekundarstufe I in Nordrhein-Westfalen, Syrisch-orthodoxe Religionslehre, 9.
260 Ebd., 9.
261 Ebd., 16.

Rechtsfall 83 Jüdischer Religionsunterricht

Ein jüdisches Elternpaar möchte sein Kind an der weiterführenden Schule anmelden und erkundigt sich beim Anmeldegespräch, ob es möglich ist, dass das Kind jüdischen Religionsunterricht erhalten könne. Die Schulleitung reagiert betroffen und verunsichert.

Denn einerseits spielt das Thema Judentum im Programm und Leben dieser Schule eine wichtige Rolle: Man veranstaltet Projekttage unter dem Motto »Erinnern lernen«, besucht regelmäßig die Synagoge und den alten jüdischen Friedhof, unternimmt Gedenkstättenfahrten und veranstaltet Zeitzeugengespräche. Da wäre die Einführung jüdischen Religionsunterrichts eigentlich eine sehr begrüßenswerte Vertiefung dieser Arbeit. Doch andererseits weiß die Schulleitung natürlich, dass es für die Errichtung von Religionsunterricht bestimmter Mindestteilnehmerzahlen bedarf, die aber im Falle jüdischer SuS aus traurigen historischen Gründen kaum erreichbar sein dürften ...

Rechtliche Beurteilung

Die Irritation der Schulleitung ist völlig verständlich, denn die Anfrage des jüdischen Elternpaares trifft genau in die Schere zweier schulrechtlicher Parameter: Einerseits ist die aktive schulische Auseinandersetzung mit der deutschen Geschichte und dem unsäglichen Leid der jüdischen Menschen eine pädagogische Querschnittaufgabe der Schule, andererseits gibt es für die Etablierung der verschiedenen konfessionellen Ausprägungen des Religionsunterrichts Mindestteilnehmerzahlen. Diese Mindestzahl von SuS ist in den einzelnen Bundesländern unterschiedlich festgelegt: in Bayern und im Saarland beträgt sie 5, in Sachsen-Anhalt 6, in Hessen 8 und in Nordrhein-Westfalen 12.[262]

Doch die Etablierung jüdischen Religionsunterrichts ist selbst bei kleinen Mindestzahlen in der Regel kaum erreichbar, weil es

---

262 Siehe Martin Rothgangel, Religionsunterricht in Deutschland. Vergleichende Perspektiven, in: Rothgangel/Schröder (Hg.), Evangelischer Religionsunterricht, 379–88, hier 381.

in Folge des Holocaust meistens zu wenige jüdische SuS gibt. Mitunter wird die Zahl der jüdischen SuS noch nicht einmal statistisch erfasst bzw. ausgewiesen. Im Saarland beispielsweise firmieren sie unter »sonstige Religionen«.[263]

Gleichwohl befindet sich die Zahl jüdischer Schulen in Deutschland wieder im Anstieg.[264]

Religionspädagogische Einschätzung

Es ist eine erfreuliche Tatsache, dass es zum Beispiel jüdische Gymnasien in Berlin, Düsseldorf, Frankfurt, Hamburg und München und in einigen Städten auch jüdische Grundschulen gibt. Aber auch an vielen Orten, an denen keine jüdischen Schulen vorhanden sind, ist es möglich, jüdischen Religionsunterricht zu besuchen. Dann wird der Unterricht nicht in der einzelnen Schule, sondern in der örtlichen jüdischen Gemeinde durchgeführt. Die SuS der verschiedenen Schulen kommen dort zumeist an einem Nachmittag zum Unterricht zusammen, der von dem Rabbi, dem Kantor oder einer anderen qualifizierten jüdischen Lehrkraft erteilt wird.

Die Etablierung und Erteilung jüdischen Religionsunterrichts ist religionspädagogisch in jedem Fall zu begrüßen und nach Kräften zu fördern. Die Tatsache, dass die Anzahl der Menschen jüdischen Glaubens wieder ansteigt, nicht zuletzt infolge der Migrationsbewegungen, sollte genutzt werden, um entsprechende Lerngruppen zu bilden.

In Nordrhein-Westfalen gibt es z. B. seit 2005 einen Lehrplan für Jüdische Religionslehre (seit 2013 als »Kernlehrplan Jüdische Religionslehre«). Die Vorgabe des Schulministeriums besagt, dass »in den Städten mit größeren jüdischen Gemeinden […] in der Sekundarstufe I und der Sekundarstufe II meist zentral für Schülerinnen und Schüler aus mehreren Schulen und der Umgebung Klassen und Kurse in Jüdischer Religionslehre eingerichtet werden können.«[265]

---

263 Bernd Schröder, Religion unterrichten im Saarland, in: Rothgangel/Schröder (Hg.), Evangelischer Religionsunterricht, 279–296, hier 288.
264 Siehe: Christine Schmitt, Hier geht's zum Abitur. Das Angebot an jüdischen Schulen wächst …, in: Jüdische Allgemeine 01.09.2016.
265 Schulministerium Nordrhein-Westfalen, Kernlehrplan für die Sekundarstufe II Gymnasium/Gesamtschule Jüdische Religionslehre, Düsseldorf 2013, 11.

Insgesamt nehmen in Nordrhein-Westfalen knapp 1 000 SuS am Jüdischen Religionsunterricht teil, es gibt ca. 20 Lehrkräfte mit Lehrbefähigung.[266]

Rechtsfall 84 Weltanschauliche Feiertage

Eine Mutter zweier schulpflichtiger Kinder, 11 und 13 Jahre alt, ist überzeugtes Mitglied des Humanistischen Verbandes. Am 21. Juni, dem Welthumanistentag, schickt sie ihre Kinder nicht zur Schule, sondern begeht diesen Tag als einen Feiertag mit ihren Kindern zu Hause, indem sie als Familie über den Humanismus, die Menschenrechte, die Gleichberechtigung nachdenken.

Als es kurze Zeit später Sommerferien gibt, ist auf den Zeugnissen ihrer Kinder dieser Tag als unentschuldigter Fehltag vermerkt. Die Mutter legt gegen diesen Zeugnisvermerk Widerspruch ein. Als der Widerspruch abgelehnt wird, erhebt sie Klage beim Verwaltungsgericht.

Rechtliche Beurteilung

Ein vergleichbarer Fall hat sich im Jahr 2013 in Berlin zugetragen: Nach dem Motto »Gleiches Recht für alle« hatte die Mutter auf dem Klageweg die Korrektur des Zeugnisses beantragt und von der Schulbehörde verlangt, dass der Welthumanistentag in den Katalog derjenigen Feiertage aufgenommen wird, an denen die betreffenden SuS schulfrei haben.

Als das Verwaltungsgericht Berlin die Klage abgelehnt hatte,[267] legte die Mutter Berufung beim Oberverwaltungsgericht ein. Sie argumentierte: SuS eines »säkularen humanistischen Bekenntnisses« hätten Anspruch auf »Gleichbehandlung mit SuS, die einer Religion angehören und an ihren Feiertagen schulfrei erhalten.« Doch auch das Oberverwaltungsgericht lehnte den Antrag der Mutter ab: Es

---

266 Siehe Franz-Heinrich Beyer, Religionsunterricht in Nordrhein-Westfalen, in: Rothgangel/Schröder (Hg.), Evangelischer Religionsunterricht, 237–255, hier 245.
267 Urteil der 3. Kammer vom 17.04.2013, VG 3 K 1020.11.

stelle keine »unzulässige Ungleichbehandlung« dar, »dass nur Mitglieder von Religionsgemeinschaften an bestimmten Feiertagen ohne Antrag der Schule fernbleiben dürfen«[268]. Die Humanisten seien nach ihrer Größe und Bedeutung nicht mit den vier großen Religionen evangelisch, katholisch, jüdisch und muslimisch gleichwertig. Es bestehe gegenüber der Schulbehörde kein Anspruch auf Aufnahme des Welthumanistentages in die amtlichen Vorschriften über die Befreiung und Beurlaubung vom Unterricht.

Religionspädagogische Einschätzung
Aus religionspädagogischer Perspektive ist bemerkenswert, dass der Berliner Senat trotz dieser eindeutigen gerichtlichen Klärungen seinen Ermessensspielraum wohlwollend genutzt hat: In seinen »Ausführungsvorschriften über Beurlaubung und Befreiung vom Unterricht (AV Schulbesuchspflicht)« listet er diejenigen religiösen Feiertage auf, an denen die betreffenden SuS unterrichtsfrei haben (evangelische SuS z. B. am Reformationstag und Buß- und Bettag, katholische SuS z. B. an Fronleichnam und Allerheiligen, jüdische SuS z. B. am Laubhütten- und Passahfest, muslimische SuS z. B. am ersten Tag des Ramadan und des Opferfestes).

Doch inzwischen wird ergänzend ausgeführt: »SuS, die anderen Religions- oder Weltanschauungsgemeinschaften angehören, sind für ihre Feiertage (z. B. orthodoxes Weihnachtsfest am 6. Januar, Welthumanistentag am 21. Juni …) auf Antrag vom Unterricht zu beurlauben.«[269]

Theologisch interessant ist an diesem Rechtsfall der Umgang mit dem Begriff Bekenntnis: Üblicherweise wird unter Bekenntnis die verbindliche Formulierung und Artikulation einer bestimmten religiösen Glaubensüberzeugung verstanden; siehe beispielsweise das Glaubensbekenntnis, das evangelische Bekenntnis, das römisch-katholische Bekenntnis usw. Im Schulwesen heißen z. B. SuS, die keiner Religionsgemeinschaft angehören, SuS »o. B.« (= ohne Bekenntnis).

---

268 OVG Berlin, Entscheidung vom 10.07.2013, OVG 3 N 61.13.
269 Senatsverwaltung für Bildung, Jugend und Wissenschaft. Ausführungsvorschriften über Beurlaubung und Befreiung vom Unterricht (AV Schulbesuchspflicht) vom 19.11.2014 (ABl., 2235).

Doch da es neben »Religionsgemeinschaften« auch »Weltanschauungsgemeinschaften« gibt, wird von diesen ebenfalls – obwohl sie sich zumeist dezidiert als »nicht religiös« verstehen und ein rein säkulares und immanentes Weltverständnis vertreten – der Bekenntnisbegriff beansprucht.

Ebenso geht der Begriff »Feiertag« inzwischen über die religiösen oder staatlichen Feiertage hinaus, indem z. B. die Berliner Senatsverwaltung auch von den »Feiertagen« der »Weltanschauungsgemeinschaften« spricht. Zu den großen religiösen oder staatlichen Fest- und Feiertagen, die für den einzelnen Menschen, für das kulturelle Gedächtnis und für das soziale Zusammenleben eine hohe Relevanz haben, kommen im Zuge der gesellschaftlichen Pluralisierung weitere Feiertage hinzu. Dieses zunehmend breitere Spektrum auch schulseits angemessen zu berücksichtigen, stellt für die Schulbehörden und die Schulen eine wichtige Herausforderung dar, um der zunehmenden – und sich insbesondere im Handlungsfeld Schule spiegelnden – Pluralisierung bestmöglich gerecht zu werden.[270]

Kapitel 2.8   16 Rechtsbeispiele zu Schulgottesdiensten und anderen religiösen Veranstaltungen in der Schule

Rechtsfall 85   Schulgottesdienst als Schulveranstaltung

Die Fachkonferenzen Evangelische und Katholische Religionslehre planen die Feier eines ökumenischen Schulgottesdienstes. Doch die Schulleitung lehnt dieses Vorhaben mit dem Hinweis ab, dass in religiösen Dingen für den Staat und damit für die öffentliche Schule das Neutralitätsgebot gelte. Die Kolleginnen und Kollegen könnten gern innerhalb ihres Religionsunterrichts kleine gottesdienstliche

---

270 In der amtlichen Sammlung der Schulvorschriften des Landes Nordrhein-Westfalen werden im Serviceteil (BASS S 61) die Feiertage des Schuljahres aufgelistet. Allein an religiösen Festtagen der Juden, Orthodoxen, Muslime usw. umfasst diese Liste sechs Tabellen mit über 70 religiösen Feiertagen.

Feiern gestalten, aber außerhalb des Religionsunterrichts könne wegen des Neutralitätsgebotes so etwas nicht stattfinden.

Rechtliche Beurteilung

Für den Staat und die öffentliche Schule besteht in der Tat das Gebot der Neutralität. Doch dieses Neutralitätsgebot ist juristisch nicht näher definiert, sodass es verschiedene juristische Interpretationen darüber gibt, wie Neutralität zu verstehen ist.

Eine strikte Auslegung und Anwendung dieses Gebotes tendiert zur möglichst deutlichen Trennung zwischen staatlichem Handeln einerseits und religiösen Aktivitäten andererseits. Je strenger beide Bereiche auseinandergehalten würden, umso besser sei die Neutralität gewährleistet. Neben dieser strikt auf Trennung von Religion bedachten Interpretation gibt es das – von der überwiegenden Mehrheit der Juristen vertretene – religionsoffene Neutralitätsverständnis: Neutralität bedeutet, dass der Staat – und somit die staatliche Schule – für keine Religionsgemeinschaft Partei ergreift (Unparteilichkeitsgebot) und sich erst recht mit keiner Religionsgemeinschaft identifiziert (Identifikationsverbot), sondern alle Religionsgemeinschaften prinzipiell gleichbehandelt (Gleichbehandlungsgebot).

Im vorliegenden Fall ist die beabsichtigte Ablehnung durch die Schulleitung durch keines der Gebote oder Verbote zu rechtfertigen, denn die Feier eines christlichen Schulgottesdienstes bedeutet weder, dass die Schule für das Christentum Partei ergreift, noch dass sie sich mit dem Christentum identifiziert. Ein solches Problem träte erst dann auf, wenn die Schulleitung den christlichen Schulgottesdienst zwar erlauben, aber eine jüdische oder islamische Schulfeier verwehren würde. Dann läge eine Parteinahme bzw. Identifikation bzw. Ungleichbehandlung vor. Die Schulleitung hat daher keine Befugnis, den geplanten Schulgottesdienst zu verbieten; sie muss ihn vielmehr erlauben, zumal die Feier von Schulgottesdiensten eine Ausdrucksform positiver Religionsfreiheit (GG Art 4.2: »Die ungestörte Religionsausübung wird gewährleistet«) und die Schule ein »Raum religiöser Freiheit«[271] ist.

---

271 Schulgesetz Nordrhein-Westfalen vom 15.02.2005, zuletzt geändert am 06.12.2016, § 2.7.

Religionspädagogische Einschätzung
Wenn Religionslehrkräfte bzw. SuS bzw. Eltern einen christlichen Schulgottesdienst feiern, müssen sie zwar die Schulleitung aus Formgründen (da es sich um eine Schulveranstaltung handelt) informieren und um Erlaubnis bitten, aber sie reklamieren von der Schulleitung damit keineswegs eine Parteinahme für eine bestimmte Religion oder eine Identifikation mit einer bestimmten religiösen Überzeugung. Zudem ist ein Schulgottesdienst eine Veranstaltung, die inhaltlich per se auf Frieden und Versöhnung ausgerichtet ist und eine Integration, ja Inklusion aller am Schulleben Beteiligten befördert.

Rechtsfall 86 Schulkonferenz und Schulgottesdienst

An einer vor drei Jahren gegründeten Sekundarschule, an der bislang keine Schulgottesdienste gefeiert wurden, beantragen Eltern unter Berufung auf das Grundrecht der positiven Religionsfreiheit, dass ab sofort Schulgottesdienste angeboten werden müssen. Doch diese Elterngruppe ist verhältnismäßig gering. Zahlreiche andere Eltern wollen dies nicht. Die Schulleitung ist verwirrt. Auf der Schulkonferenz wird daher beraten ...

Rechtliche Beurteilung
Schulgottesdienste sind im Bereich Schule in der Tat ein weitverbreiteter Ausdruck der positiven Religionsfreiheit. Sie sind landauf, landab a) eine der häufigsten Schulveranstaltungen und b) eine der expliziten Dimensionen von »Religion im Schulleben«[272] neben dem Religionsunterricht und neben der Schulseelsorge. Schulgottesdienste zu feiern ist eine gängige Praxis, die aus dem Grundrecht der positiven Religionsfreiheit resultiert. (Siehe GG Art 4.2: »Die ungestörte Religionsausübung wird gewährleistet«). Zunächst ist keine Schule rechtlich verpflichtet, Schulgottesdienste anzubieten. Sobald aber der Wunsch nach der Feier eines Schulgottesdienstes

---

272 Bernd Schröder, Religion im Schulleben. Christliche Präsenz nicht allein im Religionsunterricht, Neukirchen 2006.

und damit auf Ausdruck und Gestaltung der positiven Religionsfreiheit artikuliert wird – sei es vonseiten der Eltern oder der SuS oder des Kollegiums – ist diesem Wunsch stattzugeben und den Initiatoren (zumeist Religionslehrkräfte bzw. Geistliche der örtlichen Kirchengemeinde) Raum und Gelegenheit zur Verwirklichung zu geben.

Religionspädagogische Einschätzung

Jährlich feiern knapp 900 000 junge Menschen ihren Schulabschluss, gut 700 000 Kinder ihre Einschulung in die Grundschule, ebenfalls gut 700 000 ihren Eintritt in die weiterführende Schule. An fast allen Schulen werden die Einschulung und die Schulentlassung mit der Feier eines Schulgottesdienstes verknüpft, sodass allein bei diesen beiden Anlässen jährlich ca. 2 Millionen junge Menschen (zusammen mit Eltern, Familien und Kollegien) Schulgottesdienst feiern.[273] Hinzu kommen die vielen weiteren Schulgottesdienste innerhalb eines Schuljahres, zu Anlässen wie Erntedank, Advent oder Weihnachten – oder sogar der regelmäßige wöchentliche Schulgottesdienst.

Schulgottesdienste sind religiöse Schulveranstaltungen, die sich in aller Regel großer Anerkennung und Beliebtheit erfreuen: Sie sind eine der wenigen Veranstaltungen im Schulleben, bei denen nicht der Pflichtcharakter, sondern der Einladungscharakter dominiert. Sie werden in aller Regel aus einem erfreulichen Anlass gefeiert: sei es zu den besonderen Wendepunkten eines Schülerlebens wie Einschulung oder Schulabschluss, sei es zu den besonderen Festen und Feiern des Kirchenjahres, sei es zur regelmäßigen monatlichen oder wöchentlichen Stärkung der Schulgemeinschaft. Sie haben zudem einen hohen Inklusivitätsradius, indem grundsätzlich alle Akteure des Schullebens mitfeiern und mitgestalten können: SuS, Lehrkräfte, Eltern, Freunde und Verwandte usw.

---

[273] Hilfreich zur Vorbereitung und Gestaltung kann das von der Evangelischen Kirche Kurhessen-Waldeck herausgegebene »Werkbuch Einschulungsgottesdienste« sein, Kassel 2016.

Rechtsfall 87 Schulgottesdienst und Unterrichtserteilung

Die Schülervertretung (SV) einer Schule beantragt bei der Schulleitung, dass zeitgleich zum Schulgottesdienst künftig kein Fachunterricht mehr stattfinden möge. Sie argumentiert damit, dass die SuS den wertvollen Unterrichtsinhalt verpassen würden und dass Religion ohnehin nicht so wichtig sei wie das einschlägige Fachwissen.

Rechtliche Beurteilung

Zunächst ist kritisch zu prüfen, ob es überhaupt angemessen oder zulässig ist, dass »zeitgleich«, also parallel zum Schulgottesdienst, auch Fachunterricht stattfindet. Denn Schule sollte sich stets so organisieren, dass unnötige Konkurrenzen vermieden werden. Ansonsten könnten SuS schnell in eine pädagogisch ungute Entscheidungslage gebracht werden, nach dem Motto: Ich würde gern an dem Schulgottesdienst teilnehmen, aber wenn ich dadurch den zeitgleich stattfindenden Mathe- oder Englischunterricht verpasse, fehlt mir eine wichtige Unterrichtsstunde zur Vorbereitung auf die nächste Klassenarbeit. Dementsprechend ist ein Grundsatz in den Erlassen der einzelnen Bundesländer, dass Schulgottesdienste in der Regel während der ersten Unterrichtsstunde des Vormittags stattfinden und dass für die entsprechende/n Jahrgangsstufe/n währenddessen kein Unterricht stattfinden darf: »Es ist [...] nicht zulässig, für eine Klasse oder einen Kurs in der Stunde Unterricht durchzuführen, in der für diese Jahrgangsstufe Schulgottesdienst angesetzt ist.«[274]

Für diejenigen SuS, die nicht am Schulgottesdienst teilnehmen, hat die Schule selbstverständlich Aufsichtspflicht und dementsprechend sicherzustellen, dass ein sinnvolles Betreuungsangebot stattfindet. Dieses kann mitunter auch aus einem fachlichen Angebot zur Wiederholung und Vertiefung von Lerninhalten bestehen, darf aber nicht so gestaltet werden, dass die am Schulgottesdienst teilnehmenden SuS dadurch einen Nachteil erleiden.

---

274 Rundverfügung des Regierungspräsidenten Arnsberg vom 26.08.1992 [= Informationen 99].

Religionspädagogische Einschätzung
Ergänzend zu der juristischen Eindeutigkeit, dass neben der Schulveranstaltung Gottesdienst in aller Regel kein paralleler Unterricht stattfinden darf, ist auch aus religionspädagogischer Hinsicht klar festzustellen, dass ein Schulgottesdienst keine »Konkurrenzveranstaltung« zum Unterricht, sondern eine Schulveranstaltung ist, die alle Beteiligten einmal jenseits des üblichen Unterrichts als Gemeinschaft zusammenführen soll. Das gelegentliche gemeinschaftliche Feiern ist religionspädagogisch wie allgemeinpädagogisch etwas Besonderes und aus dem üblichen Unterrichtsalltag Herausragendes, das grundsätzlich und insbesondere vor »Konkurrenzen« geschützt werden soll.

Rechtsfall 88 Anzahl der Schulgottesdienste

Die Schulkonferenz beschließt, dass pro Halbjahr maximal nur noch ein Schulgottesdienst gefeiert werden soll. Da die Zahl an Lernstandserhebungen, Vergleichsarbeiten, TIMS- und PISA-Studien immer mehr zunehme, müssten alle Lehrkräfte und alle SuS mehr Lehr- und Lernzeit zur Vorbereitung erhalten, was durch die bisherige Anzahl von 4 Schulgottesdiensten pro Jahr unnötig erschwert sei.

Rechtliche Beurteilung
Schulgottesdienste als religiöse Schulveranstaltungen sind grundsätzlich nicht mit dem Stundenvolumen an Unterricht verrechenbar. Sie dürfen z. B. auch nicht auf die Anzahl der Unterrichtsstunden in Religionslehre angerechnet werden.[275] Für ihre Anzahl gibt es in den einzelnen Bundesländern zumeist Bandbreiten-Empfehlungen; in Nordrhein-Westfalen gibt es z. B. die Regel: Schulgottesdienst »darf einmal wöchentlich an einem Werktag stattfinden [...] Ferner können Schulgottesdienste auch aus besonderen Anlässen stattfinden.«[276]

---

275 Siehe z. B. den Runderlass des Kultusministeriums Nordrhein-Westfalen vom 13.04.1965 [= Informationen 98].
276 Siehe z. B. ebd.

Obendrein steht es nicht in der Befugnis der Schulkonferenz, über die Anzahl von Schulgottesdiensten zu befinden: »Die Frage, ob und in welchem Rahmen Schulgottesdienst abgehalten wird, fällt nicht in die Entscheidungsbefugnis der Schulkonferenz.«[277]

Religionspädagogische Einschätzung
Es wäre fatal, wenn der Leistungsdruck, unter den SuS wie Lehrkräfte durch zentrale und übergeordnete Leistungsmessungen zunehmend geraten, dazu führen würde, dass ausgerechnet Schulgottesdienste diesem zum Opfer fallen würden. Eine Institution, in der junge Menschen im Mittelpunkt allen Bemühens stehen, kann und darf sich nicht in Leistungsdenken erschöpfen. Jedes Lernen braucht Auszeiten, jedes Arbeiten braucht kreative Pausen, jedes Leisten braucht Erholungsphasen. Schulgottesdienste bieten darum in der Leistungsinstitution Schule die besondere Chance, die Betriebsamkeit des Lehrens und Lernens heilsam zu unterbrechen und alle am Schulleben Beteiligten immer wieder erleben zu lassen, dass Leistung, Leistungsmessung und Leistungsbewertung nicht alles sind.

Rechtsfall 89 Die Stellung der Schulgottesdienste

Einige religiös nicht gebundene Eltern mehrerer Schulen bilden eine »Landesarbeitsgemeinschaft Religionsneutrale Schule«. Im Rahmen ihrer Aktivitäten beantragen sie beim Schulministerium, dass Schulgottesdienste per Erlass als Schulveranstaltungen untersagt und als freiwilliges Angebot in den Nachmittagsbereich verlegt werden sollen. Denn Schulen, so ihre Argumentation, seien zu weltanschaulicher Neutralität verpflichtet, mit der es nicht vereinbar sei, dass religiöse Veranstaltungen wie die Schulgottesdienste den Rang einer »Schulveranstaltung« genießen.

---

277 Rundverfügung des Regierungspräsidenten in Münster vom 12.12.1994, Az. 06/19/35-6- [= Informationen 100].

Rechtliche Beurteilung

Selbstverständlich haben diese Eltern das Recht, eine solche Landesarbeitsgemeinschaft zu gründen, denn zu den im Grundgesetz verankerten Grundrechten gehört das Recht zur Vereinsbildung (GG Art 9.1: »Alle Deutschen haben das Recht, Vereine und Gesellschaften zu bilden«). Und inhaltlich haben diese Eltern insofern Recht, als der Staat und somit auch die staatliche Schule zu weltanschaulicher und religiöser Neutralität verpflichtet sind. Religionsneutralität allerdings bedeutet nicht, dass der Staat (die Schule) Religion oder religiöse Schulveranstaltungen etwa verbieten dürfe. Sie bedeutet vielmehr, für keine bestimmte Religionsgemeinschaft Partei zu ergreifen oder sich mit ihr zu identifizieren, sondern unparteiisch und fair die freie Religionsausübung zu gestatten. Schule besteht aus weit mehr als Unterricht. Zu ihr gehören auch außerunterrichtliche Veranstaltungen wie Schulfeste, Sportfeste, musikalische, künstlerische und religiöse Schulveranstaltungen. Der weltanschaulich neutrale Staat hat dabei allen Akteuren das größtmögliche Maß an Entfaltung und Gestaltung zu gewähren. Das Schulministerium wird diesen Antrag somit abweisen.

Religionspädagogische Einschätzung

Aus religiöser und religionspädagogischer Perspektive sind Schulgottesdienste inhaltlich profilierte Veranstaltungen, in denen durch Schriftlesungen, Gebete, Glaubensbekenntnis und vieles andere mehr eine bestimmte Position zum Ausdruck gebracht wird. Allerdings sind Schulgottesdienste auch im Rang von Schulveranstaltungen keine Pflicht- oder gar Zwangsveranstaltungen, sondern haben den Rang und Charakter eines Angebotes. Zu diesem Angebot werden SuS und Lehrkräfte eingeladen, aber nicht verpflichtet oder gar gezwungen. Wer nicht teilnehmen möchte, braucht nicht teilzunehmen. Insofern ist sowohl die positive als auch die negative Religionsfreiheit gleichermaßen sichergestellt und die Neutralität des Staates (der Schule) gewährleistet.

Rechtsfall 90 Staat und Kirche

Eine Gruppe religiöser Pluralisten wehrt sich dagegen, dass fast alle Schulgottesdienste in der Bundesrepublik katholische oder evangelische Veranstaltungen sind. Dies sei in dem zentralen staatlichen Handlungsfeld Schule eine Privilegierung der (katholischen bzw. evangelischen) Kirche, obwohl das Grundgesetz klar sage, dass es keine Staatskirche mehr geben dürfe. Daher gehen diese Eltern zur Schulleitung und beschweren sich gegen diese Bevorzugung.

Rechtliche Beurteilung

In der Tat hat das Grundgesetz in Art 140 den wichtigen Artikel 137 der Weimarer Reichsverfassung (WRV) übernommen, in dem es klar heißt: »Es besteht keine Staatskirche«. Wenn bei der Mehrzahl der Schulgottesdienste in Deutschland die staatliche Schule mit der örtlichen Kirche kooperiert, so ist das nicht Ausdruck von »Staatskirche«, sondern Ausdruck der religionsdemografischen Verhältnisse: Trotz der starken Säkularisierungs- und Pluralitätsschübe in Deutschland ist das Christentum weiterhin die eindeutige Mehrheitsreligion. D. h., die jeweilige Schule kooperiert mit der örtlichen evangelischen oder römisch-katholischen Kirchengemeinde, weil die evangelische oder katholische Konfession in aller Regel das Mehrheitsbekenntnis der SuS und Lehrkräfte ist. Dieses schließt freilich keineswegs aus, dass die Schule im Zuge der zunehmenden religiösen Pluralität auch mit der örtlichen Synagoge oder mit der örtlichen Moschee kooperiert, um auch multireligiöse oder interreligiöse Schulfeiern zu veranstalten.

Religionspädagogische Einschätzung

Die Zeiten der »Staatskirche« sind in Deutschland seit 100 Jahren vorbei. Die Allianz von »Thron und Altar« war mit dem Ende der Kaiserzeit zu Ende gegangen. Inzwischen besteht das Modell der freien und partnerschaftlichen Kooperation, gerade auch für Religionslehrkräfte: Sie sind Beamte oder Angestellte des Staates wie alle anderen Lehrkräfte auch, und sie sind von ihrer Kirche mit der kirchlichen Lehrbefugnis für die Erteilung des Religionsunterrichts beauftragt. In dieser partnerschaftlichen Verbindung erfolgt die Kooperation bei den Schulgottesdiensten. Dass Schule und Kirchengemeinde, insbesondere Religionslehrkräfte und Pfarrer/innen bei Schulgottesdiensten zusammenarbeiten, ist Ausdruck guter Nachbarschaft. Obendrein ist es an vielen Schulen im Zuge der religiösen Pluralität inzwischen üblich, auch multireligiöse oder interreligiöse Schulfeiern zu veranstalten, die von Vertreter/innen des Christentums und des Islam gemeinsam gestaltet werden.[278]

Rechtsfall 91   Aufsichtspflicht bei Schulgottesdiensten

Eine atheistische Schulleitung erklärt gegenüber der örtlichen Kirchengemeinde, dass sie das Angebot von Schulgottesdiensten zwar weiterhin gewähre, aber aus Neutralitätsgründen nicht mehr die Aufsicht übernehmen könne; die örtliche Pfarrerin, die die Schulgottesdienste ja auch leite, möge daher bitte mit einem geeigneten Team (z. B. mit dem Presbyterium, Kirchenvorstand, Pfarrgemeinderat usw.) künftig selbst die Aufsicht wahrnehmen.

§ Rechtliche Beurteilung
Da ein Schulgottesdienst eine Schulveranstaltung ist,[279] obliegt die Aufsichtspflicht – wie bei anderen Schulveranstaltungen auch – der Schule und nicht dem außerschulischen Partner: »Für die Zeit des Schulgottesdienstes besteht die Aufsichtspflicht der Schule.«[280] Die Schulen sollen »in gemeinsamer Verantwortung mit Religionsgemeinschaften [...] zusammenarbeiten«[281], denn Schule soll sich außerschulischen Partnern grundsätzlich öffnen (»Öffnung von Schule«), weil und sofern die Zusammenarbeit mit Personen und

---

278 Siehe Christoph Hiller, Multireligiöse Schulfeiern. Herausforderungen und Chancen am Beispiel der christlich-islamischen Entlassfeier der Grundschule Berg Fidel (Wissenschaftliche Schriften der WWU Münster, Reihe XXV, 9), Münster 2015.
279 Siehe z. B. den Runderlass des Schulministeriums NRW vom 23.06.2016.
280 Ebd.
281 Siehe z. B. Schulgesetz NRW § 5.

Einrichtungen ihres Umfeldes »zur Erfüllung des schulischen Bildungs- und Erziehungsauftrages« beiträgt.[282]

Religionspädagogische Einschätzung
Abgesehen von der eindeutigen Rechtslage, dass die Schule selbst und nicht der Kooperationspartner Kirchengemeinde für die Aufsicht bei Schulgottesdiensten zuständig ist, kann religionspädagogisch festgestellt werden, dass die örtliche Kirchengemeinde informell oftmals ein sehr kooperativer Partner mit vielen »helfenden Händen« ist. Beim Schulgottesdienst stellt die örtliche Kirchengemeinde nicht nur ihren Kirchenraum als Veranstaltungsort für die Schulveranstaltung zur Verfügung, sondern plant und gestaltet den Schulgottesdienst aktiv mit, z. B. oftmals durch die liturgische Gestaltung und Zusammenarbeit mit den Religionslehrkräften, durch den Orgel- und den Küsterdienst. Eine solche Hilfsbereitschaft und Kooperation sollte dankbar entgegengenommen werden.

Rechtsfall 92 Unfallschutz bei Schulgottesdiensten

Der monatliche Schulgottesdienst (a) der öffentlichen Gemeinschaftsschule findet in dem ca. 2 km entfernten Gebäude der (b) katholischen St.-y-Kirche statt.

Auf dem Weg zu b rutscht ein (c) evangelischer Religionslehrer von der Bordsteinkante des Gehwegs und bricht sich ein Bein. Zunächst einmal wird der Religionslehrer notfallärztlich versorgt. Bei der Unfallberichtsaufnahme stellt sich die wichtige Frage, wer denn für seinen Unfallschutz zuständig ist: a) der Staat, b) das katholische Bistum, c) die evangelische Kirche?

Rechtliche Beurteilung
Da es sich bei einem Schulgottesdienst um eine Schulveranstaltung handelt, ist die Frage, welcher Konfessionen die Lehrperson oder die gastgebende Kirche zugehört, völlig unerheblich. Einziges Beurteilungskriterium ist die Tatsache, dass es sich um eine Schul-

---

282 Schulgesetz NRW § 5.

veranstaltung handelt und somit der dienstliche Unfallschutz greift. Im Falle eines Dienstunfalls (Stürze, Verletzungen usw.) hat der Geschädigte Anspruch auf Unfallfürsorge des Dienstherrn. Das gilt ausdrücklich auch für sogenannte Wegeunfälle, d. h., wenn der Unfall sich nicht am Dienstort selbst, sondern auf dem Weg zum Dienstort ereignet. Dies ist unbedingt als Dienstunfall zu melden, nicht zuletzt wegen der beamtenrechtlichen Versorgungsansprüche, falls es in Folge des Unfalls zu einer Frühverrentung kommen sollte.

Religionspädagogische Einschätzung
Nicht nur der Schulgottesdienst selbst, sondern auch der Weg dorthin und der Weg zurück wollen wohl geplant sein. So gilt es nicht nur für die Lehrkräfte, sondern auch für die SuS mögliche Gefahrenquellen zu antizipieren und die SuS im Vorfeld darauf hinzuweisen.

Bewährt hat es sich auch, wenn in einer Religionsstunde einmal der Weg zur Kirche gemeinsam eingeübt wird, damit es am Tag des Gottesdienstes, an dem die meisten ohnehin sehr aufgeregt sind, nicht zu chaotisch wird. So können Eltern als Begleitung, z. B. als Straßenlotsen, vor allem an gefährlichen Straßenübergängen stehen und die SuS über die Straße leiten. Auch die wartenden Eltern, SuS und Lehrkräfte vor der Kirche sind bei der Planung mit zu berücksichtigen und ein Verantwortlicher der Schulgemeinde könnte hilfreich Aufsicht führen.

Rechtsfall 93 Multireligiöse Schulfeiern

An einer Schule im Ruhrgebiet, an der der muslimische Schüleranteil 61,6 % beträgt, fordern die muslimischen und die christlichen Eltern einmütig, die Schule möge aus Gründen der Gleichbehandlung neben den monatlichen ökumenischen Schulgottesdiensten auch islamische Schulgottesdienste anbieten.

Rechtliche Beurteilung
Juristisch spricht nichts dagegen, diesem Anliegen stattzugeben. Denn die im Grundgesetz verbürgte positive Religionsfreiheit ist eine grundsätzliche, d. h. nicht auf eine bestimmte Religion beschränkte. Ein Schulgottesdienst kann hinsichtlich seiner Orga-

nisatoren wie Adressaten evangelisch, katholisch, ökumenisch, islamisch oder multireligiös geprägt und ausgerichtet sein. Als Schulveranstaltung sollte er ohnehin bemüht sein, keine spezialisierte Einzelveranstaltung zu sein, sondern eine Feier, von der tendenziell alle SuS und Lehrkräfte sich angesprochen fühlen können.

Religionspädagogische Einschätzung

Theologisch sollte bedacht werden, dass der Begriff Gottesdienst sich in der Regel auf das Christentum bezieht. Eine Veranstaltung, bei der Menschen vor Gott zusammenkommen, um als Gemeinschaft Lieder zu singen, Gebete zu sprechen, heilige Texte zu hören usw., wurde früher als Kultus bezeichnet. Solche Zusammenkünfte heißen im Christentum zumeist Gottesdienste (in der katholischen Kirche wird der Gottesdienst, wenn in ihm auch die Eucharistie gefeiert wird, »Messe« genannt). Im Judentum und im Islam hingegen wird eher von »Gebeten« gesprochen, z. B. das jüdische Morgengebet und Abendgebet oder im Islam das fünfmalige tägliche Ritualgebet und das Freitagsgebet. Judentum und Islam verstehen das gesamte Leben als Gottesdienst, nicht allein bestimmte religiöse Zusammenkünfte zu bestimmten Zeiten oder an bestimmten Orten. Umgekehrt allerdings gibt es dieses ganzheitliche Verständnis von Gottesdienst auch im Christentum (siehe z. B. Röm 12,1 f.). Trotz dieser gewissen Akzentuierungen zwischen den Religionen kann man aber im religiös übergeordneten Sinne von »Schulgottesdiensten« sprechen – und dies ist eine inzwischen häufige Sprachpraxis, in der die Beteiligten der verschiedenen Religionen sich wiederfinden. Wenn man die entsprechende Veranstaltung ganz passend bezeichnen möchte, ist der Begriff »Multireligiöse Schulfeier« geeignet.

Inhaltlich ist die Forderung der Eltern ausgesprochen sinnvoll, und es entspricht häufiger Praxis, dass Schulgottesdienste bzw. Multireligiöse Schulfeiern stattfinden, in denen neben katholischen oder evangelischen Geistlichen z. B. auch Imame mitwirken, um so alle SuS bzw. alle Eltern anzusprechen.[283]

---

283 Siehe Christoph Hiller, Multireligiöse Schulfeiern. Siehe auch: »Mit Anderen feiern – gemeinsam Gottes Nähe suchen: Eine Orientierungshilfe der Liturgischen Konferenz für christliche Gemeinden zur Gestaltung von re-

Rechtsfall 94 Schulgebet zu Unterrichtsbeginn

Aufgrund der vielen – gerade für das Lehr-Lern-Klima in der Schule – positiven Erfahrungen mit Schulgottesdiensten regt die Elternvertretung an, dass alle Lehrkräfte der Schule auch ihren täglichen Fachunterricht in der ersten Stunde mit einem gemeinsamen religiösen Impuls in Form eines Schulgebets zu Stundenbeginn eröffnen sollen.

Rechtliche Beurteilung
Im Sinne der negativen Religionsfreiheit ist festzustellen, dass keine Lehrkraft dazu gezwungen werden darf, den eigenen Unterricht mit einem Gebet zu eröffnen. Denn da sogar ausgebildete Religionslehrkräfte nicht gezwungen werden dürfen, Religionsunterricht zu erteilen (GG Art 7.3), können selbstverständlich auch andere Lehrkräfte nicht zu einem Gebet verpflichtet werden.

Positiv ist zu konstatieren, dass ein Schulgebet rechtlich möglich ist. So hat das Bundesverfassungsgericht festgestellt:[284] »Es ist den Ländern […] freigestellt, ob sie in nicht bekenntnisfreien Gemeinschaftsschulen ein freiwilliges überkonfessionelles Schulgebet außerhalb des Religionsunterrichts zulassen.« Schulgebete, d.h. Gebete auch außerhalb des Religionsunterrichts, sind demnach verfassungsrechtlich unbedenklich. Mitunter wurde allerdings gegen das Schulgebet der Grundsatz der negativen Religionsfreiheit angeführt: Was ist, wenn SuS (resp. die Erziehungsberechtigten) kein Schulgebet wünschen bzw. sich sogar ausdrücklich gegen die Abhaltung des Schulgebetes aussprechen? Auch zu dieser berechtigten Berufung auf die negative Religionsfreiheit ist die Rechtslage klar: Ein Schulgebet verstößt dann nicht gegen die negative Religionsfreiheit, wenn SuS (resp. die Erziehungsberechtigten) »frei und ohne Zwänge über die Teilnahme am Gebet entscheiden können«. D.h., auch Schulen resp. Lehrkräfte, die ein Schulgebet anbieten, sind zur »Beachtung

---

ligiösen Feiern mit Menschen, die keiner christlichen Kirche angehören«, Gütersloh 2006.
284 Beschluss vom 18.10.1979, BvR 647/70 und 7/74 [= Informationen 97].

des Toleranzgebotes« verpflichtet. Das Schulgebet ist so abzuhalten, dass der Einzelne »in zumutbarer Weise ausweichen kann«.

Religionspädagogische Einschätzung
Religionspädagogisch ist es grundsätzlich zu begrüßen, wenn »Religion im Schulleben« sich nicht allein auf den Religionsunterricht oder auf Schulgottesdienste beschränkt. So kann das Schulgebet ein wertvoller religiöser Bestandteil der Schulkultur und des Schullebens sein. Inhaltlich kann es für alle Beteiligten – Lehrkräfte, SuS – sehr entlastend sein, wenn sie ihre Lehr- und Lernprozesse von vornherein in einen größeren, sprich religiösen Horizont stellen: Durch ein Gebet wird zum Ausdruck gebracht, dass Lehren und Lernen trotz aller Wichtigkeit nichts Letztgültiges sind. Schule und Unterricht leben, wie die ganze menschliche Existenz, von Voraussetzungen, die sie selbst nicht schaffen können. Alle Bemühungen und alle Erfolge wie Misserfolge somit vor Gott zu bringen und ihn um seinen Segen zu bitten, ist ein ausgesprochen sinnvoller und entlastender Vorgang. Relativ häufig findet man Schulgebete im Bereich der Grundschule, z. B. als Stundeneingangsritual, weil SuS insbesondere im Kindesalter oftmals noch so unbefangen sind, dass sie das Beten unproblematisch als eine entlastende und vertraute Kommunikationsform ansehen.

Selbstverständlich muss aber bei der Gestaltung strikt darauf geachtet werden, dass niemandem ein Gebet übergestülpt wird. Nichts wäre unpassender für das Beten, wenn es in Zwang geschähe. Ja, ein erzwungenes Gebet widerspricht dem Sinn des Betens. Lehrkräfte sollten unbedingt darauf achten, dass das Schulgebet in einer einladenden und unaufdringlichen Art und Weise gestaltet wird. Zum Beispiel kann es klar und hilfreich sein, gleich zu Beginn mit der Formel zu arbeiten: »Ich möchte zu Beginn ein Gebet sprechen, und wer möchte, kann es gern mitvollziehen.«

Rechtsfall 95 Freiwilligkeit der Gottesdienstteilnahme

Eine katholische Realschule in bischöflicher Trägerschaft erklärt es zur Pflicht, dass sämtliche SuS nicht nur am Religionsunterricht, sondern auch an dem wöchentlichen Schulgottesdienst teilnehmen müssen. Einer 15-jährigen Schülerin geht das zu weit. Sie beantragt aus Schutz vor religiöser Überbestimmung, nur noch einmal im Monat an dem Schulgottesdienst teilnehmen zu müssen.

Rechtliche Beurteilung
Da es sich um eine Schule in bischöflicher Trägerschaft, mithin um eine Privatschule handelt, hat der private Träger das Recht, das gesamte Schulleben nach seinen – hier katholischen – Grundsätzen auszurichten. D. h., das katholische Bekenntnis ist nicht nur für den katholischen Religionsunterricht, sondern auch für das gesamte Schulprogramm und Schulleben leitend. Entsprechend kann an konfessionellen Privatschulen die Teilnahme an den Schulgottesdiensten verpflichtend sein. Zugleich ist diese Pflicht nicht mit Zwang zu verwechseln, denn mit der Wahl dieser Schule erkennen die SuS (resp. die Erziehungsberechtigten) deren Satzung und Ordnung an. In der eigenen Gestaltungsfreiheit sind den Privatschulen selbstverständlich insofern Grenzen gesetzt, als sie in ihrer Qualität nicht hinter den öffentlichen Schulen zurückstehen dürfen (Grundsatz der Gleichwertigkeit) und dementsprechend auch der staatlichen Genehmigung bedürfen und unter der Aufsicht der staatlichen Aufsichtsbehörden stehen. Doch innerhalb dieses Rahmens sind »Ersatzschulen […] berechtigt, […] sich eine besondere pädagogische, religiöse oder weltanschauliche Prägung zu geben.«[285]

Religionspädagogische Einschätzung
Sehr viele Ersatzschulen sind Privatschulen in Trägerschaft der evangelischen oder der römisch-katholischen Kirche oder christlicher Vereine. In Deutschland gibt es über 5 000 Privatschulen, der Anteil von SuS, die eine Privatschule besuchen, liegt bei ca. 6–9 %. Ersatzschulen in kirchlicher Trägerschaft erfreuen sich so großer Akzeptanz, dass das Interesse am Besuch einer solchen Schule auch in Zeiten der Säkularisierung weiterhin steigt. Viele kirchliche Schulen müssen alljährlich viele Anmeldewillige abweisen, weil die Nach-

---

285 Schulgesetz NRW § 101.3.

frage weit größer ist als die vorhandenen Kapazitäten. Ein wesentlicher Grund für die Verbreitung und hohe Akzeptanz kirchlicher Ersatzschulen liegt darin, dass ihr pädagogisches Leitbild durch die christliche Ausrichtung oftmals besonders profiliert und der Einsatz für guten Unterricht und persönlichkeitsfördernde Erziehung besonders engagiert ist. Dass diese Schulen in der Regel ein ausgeprägtes Angebot an Schulgottesdiensten haben, die mitzufeiern für alle Beteiligten – Lehrkräfte wie SuS – eine Selbstverständlichkeit ist, gehört zum guten, auch religionspädagogischen Recht dieser Schulen.

Rechtsfall 96   Schulgottesdienste und Notengebung

Ein Schüler, der im Religionsunterricht eine 3 bekommen soll, protestiert gegen diese Benotung mit (dem zutreffenden) Hinweis darauf, dass er immer aktiv und freiwillig bei den Schulgottesdiensten mitgewirkt hat. So habe er Fürbitten eigenständig formuliert, Lesungen gehalten, die anderen SuS ermahnt, ständig organisiert und geholfen. Er ist sehr aufgebracht und beschwert sich.

Rechtliche Beurteilung
Schulische Leistungsbewertung bezieht sich grundsätzlich auf den Unterricht. D. h., Notengebung bezieht sich auf diejenigen Kenntnisse, Fähigkeiten, Fertigkeiten und Kompetenzen, die SuS im Fachunterricht durch schriftliche oder mündliche Leistungen zeigen. Außerunterrichtliche Qualitäten können zwar in den Fällen auch bewertet werden, wo sogenannte Kopfnoten üblich sind, z. B. für Mitarbeit, Sozialverhalten, Leistungsbereitschaft, Verantwortungsbereitschaft usw., Schulgottesdienste unterliegen jedoch grundsätzlich keiner Leistungsbewertung.

Religionspädagogische Einschätzung
Es wäre völlig gegen den Sinn von Gottesdiensten, wenn sie in irgendeiner Form zum Gegenstand von Leistungsbeurteilung oder gar Benotung gemacht würden. Gerade ein Schulgottesdienst soll die Beteiligten des Lern- und Leistungsortes Schule einmal von dem üblichen Rhythmus des Leistens und der Leistungsbewertung

befreien. Ein Gottesdienst ist eine Aus-Zeit, ein Ort der Muße und des Innehaltens, ein Geschehen außerhalb des üblichen Regelwerks des Machens, Produzierens, Leistens.

Schulgottesdienste, so stellte bereits im 19. Jahrhundert der Schulrat für die evangelischen Gymnasien der Provinz Schlesien, Karl Gottfried Scheibert, fest, werden in der Überzeugung gefeiert, »dass es mehr als Lernen gibt, und dass es ein höheres Ziel gibt als eine Versetzung und ein gutes Zeugnis«! In der Rezeption Scheiberts konstatiert im 21. Jahrhundert Christian Grethlein:

> »[…] Kommunikation des Evangeliums im Modus des gemeinschaftlichen Feierns ist für Schule wichtig. Denn sie relativiert die die sonst für Schule selbstverständliche Hierarchie – vom Direktor über die Lehrer/innen und ältere Schüler/innen bis zum jüngsten Schüler.«[286]

Rechtsfall 97 Schulgottesdienste mit und ohne Abendmahl

Der katholische Priester der St.-Schola-Kirche erklärt, dass an den einvernehmlich mit der Schulleitung für das neue Schuljahr vereinbarten Schulmessen keine SuS teilnehmen dürfen, die nicht katholisch getauft sind.

Die evangelischen und konfessionslosen SuS sind aufgebracht. Sie wollen doch gemeinsam mit ihren Freunden an der Messe teilnehmen und bisher war das kein Problem. Auch die Lehrkräfte fragen sich, ob dies so richtig ist und ob demnächst das Verbot auch auf die Lehrkräfte übertragen werden könnte. Die Fachschaft geht zur Schulleitung …

§ Rechtliche Beurteilung
In diesem Fall ist eine juristische Beurteilung im Sinne des weltlichen Rechtes nicht möglich, da sie eine rein kirchliche Lehrmeinung betrifft. Das Grundgesetz (Art 140) legt, in Anlehnung an die WRV (Art 137) fest: »Jede Religionsgesellschaft ordnet und ver-

---

286 Christian Grethlein, Praktische Theologie, Berlin/Boston 2/2016, 360.

waltet ihre Angelegenheiten selbständig.« Da die Frage der Messfeier bzw. des Abendmahls eine innerkirchliche Angelegenheit ist, kann es seitens des Staates bzw. der Justiz hierzu keine Bestimmungen geben, sondern nur auf das kirchliche Selbstbestimmungsrecht verwiesen werden.

Religionspädagogische Einschätzung

Theologisch ist zunächst festzustellen, dass der Begriff »Messe« bzw. »Schulmesse« diejenigen katholischen Gottesdienste meint, in denen auch das Abendmahl (die Eucharistie) gefeiert wird. Diejenigen katholischen Gottesdienste, in denen das Abendmahl (die Eucharistie) nicht gefeiert wird, heißen in der Regel »Wort-Gottes-Feiern«. Die Frage, wer zur Feier des Abendmahls eingeladen ist, wird in den beiden christlichen Konfessionen unterschiedlich beantwortet: Während in den evangelischen Abendmahlsgottesdiensten grundsätzlich alle getauften Gottesdienstteilnehmer eingeladen sind, sind in den katholischen Gottesdiensten ausschließlich katholische Christen zum Abendmahl »zugelassen«, die nicht etwa durch Wiederverheiratung nach Scheidung im Widerspruch zur Lehre ihrer Kirche leben. Auch im 21. Jahrhundert führt diese Lehre und Praxis immer wieder zu Kontroversen. So hat z. B. die deutsche Bischofskonferenz im Jahr 2017 zwar mehrheitlich beschlossen, dass im Falle einer Ehe, bei der eine der beiden Personen evangelisch ist, diese/r evangelische Ehepartner/in im Einzelfall am katholischen Abendmahl teilnehmen darf. Doch eine nicht unerhebliche Minderheit von sechs deutschen Bischöfen hat gegen diesen Beschluss Einspruch beim Vatikan erhoben.[287]

---

287 Hans-Jürgen Schlamp, Deutsche Bischöfe in Rom. Der Papst schweigt zum Hostien-Streit. Eine zerstrittene deutsche Bischofsdelegation suchte ein klärendes Wort in Rom: Ob man konfessionell-gemischte Ehepaare gemeinsam zur Kommunion lassen dürfe, in: SPIEGEL online vom 03.05.2018, http://www.spiegel.de/panorama/gesellschaft/katholische-kirche-oekumene-bischoefe-ersuchen-papst-franziskus-um-rat-a-1206102.html (letzter Zugriff: 23.06.2018). Die Glaubenskongregation in Rom allerdings hat im Juni 2018 die Entscheidung vertagt, sodass die Frage, ob auch Protestanten an einer römisch-katholischen Abendmahlsfeier teilnehmen dürfen, weiterhin kontrovers bleibt.

Wegen dieser katholischen Lehrmeinung bzw. Lehrstreitigkeit ist es daher eine gängige Praxis, dass SuS oder Eltern und Lehrkräfte, die nicht katholisch sind, zwar den Gottesdienst besuchen, aber zur Abendmahlsfeier nicht mit nach vorn gehen.

> **Rechtsfall 98** Religiöse Schulwochen
>
> Eine noch recht neue und somit unerfahrene Schulleitung einer Gesamtschule in Paderborn bekommt Post von der ökumenischen Arbeitsstelle des Bistums und der Landeskirche, ob die Schule daran Interesse habe, dass das ökumenische Team von katholischen und evangelischen Pädagogen und Theologen im zweiten Schuljahr in die Schule komme, um mit den SuS und Kollegiumsmitgliedern eine religiöse Schulwoche zu veranstalten. Die Schulleitung antwortet, dass an der Schule ordnungsgemäß und vollständig der Religionsunterricht erteilt werde, dass aber die Schule ansonsten ein Ort weltanschaulicher Neutralität sei und deshalb die angebotene »Religiöse Schulwoche« nicht durchgeführt werden könne.

§ Rechtliche Beurteilung
Nicht nur im größten deutschen Bundesland, Nordrhein-Westfalen, werden seit über 60 Jahren sogenannte Religiöse Schulwochen durchgeführt. Es handelt sich dabei um ein Angebot der evangelischen Landeskirchen und der römisch-katholischen (Erz-)Bistümer, das auf der rechtlichen Basis eines entsprechenden Runderlasses des Kultusministeriums vom 22.12.1983 besteht und jährlich von vielen Dutzend Schulen gern in Anspruch genommen wird. Juristisch ist die Religiöse Schulwoche eine »Religiöse Freizeit«, die als Schulveranstaltung zur Ergänzung und Vertiefung der Bildungs- und Erziehungsarbeit des Religionsunterrichts fungiert.

Religionspädagogische Einschätzung
Vielerorts finden Religiöse Schulwochen statt. Die Idee war kurz nach Ende des Zweiten Weltkrieges im Jahr 1947 entstanden, damit Jugendliche nicht wieder Opfer einer ideologischen Ver-

führung werden. Über 1 300 Schulen haben seither von diesem Angebot Gebrauch gemacht.

In teilnehmerorientierten Gesprächen, Workshops und Gruppenarbeiten werden aktuelle Fragen des Lebens und des Glaubens diskutiert: Fragen nach der je eigenen Identität, nach Lebensträumen und -zielen, nach Werten, nach Hoffnung und Glauben.

Die Veranstalter, Teams aus haupt- und ehrenamtlichen Pädagogen, Theologiestudierenden usw., wollen in der Schule zum Innehalten, Nachdenken und Gespräch anregen. Sie bieten den Jugendlichen die Möglichkeit, in einer wertschätzenden Gesprächskultur ihre Erfahrungen, Hoffnungen und Pläne miteinander zu reflektieren. Darüber hinaus werden den Eltern und Lehrkräften Impulse und Gespräche zu Lebens- und Glaubensfragen angeboten. Ansprechpartner seitens der Schule sind in der Regel die Religionslehrkräfte.

Rechtsfall 99 Tage Persönlicher Orientierung

An einer Schule soll eine Religiöse Schulwoche stattfinden, an der auch einige muslimische SuS teilnehmen möchten. Sie und ihre Eltern haben allerdings Sorge, dass es dabei explizit und ausschließlich um christliche Inhalte gehen könnte. Die Religionslehrkräfte nehmen dies zur Kenntnis und bitten die Verantwortlichen, vor allem über allgemein ethische Themen zu sprechen.

Rechtliche Beurteilung
Juristisch ist es unbedeutend, welche konkreten religiösen oder ethischen Themen bei einer solchen Veranstaltung besprochen werden. Die inhaltliche Ausgestaltung einer Religiösen Schulwoche obliegt allein den Verantwortlichen selbst. Rechtlich ist nur wichtig, dass Art, Inhalt und Durchführung der Schulveranstaltung sich innerhalb der allgemein verbindlichen Gesetze bewegen.

Religionspädagogische Einschätzung
Religionspädagogisch wie allgemeinpädagogisch ist dieses Anliegen der muslimischen SuS bzw. deren Eltern verständlich und unbedingt zu berücksichtigen. Denn Religiöse Schulwochen – wie

auch Tage Religiöser Orientierung – werden zwar weitestgehend von der evangelischen und der römisch-katholischen Kirche angeboten und in Kooperation mit der katholischen bzw. evangelischen Fachschaft einer Schule geplant und durchgeführt, aber sie sind ausdrücklich keine konfessionellen Veranstaltungen und sie haben nicht den Zweck oder den Charakter einer religiösen Missionsveranstaltung. Sie richten sich in bewusster Offenheit an alle interessierten SuS, unabhängig davon, ob sie einer bzw. welcher Religion sie angehören. Gegenstand dieser Veranstaltungsformate sind grundsätzliche Lebensfragen: Wer bin ich? Was macht mich und die anderen aus? Was ist mir im Leben wichtig? Welche Sorgen und welche Hoffnungen habe ich?

Darüber nachzudenken und mit den anderen ins Gespräch zu kommen, ist der Sinn und Zweck dieser Angebote. Um dem Missverständnis vorzubeugen, dass »Religiöse Schulwochen« oder »Tage Religiöser Orientierung« etwa ein bestimmtes religiöses Bekenntnis verlangen oder anstreben, ist man an einigen Orten inzwischen dazu übergegangen, das Adjektiv »religiös« durch das Wort »persönlich« zu ersetzen. So heißen diese Reflexions- und Gesprächsangebote an einigen Schulen »Tage Persönlicher Orientierung« (TPO) oder »Orientierungstage« oder »Tage Ethischer Orientierung« (TEO). Damit soll SuS, die einer nichtchristlichen oder keiner Religion angehören, bereits sprachlich signalisiert werden, dass hier alle willkommen und eingeladen sind und niemand eine bestimmte Glaubensüberzeugung mitbringen oder erwerben muss.

Rechtsfall 100 Unterschiedliche Schulgottesdienstformen

An einem Berufskolleg werden im Dezember morgens im Eingangsfoyer »Impulse zur Adventszeit« angeboten: SuS und das Kollegium werden eingeladen, sich morgens vor Beginn des Unterrichts ein paar Minuten Zeit zu nehmen, um ein Lied zu singen, einen kurzen Text zu hören, einen Moment zu meditieren und zur Ruhe zu kommen. Einigen Menschen in der Schule geht das zu weit: Die Adventszeit zu feiern sei zwar jedermanns gutes Recht, aber Privatsache! Solche spirituellen Angebote könnten vielleicht innerhalb des Religionsunterrichts stattfinden, nicht jedoch im Eingangsbereich der Schule!

Rechtliche Beurteilung

Juristisch hat ein solches Angebot den Charakter eines Schulgottesdienstes und ist somit rechtlich zulässig. In den einschlägigen Bestimmungen der einzelnen Bundesländer werden deshalb neben den Schulgottesdiensten auch alternative oder ergänzende Angebote ausdrücklich erwähnt. So spricht z. B. eine regierungsamtliche Rundverfügung von den »unterschiedlichen Gottesdienstformen«: »Es handelt sich dabei um unterschiedliche Formen liturgischen Feierns (Wortgottesdienst, Meditation, Einübung in Stille und Gebet, Tageszeiten-Gebet [...]«.[288] Es wird ausdrücklich festgestellt: Rechtliche Stellung und Verantwortlichkeit sind nicht anders als bei den Schulgottesdiensten herkömmlicher Art. Und: »Die Vielfalt der Organisations- und Gestaltungsmöglichkeiten von Schulgottesdiensten erlaubt es jeder Schule, eigene Formen des Gottesdienstes zu entwickeln.«[289]

Religionspädagogische Einschätzung

Religionen und religiöse Feiern haben eine Vielzahl an Ausdrucksmöglichkeiten. So wie es eine Vielzahl an religiösen Texten und Gebeten gibt, besteht auch eine große Vielfalt an Gestaltungsmöglichkeiten. Die Vielfalt der Feierformen reicht von kurzen Andachten und Impulsen bis zu ausführlichen Feiern, mitunter inklusive eines gemeinsamen Essens. Ob kurz oder lang, ob mit oder ohne Anspiel, ob mit Predigten und Sprechmotetten oder als Angebot der Stille und des Schweigens: Die Pluralität der inhaltlichen und gestalterischen Möglichkeiten ist ein begrüßenswerter Reichtum. Dementsprechend gibt es an vielen Schulen neben den vertrauten Formen des Schulgottesdienstes u. a. auch »Impulse zum Morgen«, »Meditative Pausenangebote«, Aktionen zur Advents- oder zur Fastenzeit.

---

288 Rundverfügung des Regierungspräsidenten Arnsberg (vom 26.08.1992, AZ 41–44.2.1. = Informationen 99).
289 Ebd.

Kapitel 3 Abkürzungen

Abs.	Absatz
APO-BK	Verordnung über die Ausbildung und Prüfung in den Bildungsgängen des Berufskollegs
APO-GOSt	Verordnung über die Bildungsgänge und die Abiturprüfung in der gymnasialen Oberstufe
APO-SI	Verordnung über die Ausbildung und die Abschlussprüfungen in der Sekundarstufe I
BAG	Bundesarbeitsgericht
BASS	Bereinigte Amtliche Sammlung der Schulvorschriften des Landes Nordrhein-Westfalen
BBG	Bundesbeamtengesetz
BeamtStG	Beamtenstatusgesetz
Bez. Reg.	Bezirksregierung
BGBl	Bundesgesetzblatt
BVerfG	Bundesverfassungsgericht
BVerfGE	Entscheidungssammlung des Bundesverfassungsgerichts
BVerwG	Bundesverwaltungsgericht
BVerwGE	Entscheidungssammlung des Bundesverwaltungsgerichts
EKD	Evangelische Kirche in Deutschland
EKiR	Evangelische Kirche im Rheinland
EKvW	Evangelische Kirche von Westfalen
GG	Grundgesetz für die Bundesrepublik Deutschland

KMK	Ständige Konferenz der Kultusminister der Länder in der Bundesrepublik Deutschland (Kultusministerkonferenz)
LABG	Gesetz über die Ausbildung für Lehrämter an öffentlichen Schulen (Lehrerausbildungsgesetz)
LLK	Lippische Landeskirche
MBl.	Ministerialblatt
OLG	Oberlandesgericht
OVG	Oberverwaltungsgericht
RKEV	Gesetz über die religiöse Kindererziehung
SchG	Schulgesetz
VVzAPO-GOSt	Verwaltungsvorschriften zur Verordnung über die Bildungsgänge und die Abiturprüfung in der gymnasialen Oberstufe
VVzAO-GS	Verwaltungsvorschriften zur Verordnung über den Bildungsgang in der Grundschule

Kapitel 4   Ausgewählte Literatur

BASS 2017/2018: Bereinigte Amtliche Sammlung der Schulvorschriften des Landes Nordrhein-Westfalen, 32. Ausgabe 2017/18, hrsg. v. Ministerium für Schule und Weiterbildung des Landes Nordrhein-Westfalen, Düsseldorf 2017 [= BASS]

Rauf Ceylan/Clauß Peter Sajak (Hg.), Freiheit der Forschung und Lehre? Das wissenschaftsorganisatorische Verhältnis der Theologie zu den Religionsgemeinschaften, Wiesbaden 2017 [= Ceylan/Sajak (Hg.), Freiheit]

Hermann Avenarius/Hans-Peter Füssel, Schulrecht. Ein Handbuch für Praxis, Rechtsprechung und Wissenschaft, Köln/Kronach 2010 [= Avenarius/Füssel, Schulrecht]

Martin Rothgangel/Bernd Schröder (Hg.), Evangelischer Religionsunterricht in den Ländern der Bundesrepublik Deutschland. Empirische Daten – Kontexte – Entwicklungen, Leipzig 2009 [= Rothgangel/Schröder (Hg.), Evangelischer Religionsunterricht]

Informationen zum Religionsunterricht in Nordrhein-Westfalen. Erläuterungen, Staatliche und Kirchliche Rechtsgrundlagen, Gerichtsentscheidungen, Kirchliche Denkschriften und Stellungnahmen. Im Auftrage der Landeskirchenämter der Evangelischen Kirche im Rheinland, der Evangelischen Kirche von Westfalen und der Lippischen Landeskirche, hrsg. v. Werner Prüßner/Doris Rösgen/Tobias Treseler, 7. Auflage, Bielefeld/Detmold/Düsseldorf 2013 [zugleich online verfügbar unter: https://www.ekir.de/www/downloads/informationen_zum_religionsunterricht_in_nrw.pdf [= Informationen]

Kapitel 5   Sachregister

Abendmahl 25. 52 f. 201–203
Abmelderecht 16–18. 24. 27–29. 61. 75 f.
ACK 66
AD(H)S 131 f.
Alevitischer RU 108 f. 168
Alternativfach 23 f. 74
Aufsichtspflicht 23 f. 188. 191–194
Authentizität 55. 59
Autoaggression 148
Baden-Württemberg 26 f. 70
Bayern 51. 63. 70
Bekenntnis 183 f.
Bekenntnisschulen 40 f. 172 f.
Berlin 21. 23. 70. 81 f. 104–107
Beutelsbacher Konsens 31–33. 67
Beirat 88. 91. 93
Bischofskonferenz 39. 47. 175. 202.
Bistümer 11. 48. 55. 58. 174
Brandenburg 21. 23. 70. 82–84
Bremen 70
Bremer Klausel 19–21. 81. 83
Bundesverfassungsgericht 74. 82. 100 f. 103. 172. 197
Cyber-Mobbing 145–148
Diakonisches Lernen 112 f.
Diasporasituation 31. 178
Domschule 34
Eckstunden 19
EKD 22. 39. 4749. 163
Elternarbeit 61–64. 75. 90
Elternwille 35–37
Elternwille 36 f.
Enrichment 129
Ersatzfach 16 f. 23 f. 28. 69–72
Ersatzschulen 50. 198–200
Ethikunterricht 23. 69–79
Evangelikale 162–165
Evangelisch-lutherisch 20
Evangelisch-reformiert 20
Fachfremde Erteilung 42–44. 67–69. 87–90
Fasten 102–104
Feiertage 78 f. 165–167. 182–184
Föderalismus 26. 47 f.
Frauenordination 25
Freikirchen 65–67
Gebete 116–118. 160 f. 196 f.
Geistliche 33–35. 52
Gemeinschaftsschule 40–42
Gemisch-konfessionelle Lerngruppen 26
Gewalt 119–123. 137–140. 146. 150 f.
Gewissen 16. 18. 80
Gideonbund 152–154
Glaubensfreiheit 77. 102
Grundgesetz 10. 20. 56 f. 80. 116
Grundlagenfächer 15
Hamburg 48. 70
Hamburger Modell 21 f.
Hauptfächer 15. 114. 124
Hessen 47. 54. 70. 76. 78. 108. 157. 162. 177. 180
Heterogenität, religiöse 38
Hochbegabte 128–130
Homogenität, religiöse 38
Homosexualität 56–59
Humanisten 182–184
Identität und Verständigung 39

Idschaza 60. 88–90
Inklusion 11. 110–116. 122–131. 185 f.
Islamischer Religionsunterricht 24. 85–108
Jüdischer Religionsunterricht 11. 13. 25. 180–182
Kernfächer 15
Kindererziehung, religiöse 63
Kindeswohl 138. 143. 145
Kirchen 44
Kirchenaustritt 59–61. 155 f.
Kirchenbindung 27. 61
Kirchenmitgliedschaft 60. 155 f.
Kirchenrecht 58
Kirchensteuer 59–61
Kirchliche Unterrichtserlaubnis 44
Klosterschulen 34
Komplementärfach 68
Konfessionen 11. 22. 25. 30 f. 36–39. 70. 72. 76. 80. 82. 92–95. 109–111. 163. 167. 175. 192. 194
Konfessionell-kooperativer RU 22 f. 25 f. 30 f. 173–175
Konfessionsübergreifender RU 30
Kontaktstunde 175 f.
Kontroversitätsprinzip 32
Konversion 107 f. 163 f.
Kopftuch 90. 95–98. 99–102. 171
Kruzifix 158–160
Kürzung des RU 14
Landeskirchen 11. 47 f. 55. 65. 174
Lehrbefähigung 43
Lehre und Lebensführung 56–59. 89
Lehrpläne 22. 66. 74. 106. 127. 174 f. 178
Leistungsbewertung 63. 72. 189 f. 200 f.
Mecklenburg-Vorpommern 70
Mediotheken 47
Mindestteilnehmerzahl 30. 71. 86. 180
Missio canonica 40. 45. 48. 50. 56–58. 60

Moschee 65. 88 f. 107. 167–170. 192
Mündigkeit 32 f. 93
Multireligiöse Schulfeiern 11. 53. 192 f. 195 f.
Nationalsozialismus 40
Nebenfach 15
Neigungsfachausbildung 44
Neutralität des Staates 38. 54. 61. 100 f. 185. 191
Niedersachsen 22. 26 f. 49. 71. 172
Nordrhein-Westfalen 48. 71. 172
Notengebung 15. 63. 69–72
Nothilfe 123
Notwehr 123
Ökumenischer RU 24 f.
Ordentliches Lehrfach 14–16. 42. 45
Ordnungsmaßnahmen 120. 150 f.
Orthodoxer RU 24 f. 176–179
Pädagogische Institute 44. 46
Papst 25
Pfarrer, Pfarrerinnen 33–35
Pflichtfach 19. 29. 69–73
Philosophieunterricht 23. 70–72
Prävention 98 f. 148
Praktische Philosophie 67–69. 79 f.
Psittazismus 51
Randstunden 18 f.
Referendariat 44 f.
Religiöse Feiertage 78 f.
Religiöse Schulwochen 203–205
Religionsfreiheit 16 f. 29. 96. 117. 191
Religionsgemeinschaft 10 f. 22. 24 f. 30 f. 32 f. 37 f. 43. 45. 50. 56 f. 60 f. 65 f. 78. 83. 86. 90–93. 98. 103. 105 f. 109 f. 166 f. 174. 183–185. 191. 193
Religionsmündigkeit 27. 29. 33. 36 f. 76. 94
Religionsunterricht für alle 21. 108
Res mixta 43. 45. 178
Rheinland-Pfalz 71
Riskante Fälle 132–151
Rituale 116. 141. 196. 198
Säkularisierung 27. 63. 67. 192. 199

Schleier 95–98
Schleswig-Holstein 47. 48–49. 72
Schülerorientierung 32
Schülerpersönlichkeit 16
Schulfriede 101 f. 117 f.
Schulgottesdienst 52–54. 130–132. 156–158. 184–196
Schulkonferenz 115. 174. 186. 189–190
Schulreferate 44. 48
Schulwesen 10. 26. 35. 40. 47
Seelsorgestunde 176
Sexualmoral 25. 57
Simultanschule 40
Solidarität 42
Sonderlehren 66 f.
Sozialisation 27. 63. 84
Spiritualität 51 f.
Staatskirche 192 f.
Stundenplan 18 f. 61
Stundentafel 14 f.
Stundenzahl 14. 34
Suizid 132–136

Synagoge 65. 167. 170. 180. 192
Tage religiöser (ethischer, persönlicher) Orientierung 205
Toleranz 40 f. 87. 198
Trias 39. 94
Überwältigungsverbot 31 f. 55. 67. 107. 160
Unterrichtsausfall 42–44
Versetzungsrelevanz 15. 17. 70–72
Vokation 45 f. 50. 60. 66. 155 f
Vokationstagung 47 f. 66. 155 f.
Vokationsurkunde 48. 66. 155 f.
Wahlpflichtfach 70–72
Wahrheit 31–33. 41. 136. 163
Wechsel vom und zum RU 77 f. 93–95
Werte und Normen 15. 23. 71
Wissenschaftlichkeit 74 f. 161 f.
Wort-Gottes-Feier 53
Zertifikatskurs 44. 69. 88–89
Zieldifferenter und zielgleicher Unterricht 114. 124–126
Zölibat 25